하나님 자녀가 행한 대로 갚아주시는

천국 상급

하나님 자녀가 행한 대로 갚아주시는
천국 상급

초판1쇄 발행 2025년 9월 8일

지 은 이 임재웅 목사
연 락 처 010 2552 5790
이 메 일 limjw57@hanmail.net

펴 낸 곳 하늘책
펴 낸 이 김소휘
출 판 등 록 2009년 8월 24일 (제338-2009-000006호)
주   소 부산광역시 해운대구 센텀동로 57 (부산디자인진흥원 702-2호)
연 락 처 010-9516-7992 l 전화 : 051 611 3970 l 팩스 : 051 611 3972

책 값 18,000원
ISBN 978-89-97840-40-3

잘못된 책은 구입한 곳에서 바꾸어 드립니다.
이 책은 저작권법에 따라 보호받는 저작물이므로 무단 전재와 무단 복제를 할 수 없습니다.

하나님 자녀가 행한 대로 갚아주시는

천국 상급

임재웅 지음

하늘책

| 머리말 |

　　주일학교 다닐 때 선생님이 "예수님을 믿으면 천국에 갑니다."라고 말씀하셨습니다. 그런데 시간이 지나면서 "주일을 안 지키면 지옥 가고, 거짓말을 하면 지옥 가고, 싸우면 지옥 간다."라는 말씀을 덧붙이셨습니다. 예배 시간에 목사님이 성도들에게 "하나님이 우리를 사랑하셔서 독생자를 화목제물로 보내주셨습니다. 예수님이 십자가의 죽으심으로 우리를 구원하셨습니다. 그러므로 예수님만 믿으면 구원을 받습니다. 예수님을 믿는 것 외에 구원받을 다른 길이 없습니다."라고 설교하셨습니다. 그런데 시간이 지나면서 "신앙생활을 똑바로 하지 않으면 천국에 못 간다."라는 말씀을 강조합니다. 그래서 천국 백성이 천국에 가기 위해서 열심히 신앙생활을 합니다.
　　십자가 복음으로 세워진 교회가 유교와 같은 종교로 바뀌는 것 같습니다. 성도의 견인(堅忍) 즉 '한 번 구원받은 자는 영원히 구원받는다. 구원은 절대 취소될 수 없다.'라고 가르치는 칼빈주의자도 신앙생활을 바르게 하지 못하면 지옥에 간다고 서슴지 않고 말합니다. 그래서 천국 백성이 천국에 가기 위해서 애쓰며 예수 믿는 신앙생활을 합니다. 그러다 하루에 몇 번씩 '천국에 갔다, 지옥에 갔다.' 합니다. 은혜로 구원받는 것인지, 행위로 구원받는 것인지 헷갈리기만 합니다. 때로는 '나는 천국에 갈 수는 있는 걸까?' 심각한 고민에 빠지기도 합니다. 만약 구원이 하나님의 손에 있지 않고 내 손에 달려 있다면 시계추처럼 왔다 갔다 할 수 있을 것입니다. 그러나 성경은 '너희가 하나님의 은혜로 구원받았다.'라고 분명하게 말씀하고 있습니다(엡 2:5). 우리는 하나님의 은혜로 새 생명을 얻었고, 하나님의 자녀가 되었습니다. 하나님의 은혜로 천국 백성이 된 것입니다. 그러므로 하나님이 주신 구원은 변함없고 영원합니다.

　　　구원받은 성도는 하나님을 경외하고, 하나님의 계명을 지키는 거룩한 삶을 살아야 합니다. 믿음은 성도의 거룩한 삶의 근거가 되고 거룩한 삶은 믿음의 열매입니다. 믿음과 삶의 우선순위는 바뀌지 않습니다. 믿음 안에서 삶이며, 믿음 위에서 삶입니다. 믿음은 행위의 근거가 되기도 하고 행위의 전제가 되기도 합니다. 동시에 행위의 가능성으로 나타나기도 합니다. 이처럼 행위는 믿음의 증거로, 결과로, 혹은 열매로 나타납니다. "믿음이 없이는 예수님의 제자들이 존재하지 않습니다. 마찬가지로 행위가 없는 곳에도 제자들은 존재하지 않습니다"(정훈택, 『열매로 알라라』, pp.514-515). 믿음으로 행하는 거룩한 삶은 예수님의 형상을 닮는 열매를 맺습니다. 그러므로 성도는 예수님의 형상을 본받고, 예수님처럼 살아야 합니다.

　　　성도가 믿음으로 행하는 것은 천국에 가기 위한 것이 아닙니다. 천국에서 받을 상을 향하여 달려가는 것입니다. 그래서 성도의 행위는 구원에 관한 문제가 아니라 상급에 관한 문제입니다. 하나님의 자녀도 반드시 예수 그리스도의 심판대 앞에 서서 각각 선악 간에 그 몸으로 행한 대로 상을 받는다는 것은 분명한 사실입니다. 우리나라 성도들은 세계 어느 나라 성도들보다 열정적인 믿음 생활을 합니다. 그런데 구원관이 올바르게 정립되지 못해 이중적인 신앙생활을 하는 경우가 많습니다. 즉 구원받은 하나님의 자녀가 구원받기 위해 신앙생활을 하고 있는 것입니다.

천국 백성이 천국에 가기 위해서 신앙생활을 하다 보니 구원받은 것만 자랑하고, 천국에서 받을 상급을 생각하지 않고 거룩한 삶을 살지 않습니다. 구원의 기쁨과 하늘의 영광을 누리며 천국에서 받을 상을 향해 달려가야 할 성도가 안일한 은혜만 구하고 있습니다. 그러니 믿음 위에 견고히 서지도 않고, 믿음으로 행하지도 않습니다. 분명하게 알 것은 천국은 이 세상과 별개의 세상이 아니라 이 세상의 연장이라는 사실입니다. 그렇기 때문에 지금 이 세상에서 천국의 삶을 살아야 하고, 천국의 상급을 준비해야 합니다. 부름 받은 상을 향해 달려가야 합니다.

믿음의 선배들은 예수님이 예비하신 면류관을 바라보며 예수님이 가신 거친 십자가의 길을 따르기 위해 몸부림쳤습니다. 예수님의 칭찬을 듣기 위해 십자가만 자랑했고, 십자가의 길을 걷는 성도가 된 것만으로도 영광으로 여겼습니다. 그런데 요즘 성도들은 십자가의 길을 가려고 하지 않습니다. 심지어 십자가를 부끄러워하고 십자가를 외면하며 십자가를 피하기도 합니다. 아예 십자가를 내려놓고 도망가는 성도도 있습니다. 그러니 보이지 않는 위의 것을 생각하지 않고, 보이는 땅의 것에 더 소망을 두고 살아갑니다. 하지만 값싼 은혜에 머물러 있으면 안 됩니다. 좁은 문으로 들어가기를 힘써야 합니다.

십자가의 길을 통과해야 예수님께 칭찬받고 영광과 존귀의 면류관을 받을 수 있습니다. 바울 사도처럼 오직 예수 안에 발견되고 더 좋은 부활을 얻기 위해 자기를 부인하고 자기 십자가를 지고 예수님을 따르는 제자의 삶을 살아야 합니다. 우리의 삶은 이 세상을 떠날 때 끝나는 것이 아닙니다. 각기 행한 대로 상을 받기 위해서 예수님 앞에 서야 합니다. 그때 "잘했다."라는 예수님의 칭찬을 듣기 위한 삶을 살아야 합니다. 예수님이 씌워주시는 면류관을 받기 위해 나의 삶을 드려야 합니다.

이 책이 믿음과 삶, 그 둘 사이에서 심각한 고민에 빠져 있는 성도들에게 믿음과 삶의 바른 관계를 찾는 데 조금이라도 도움을 줄 수 있다면 큰 기쁨될 것 같습니다. 무엇보다 성도들이 천국 상급의 푯대를 분명하게 정하고 힘껏 달려가게 하는 설명서가 되었으면 합니다. 오직 십자가의 길을 가며 하나님과 동행하는 삶으로 하나님을 기쁘시게 하는 성도가 되어 각기 행한 대로 주시는 상을 받는 영광스러운 구원을 얻는다면 참 행복하겠습니다. 그리고 예수님을 자기 목숨보다 더 사랑하고 싶은 갈망이 넘치는 성도들이 예수님보다 교회의 '일'을 더 사랑하는 실수를 범하지 않도록 하는 아름다운 설명서가 되었으면 합니다. 그리하여 하나님의 말씀을 온전히 따르는 겸손한 삶이 넘치기를 바랍니다.

천국 상급에 대한 비밀을 깨닫도록 지혜를 주시고, 천국 상급을 위하여 달음질하게 하시는 하나님 아버지께 모든 영광을 올려 드립니다. 함께 부름받은 상을 위하여 달려가는 하나님의 천사인 아내에게 이 책을 바칩니다. 하나님이 나에게 허락해 주신 기업이며 상급인 딸과 아들 그리고 나의 영광의 면류관인 손녀 손자들이 평생에 여호와 하나님을 경외하며 하나님의 말씀을 따르는 삶의 설명서가 되었으면 합니다.

이 책이 출판될 수 있도록 기도와 후원을 아끼지 않으신 고마운 분들에게 눈물겨운 감사의 마음을 전합니다. 그분들로 인해 이 책이 세상의 빛을 보게 되었습니다. 그리고 출판되기까지 수고해준 김소휘 대표님께 진심으로 감사를 드립니다.

달음산 숲속에서
섬기는 작은 종 임 재 웅 목사

| 글의 순서 |

머리말   4

1장 · 하나님은 구원의 약속과 상급의 약속을 하십니다   11

2장 · 상급에 대한 바른 지식을 가져야 합니다   33

3장 · 구원과 상급의 관계를 바로 알아야 합니다   47

4장 · 우리는 모두 하나님의 심판대 앞에 서야 합니다   71

5장 · 심판대에는 칭찬과 책망이 기다리고 있습니다   91

6장 · 칭찬과 책망의 의미를 바로 알아야 합니다   111

7장 · 천국 상급의 근거는 믿음입니다   129

8장 · 믿음은 들음에서 납니다   147

9장 · 바리새인보다 나은 '의'가 있어야 합니다　　173

10장 · 나를 비우고 예수님으로 채워야 합니다　　193

11장 · 가나안 땅을 정복해야 합니다　　211

12장 · 불에 타지 아니할 집을 지어야 합니다　　239

13장 · 등과 기름을 가지고 신랑을 기다려야 합니다　　267

14장 · 신부는 깨끗한 세마포 옷을 준비해야 합니다　　291

참고서적　　316

1장

하나님은 구원의 약속과 상급의 약속을 하십니다

The heavenly reward given by God

"이는 우리가 다 반드시 그리스도의 심판대 앞에 나타나게 되어 각각 선악간에 그 몸으로 행한 것을 따라 받으려 함이라"(고린도후서 5장 10절).

"보라 내가 속히 오리니 내가 줄 상이 내게 있어 각 사람에게 그가 행한 대로 갚아 주리라"(요한계시록 22장 12절).

"선한 일을 행한 자는 생명의 부활로, 악한 일을 행한 자는 심판의 부활로 나오리라"(요한복음 5장 29절).

하나님은 자기 마음대로 행하시는 분이 아닙니다. 하나님은 언제나 언약하신 대로 즉 약속하신 대로 행하시는 분이십니다(행 13:23). 하나님은 말씀하신 대로 다 이루십니다(창 21:1; 왕상 8:20). 하나님은 반드시 언약을 이행하시며 인애를 베풀어 주십니다(신 7:8-9). 우리에게 약속하신 하나님은 미쁘신 분이십니다(히 10:23). 언약의 하나님은 이스라엘 백성을 사랑하심으로 그들의 조상들과 약속하신 것을 지키시려고 권능의 손을 들어 애굽 왕 바로의 손에서 속량하시고 인도하여 내셨습니다. 이처럼 하나님은 이스라엘 백성과 언약을 맺으시고(출 34:27) 언약하신 대로 행하셨습니다(렘 11:8).

여호와 하나님의 말씀은 언약의 말씀입니다(신 29:1). 언약 책에 기록된 모든 말씀은 언약의 말씀입니다(왕하 23:2-3). 그러므로 하나님 말씀인 성경은 언약의 말씀입니다. 하나님은 성경에 기록된 대로 행하시며, 모든 역사는 성경대로 이루어집니다(막 14:49).

하나님이 우리에게 약속하신 것은 영원한 생명입니다(요일 2:25). 영생은 거짓이 없으신 하나님이 영원 전부터 약속하신 것입니다(딛 1:2). 따라서 예수님의 구속사건은 성경대로 이루어진 일입니다

(행 13:29). 하나님은 약속하신 대로 구주를 세워주셨습니다(행 13:23). 예수님은 우리의 죄를 위하여 죽으시고 장사 지낸 바 되셨다가 성경대로 사흘 만에 다시 살아나셔서 제자들에게 보이셨습니다(고전 15:3-8).

하나님의 말씀은 살아 있고 활력이 있어 좌우에 날 선 어떤 검보다도 예리합니다(히 4:12). 성경은 사람을 온전하게 하며 선한 일을 행할 능력을 갖추게 합니다. 성경은 구원을 위한 책이며, 바른 삶을 위한 지침서와 같은 책입니다. 하나님의 말씀인 성경은 신앙과 신학과 삶의 유일한 법칙이며 원리입니다(고전 10:11).

지식은 생각을 낳고, 생각은 마음을 지배합니다. 마음은 행동을 낳고, 행동은 습관을 낳습니다. 습관은 가치관을 낳고, 가치관은 인격을 낳습니다. 그래서 바른 지식은 바른 생각을 하게 하고, 바른 생각은 바른 행동을 하게 합니다. 그러나 잘못된 지식은 바르지 못한 생각을 하게 하니, 잘못된 생각은 엄청난 악을 불러옵니다. 그렇기 때문에 바른 지식이 중요한 것입니다. 하나님의 의를 모르고 자기 의를 세우려고 힘써 하나님의 의에 불복종하는 삶이 아니라 하나님의 의에 복종하기 위해서는 올바른 지식이 필요합니다(롬 10:2-3). 정통에 익숙한 종교인이 아니라 하나님의 자녀다운 삶을 살려면 말씀을 바로 알아야 합니다. 즉 하나님의 은혜로 죄에서 구원받은 성도는 하나님의 약속을 잘 알아야 합니다. 하나님은 믿음의 약속과 삶의 약속을 함께 해주셨습니다. 우리 구원을 위한 하나님의 약속이 있고, 삶에 대한 하나님의 약속이 있습니다. 그러므로 구원과 삶, 믿음과 행위의 관계를 정확히 알아야 합니다. 하나님이 구원에 관한 약속을 하신 것처럼, 우리의 삶에 관한 약속을 하신 것을 아는 것도 매우 중요합니다.

하나님이 죄인에게 주신 구원의 약속이 있고, 구원받은 성도에게 행한 대로 갚아주시는 상급의 약속이 있습니다. 대부분 성도들은 은혜로 받는 구원의 약속에 대해서는 잘 알고 있습니다. 그런데 행함으로 받는 상급에 대해서는 잘 알지도 못하고, 관심도 없는 경우를 종종 보게 됩니다. 사실 목사도 은혜로 받는 구원은 강조하지만, 행함으로 받는 상급에 관해서는 별 관심이 없어 보입니다. 그렇다 보니, 구원받은 성도의 삶이 상급과 관련 있다는 것을 가르쳐 주지 않습니다. 다만 교회생활에 필요한 헌신적인 믿음만 강조합니다. 하나님의 '일'을 위한 신앙생활을 하는 방법만 가르치고 훈련합니다. 거룩한 하나님의 자녀를 '일'을 하는 기능인으로 훈련시킬 뿐입니다. 구원받은 성도는 하나님이 예비하신 면류관을 받을 수 있는 삶을 살아야 합니다. 그렇기 때문에 믿음과 행위, 칭의와 성화에 대해 정확하고 분명하게 알아야 합니다.

믿음과 행함에 관한 바른 이해는 하나님 자녀로 사는 삶의 첫 걸음입니다

중생은 예수님을 믿음으로 죄 사함을 받고 의롭다 함을 받는 것입니다. 중생한 성도가 예수님의 형상을 닮아가는 거룩한 삶을 살아가는 것을 성화라고 합니다. 중생은 물과 성령으로 거듭나는 것이며, 성화는 예수 그리스도에게까지 자라는 것입니다. 넓은 의미의 구원은 칭의만 아니라 성화까지 포함합니다. 그러므로 중생과 성화는 결코 분리될 수 없고, 중생한 성도는 반드시 거룩한 삶으로 성화를 이루어가야 합니다. 왜냐하면 하나님이 우리를 구원하신 목적은 '그 아들의 형상을 본받게' 하기 위한 것이기 때문입니다(롬 8:29). 그러므로 우리는 오직 사랑 안에서 참된 것을 행하여 범사에 그리스도에게까지 자라야 합니다. 그리스도의 장성한 분량이 충만한 데까지 자라야 합니다(엡 4:13-15). 구원받은 성도의 목표는 '하나님 아버지의 온전하심과 같이 온전하고'(마 5:48), '우리를 부르신 거룩한 하나님처럼 모든 행실에 거룩한 사람이 되는 것'(벧전 1:15-16)입니다. 한마디로 하나님의 완전한 형상인 예수 그리스도를 닮은 사람으로 자라는 것입니다.

　중생은 하나님의 절대 주권으로 이루어집니다. 그런데 성화는 인간의 책임 있는 참여를 요구합니다. 특히 성화는 점진적으로 일어납니다. 그래서 성령님의 인도함을 받아 일평생 동안 이루어가야 합니다. 성도는 예수님이 죽으심과 같이 죽고, 예수님이 부활하심과 같이 함께 살아났습니다. 하나님의 큰 사랑이 허물로 죽은 우리를 그리스도와 함께 살려주셨습니다(엡 2:5). 성도는 죄에 대하여 죽은 사람이고 그리스도 예수 안에서 하나님께 대하여는 살아 있는 사람이 되었습니다. 본래 죄의 종이었으나 죄로부터 해방되어 의에게 종이 된 것입니다. 그러므로 더 이상 죄가 우리 몸을 지배하지 못하게 해야 합니다. 우리의 지체를 불의의 무기로 내어주지 말고, 의의 무기로 하나님께 드려 거룩함에 이르러야 합니다(롬 6:1-23).

　분명히 알아야 할 것은 구원받은 성도는 '일'의 도구가 아니고, 또 '일'을 이루는 일꾼도 아닙니다. 성도는 예수 그리스도의 장성한 분량까지 자라는 거룩한 삶을 살아야 하는 하나님의 자녀입니다. 그러므로 일에 능한 기능인으로 일꾼처럼 살아가는 방법만 배우고 훈련받는 데 그쳐서는 안 됩니다. 모든 삶의 영역에서 예수님을 닮아가는 데 초점을 맞추고 성장해야 합니다.

피조물이 간절히 바라는 것은 하나님의 아들들이 나타나는 것입니다. 피조물들이 탄식하며 하나님의 아들들이 나타나기를 고대하고 있습니다. 피조물이 바라는 하나님의 아들들은 성령의 인도를 받아 하나님의 자녀답게 사는 거룩한 성도를 말합니다(롬 8:14). 피조물이 하나님의 아들들을 기다리는 것은 썩어짐의 종노릇 한 데서 해방되기 위해서입니다.

모든 피조물은 하나님의 영광을 위해서 창조되었습니다. 그런데 피조물이 하나님의 영광을 위해 쓰이지 못하고 죄의 종노릇하는 데 허무하게 굴복하고 말았습니다. 피조물이 허무한데 굴복한 것은 자기들이 원해서 그런 것이 아닙니다. 그래서 피조물들은 하나님의 아들들이 하루 빨리 나타나서 자기들을 하나님의 영광을 위해서 써 주기를 기다리고 있습니다. 썩어짐의 종노릇 한 데서 해방되어 하나님 자녀들의 영광에 이르기를 원합니다. 왜냐하면 피조물은 하나님의 아들들을 통해서만 하나님의 영광을 위해서 쓰일 수 있기 때문입니다. 하나님의 아들들을 통하지 않고는 하나님의 영광을 찬송할 수 없습니다(롬 8:19-22). 그런데 하나님의 아들들이 나타나지 않으니, 탄식하며 고통을 겪고 있는 것입니다. 하나님의 마음을 기쁘게 하는 성도가 없어 고통 가운데 탄식하고 있는 것입니다.

구원받은 성도도 탄식하며 몸의 속량을 기다리고 있습니다. 우리는 성령의 처음 익은 열매를 받은 사람입니다. 그래서 날마다 성령의 인도를 받아 새 사람으로 살기를 소원합니다. 처음 익은 열매 곧 예수 그리스도의 장성한 분량에까지 자라기를 원하지만(롬 8:23), 옛사람으로 살고 예수님의 열매를 맺지 못하고 있습니다. 그래서 우리 몸이 예수의 형상을 이루고 예수의 열매를 맺는 삶을 살기를 탄식하며 기다리고 있습니다. 우리가 힘써 탄식하며 몸의 속량을 기다리는 것은 처음 익은 열매로 하나님과 어린 양에게 속한 사람이기 때문입니다(계 14:4). 하나님은 우리를 피조물 가운데 첫 열매가 되게 하시려고 진리의 말씀으로 우리를 낳으셨습니다(약 1:18). 우리가 거듭난 것은 썩어질 씨로 된 것이 아니요 썩지 아니할 씨 곧 살아 있고 항상 있는 하나님의 말씀으로 되었습니다(벧전 1:23). 그러므로 우리 몸은 성령의 처음 익은 열매 곧 우리 몸의 속량을 이루어야 합니다.

우리 몸의 속량을 이룬다는 것은 구원을 이루는 것으로 말합니다(빌 2:12). '구원을 이루라.'는 말씀은 예수님이 이루신 구원이 부족해서 그 부족한 부분을 '우리에게 채우라.'라는 의미가 아닙니다. 구원을 이루라는 말씀은 중생을 말하는 것이 아니라 성화를 말합니다. 즉 예수 그리스도를 닮으라는 것입니다. 그러므로 우리 몸을 속량하는 것은 예수님을 닮아가는 성화를 의미합니다. 성화는 중생한 성도가 하나님의 말씀에 순종함으로써 예수님을 인격적으로 닮아가는 것을 말합니다. 말씀에 순종함으로 말씀의 실체를 이루어가는 것입니다.

성화는 하나님의 칭찬과 관계가 있습니다. 우리가 받을 영광과 존귀와 면류관과 관계가 있습니다. 성화는 내가 힘써 준비하는 것입니다. 성화는 두렵고 떨림으로 이루어야 할 구원입니다. 그리스도 안에 있는 성도는 예수 그리스도의 열매를 맺어야 합니다. 그리스도의 열매를 맺으려는 소원을 품고 오직 말씀의 원칙을 지키며 순종하는 삶을 살아야 합니다. 이것이 구원을 이루는 것입니다.

성화는 단번에 이루어지는 것이 아니라 평생 이루어가는 과정이므로 '구원을 이루라.'고 표현한 것입니다. 우리가 거룩한 삶을 살아 예수님을 닮아가는 성화는 상급의 근거가 됩니다. 그러므로 스스로 예수님의 형상을 얼마나 닮아가고 있는지 시험하고 확증해야 합니다. 왜냐하면 자칫 "우리가 주의 이름으로 선지자 노릇 하며, 주의 이름으로 귀신을 쫓아내며, 주의 이름으로 많은 권능을 행하였습니다."라고 자랑하는데 주님으로부터 "내가 너를 도무지 알지 못하니 불법을 행하는 자들아 내게서 떠나가라."라는 충격적인 대답을 들을 수 있기 때문입니다(마 7:22-23).

분명히 알아야 할 것은 구원받은 성도도 반드시 그리스도의 심판대 앞에 서서 각각 선악 간에 그 몸으로 행한 것을 따라 상을 받는다는 사실입니다(고후 5:10). 구원받은 성도가 하나님 말씀을 따라 살지 않아도, 예수 그리스도의 형상을 본받지 않아도 구원은 받습니다. 그러나 그 구원은 불 가운데서 받는 것 같은 구원입니다(고전 3:15). 우리 지체를 불의의 무기로 죄에게 내어주고, 의의 무기로 하나님께 드리지 않아도 구원은 받습니다(롬 6:13). 이렇게 지체를 불의의 무기로 죄에게 내어주는 사람의 구원을 성경은 "이런 자를 사탄에게 내주었으니 이는 육신은 멸하고 영은 주 예수의 날에 구원을 받게 하려 함이라."(고전 5:5)고 말합니다. 즉 상을 하나도 받지 못하는 부끄러운 구원을 받게 된다는 말입니다. 만약 '일'에 능한 기능인으로 크고 위대한 일을 이루고 사람들로부터 존귀와 영광을 누렸어도 예수님을 닮지 못했다면 상급이 없는 구원을 받게 될 것입니다.

성경은 "아브라함이 하나님을 믿으매 그것을 그에게 의로 정하셨다 함과 같으니라 그런즉 믿음으로 말미암은 자들은 아브라함의 자손인 줄 알지어다."라고 말합니다(갈 3:6-7). 그리고 "우리 조상 아브라함이 그 아들 이삭을 제단에 바칠 때에 행함으로 의롭다 하심을 받은 것이 아니냐. 네가 보거니와 믿음이 그의 행함과 함께 일하고 행함으로 믿음이 온전하게 되었느니라 이에 성경에 이른바 아브라함이 하나님을 믿으니 이것을 의로 여기셨다는 말씀이 이루어졌고 그는 하나님의 벗이라 칭함을 받았나니 사람이 행함으로 의롭다 하심을 받고 믿음으로 만은 아니니라."라고 말합니다 (약 2:21-24).

갈라디아서와 야고보서는 서로 상충(相衝)되는 말씀을 하고 있는 것이 아닙니다. 오히려 상호 보완(補完)하고 있는 말씀입니다. 갈라디아서는 칭의에 대한 말씀이고, 야고보서는 삶(성화)에 대한 말씀입니다. 이렇게 믿음은 행함과 함께 일하고 행함은 믿음을 온전하게 만듭니다. 즉 믿음과 삶, 칭의와 성화는 구원의 두 축입니다. 칭의와 성화는 서로 같이 가야 하는 수레의 두 바퀴와 같습니다. 둘이면서 하나이고, 하나이면서 둘로 서로 구별됩니다.

보수주의 교회에서는 '오직 믿음(은혜)으로 구원을 받는다.'라는 은혜로 받는 구원만 강조하다 삶이 없는 값싼 은혜로 전락하고 말았습니다. 반면에 자유주의 교회에서는 거룩한 삶을 구원의 근거로 만들어 은혜의 구원을 무가치하게 만들고 행위 구원의 기초로 삼았습니다. 결국 보수주의 교회는 은혜의 풍성함을 말하면서 삶이 부족하고, 자유주의 교회는 삶은 강조하나 은혜에 대한 감격이 부족합니다. 이렇게 보수주의 교회와 자유주의 교회는 '은혜로 구원을 얻는다.'와 '은혜와 행함으로 구원을 받는다.'라는 신학 논쟁이 현재진행형으로 계속되고 있습니다. 그리고 '은혜로 구원을 얻으면, 행함은 구원에 어떤 영향을 주느냐'라는 논쟁도 멈추지 않고 벌어지고 있습니다.

칭의와 성화 곧 믿음과 삶을 분리하는 구원관은 바르지 못한 구원관입니다. 이러한 논쟁은 구원과 구원받은 성도의 삶에 대한 관계를 바로 이해하지 못한 것에서 비롯된 것입니다. 칭의가 없이 거룩한 삶은 불가능하며, 성화 없는 칭의는 온전하지 못합니다. 그러니 칭의와 성화는 수레의 두 바퀴와 같으며, 열매를 구성하는 껍질과 알맹이와 같습니다.

광신대학교 조봉근 명예교수는 "한국교회는 구원론에 있어서 칭의 교리가 지나치게 강조되어왔다. 그렇다 보니, 성도들에게 믿음의 삶이 없다. 결국 성화 없는 칭의는 값싼 은혜로 전락하고 말았다."라고 강조합니다. 그리고 "칭의와 성화를 '복음과 율법'으로 이해하거나 '믿음과 행위'로 받아들이는 이원론적 구원론은 잘못이다. 칼빈의 구원론의 핵심은 '그리스도와의 연합'이며, 동시적으로 주어지는 '이중 은혜'가 칭의와 성화이다. 칭의와 성화의 뗄 수 없는 유기성과 성령 사역의 동시 발생 현상을 함께 이해해야 한다. 칼빈은 칭의와 성화는 동일하지 않지만 서로 분리되지 않는다. 칼빈은 이중적 은총은 인정하지만, 이중적 의는 불경건으로 정의하면서 허용하지 않았다."라고 합니다.

한국의 대표적인 개혁주의 신학자인 박형룡 목사님은 칼빈과 개혁주의 구원론(칭의와 성화)을 충실히 따르고 있습니다. 박형룡 목사님은 '칭의와 성화는 분리되지 않는다.'라며 '칭의는 예수 그리스도의 의를 기초로 하여 죄인에 관한 율법의 주장이 만족된 것을 선언하시는 하나님의 재판적인 행위이다. 성화는 성령님께서 의롭다 함으로 죄인을 죄의 더러움에서 구출하시며, 그의 온 성질을 하나님의 형상으로 갱신하시며, 그로 하여금 선한 일을 행할 만하게 하시는 은혜롭고 계속적인 공작'이라고 했습니다. 따라서 '성화는 칭의와 나눌 수 없이 연결되고, 둘이 결코 분리되지 않지만 반드시 구별되어야 한다. 성화를 칭의와 혼동하는 것은 성경을 생각 없이 읽는 사람들이 자주 범하는 과오(過誤)로 중생은 성화의 시작이다. 중생에서 시작한 갱신의 사역이 성화에서 계속된다.'라고 했습니다.

　　성경신학자 박윤선 목사님은 '칭의는 법정 용어로서 범죄자가 법적 선언에 의하여 옳게 여김을 받은 것을 의미하며, 칭의의 선언은 믿음으로만 받는 것이고 그 사람의 도덕적 자격과 무관하다.'라고 정의했습니다. 그리고 '성화는 성령께서 성도로 하여금 점차 거룩해지도록 하시는 역사로 성화는 단번에 이루어진 사건이 아니라 계속 성취해 나가는 과정'이라고 했습니다. '칭의는 하나님께서 선언하시고, 성화는 성령께서 시행해 주신다. 칭의는 단회적이지만 성화는 계속적이다.'라고 설명했습니다(조봉근,「잘못된 구원론 이중적 신앙생활 불러」, 기독신문; 2015, 6).

　　한국교회는 기독교 역사에서 유례를 찾아볼 수 없을 만큼 급성장했으나, 신앙생활에 여러 가지 병적(病的) 현상이 나타나고 있는 것은 지나치게 칭의만 강조했기 때문입니다. 즉 예수님을 믿고 구원받는다는 사실은 강조하지만 구원받은 성도의 삶에 대해서는 별반 가르치지 않았기 때문입니다. 신앙생활을 잘하는 것을 열정적인 기도, 뜨거운 전도, 헌신적인 봉사, 온전히 충성하는 삶 등이라고 합니다. 그에 반해, 하나님 자녀로서의 온전한 삶에 대해서는 가르치지 않았습니다. 그렇다 보니, 열정적으로 하나님의 일을 하지 않는 것만 죄로 생각하고 회개합니다. 그런데 바른 신앙생활은 '일'에 관한 것이 아니라 관계에 있습니다. 즉 예수님이 내 안에 계시고, 내가 예수님 안에 거하는 것이 먼저입니다. 그러니 봉사하지 못한 것만 회개할 것이 아니라 예수님이 내 안에, 내가 예수님 안에 거하지 못한 죄에 눈물을 흘리며 회개해야 합니다. 만약 예수님이 내 안에 계시지 않으면 나는 버림받은 사람입니다(고후 13:5). 예수님께 순종하지 않으면 영생을 보지 못하고 하나님의 진노가 내 위에 머물러 있습니다(요 3:36). 그런데도 칭의만 강조하다 보니, 독생자 예수 그리스도를 화목제물로 주셔서 이루신 하나님의 신비한 구원이 값싼 은혜로 전락하고 말았습니다.

구원받은 성도인 것만 자랑하고 세상의 소금과 빛이 되는 성도의 삶이 없습니다. 하나님 아버지의 거룩하심과 같이 거룩하게 살려는 삶이 없습니다. 하나님의 자녀가 자기 지체를 의의 무기로 드리기를 기뻐하지 않습니다. 도리어 불의의 무기로 죄에 드리기를 좋아하는 삶을 삽니다. 그러므로 이제라도 값싼 은혜로 전락한 잘못된 구원론을 바로잡아야 교회가 온전한 모습으로 회복될 수 있습니다. 바른 구원관을 가져야 균형 잡힌 신앙생활을 할 수 있습니다.

믿음의 약속은 구원의 약속입니다

모든 사람은 하나님 앞에서 죄인입니다. 성경은 '의인은 하나도 없고(롬 3:10), 모든 사람이 죄를 범하였다(롬 3:23)'라고 선언합니다. 우리는 허물과 죄로 죽었던 사람이요(엡 2:1), 본질상 진노의 자녀입니다(엡 2:3). 하나님과 원수 되었던 사람입니다(롬 5:10).

인간은 전적으로 타락하여 자기 자신을 구원할 능력이 전혀 없습니다. 우리의 생명을 속량하는 값이 너무 엄청나서 영원히 마련하지 못합니다(시 49:7-8). 내 죄를 속량하고 구원할 능력이 전혀 없는 죄인입니다. 이렇게 소망이 없는 우리를 하나님이 구원하시기로 작정하셨습니다(마 1:21). 죄의 지옥에서 구원하여 천국으로 데려가기로 약속해 주셨습니다. 하나님은 약속하신 대로 우리를 구원하기 위하여 아들 곧 독생자 예수 그리스도를 화목제물로 보내주셨습니다(요일 4:10). 우리는 예수 그리스도 안에 있는 속량으로 말미암아 하나님의 은혜로 값없이 의롭다 하심을 얻게 되었습니다(롬 3:24).

　구원은 전적으로 하나님의 은혜입니다. 성경은 "너희는 은혜로 구원을 받았다."라고 선언합니다(엡 2:5). 구원의 근기인 믿음도 하나님의 은혜입니다. "너희는 은혜에 의하여 믿음으로 구원을 받았으니 이것은 너희에게서 난 것이 아니라 하나님의 선물이라"(엡 2:8). 내가 먼저 하나님을 사랑한 것이 아니라 하나님이 먼저 나를 사랑해 주셨습니다. 바꾸어 말하면, 내가 먼저 믿은 것이 아니라 하나님이 먼저 믿음을 주셨기 때문에 믿고 구원받은 것입니다. 그래서 믿음을 은혜라고 합니다. 이렇게 믿음은 우리에게서부터 시작된 것이 아니라 하나님이 선택하신 자들에게 주시는 선물입니다(요 1:13). 우리의 구원은 전적으로 하나님이 주신 은혜(선물)입니다.

　구원의 약속은 죄의 형벌로부터 심판을 면제받게 합니다. 소망 없는 나를 죄에서 구원해 주신 분은 하나님 아버지이십니다. 긍휼이 풍성하신 하나님의 큰 사랑이 허물과 죄로 죽은 나를 살리셨습니다(엡 2:4-5). 하나님의 사랑이 나를 지옥 곧 영원히 꺼지지 않는 불 못에서 구원하신 것입니다.

　하나님은 자기의 의로우심을 나타내시려고 예수님을 화목제물로 세우셨습니다(롬 3:25). 하나님이 그 아들을 세상에 보내신 것은 세상을 심판하시려는 것이 아니라 세상을 구원하시기 위함입니다(요 3:17). 화목제물로 오신 예수님이 십자가에서 피 흘려주심으로 죄인이 받아야 할 모든 죄의 형벌을 대신 받으셨습니다(딛 2:14). 우리는 예수님의 피로 말미암아 속량 곧 죄 사함을 받았고(엡 1:7) 의롭다 함을 받았습니다(롬 5:9). 예수님의 피로 말미암아 하나님과 화목하게 된 우리는 예수님이 부활하심으로 새 생명을 얻게 되었습니다(벧전 1:3). 그렇습니다. 이렇게 전적으로 타락한 죄인이 의롭다 함을 얻는 것은 율법에 근거한 행위가 아니라 믿음에 근거합니다(롬 3:28). 예수님을 믿는 사람은 형벌의 심판을 받지 않고 구원을 받습니다. 예수 안에 있는 생명의 성령의 법이 죄와 사망의 법에서 우리를 해방하였기 때문에 예수 그리스도 안에서는 결코 정죄함이 없습니다(롬 8:1-2).

하나님은 창세 전에 그리스도 안에서 우리를 택하셨습니다(엡 1:4-6). 그리고 불가항력적인 은혜를 베풀어 주심으로(롬 8:30) 우리는 궁극적인 구원을 받게 되었습니다. 하나님께 택함을 받고, 예수 그리스도로 구속함을 얻고, 성령으로 믿음을 가지게 된 사람은 영원한 구원을 받습니다. 하나님의 택함을 받은 성도의 구원은 영원토록 그리스도 안에서 안전합니다. 왜냐하면 하나님의 능력으로 보호받기 때문입니다(벧전 1:5). 그러므로 예수 그리스도 안에 있는 성도의 구원은 절대 변경되지도 않고 취소되지도 않습니다.

그런데 우리가 받은 구원은 당연한 것이 아닙니다. 하나님의 특별한 은혜(선물)입니다. 이처럼 예수님은 예수님을 믿는 사람에게 구원의 근거가 되고 구원의 약속이 됩니다. 그리스도 안에 있는 사람에게는 형벌의 심판이 없습니다. 하지만 예수님을 믿지 않는 사람에게는 죄에 대한 엄한 형벌의 심판이 기다리고 있습니다. 이 죄에 대한 형벌의 심판을 피해 갈 사람이 이 세상에 단 한 사람도 없습니다. 그렇기 때문에 예수님은 믿는 사람에게는 생명에 이르는 냄새가 되지만, 믿지 않는 사람에게는 사망에 이르는 냄새가 됩니다(고후 2:15-16).

이처럼 믿음의 약속은 구원의 약속입니다.

하나님이 하신 행함(삶)에 대한 약속은 상급의 약속입니다

행함에 대한 약속은 각 사람이 행한대로 갚아주기 위한 심판을 의미합니다(겔 33:20). 하나님은 하나님의 자녀가 말씀대로 순종할 때, 그 행한 대로 보상해 줄 것을 약속해 주셨습니다. 하나님의 자녀가 믿음으로 순종하여 예수님을 닮는 만큼 상급을 받게 됩니다. 분명한 것은 예수님을 믿는 성도는 영생을 얻었고 사망에서 생명으로 옮겨졌습니다. 그렇기 때문에 죄의 형벌에 대한 심판은 절대로 없습니다(요 5:24). 하지만 구원받은 성도라 할지라도 행한대로 상을 받기 위한 심판은 있습니다. 그러므로 성도는 그리스도의 심판대 앞에 서서 선악 간에 그가 몸으로 행한 것을 따라 상벌을 받게 될 것입니다(고후 5:10).

예수님은 "내가 속히 오리니 내가 줄 상이 내게 있어 각 사람에게 그가 행한 대로 갚아 주리라."라고 분명하게 말씀하셨습니다(계 22:12). 선한 일을 행한 자는 생명의 부활로, 악한 일을 행한 자는 심판의 부활로 나오게 될 것입니다(요 5:29). 선한 일을 행한 자는 예수 그리스도를 믿는 사람이고, 악한 일을 행한 자는 예수님을 믿지 않는 사람을 가리킵니다. 여기서 선한 일은 예수님을 믿는 믿음으로 행한 일을 말합니다. 하나님의 계명을 믿음으로 행함으로 말씀의 열매 즉 예수님의 열매를 맺는 것을 의미합니다(마 19:16-17). 우리는 선한 일을 위하여 지음을 받았습니다(엡 2:10). 그 선한 일을 힘쓰게 하려고 구원해 주셨습니다(딛 3:8). 예수님은 우리를 모든 불법에서 속량하시고 우리를 깨끗하게 하사 선한 일을 열심히 하는 자기 백성이 되게 하려고 자신을 내어 주셨습니다(딛 2:14).

선한 일은 하나님의 일입니다(마 19:16-17). 하나님의 일은 하나님이 보내신 예수님을 믿는 것입니다(요 6:28-29). 그러므로 선한 일은 하나님이 보내신 예수님을 믿는 믿음 안에서 행하는 착한 행실입니다. 성도는 믿음 안에서 행하는 착한 행실을 사람들에게 보여주어야 할 책임이 있습니다(마 5:16). 사나 죽으나 오직 그리스도를 존귀하게 하는 데 힘써야 합니다(빌 1:20). 하나님 아버지의 온전하심 같이 온전한 사람이 되기 위해서 분투해야 합니다(마 5:48). 하나님 아버지처럼 모든 행실을 거룩하게 행하여야 합니다(벧전 1:15-16). 한마디로 예수 그리스도의 형상을 닮아가야 합니다.

선한 일은 하나님이 기뻐하시는 일입니다. 하나님이 기뻐하시는 일은 그 일로 말미암아 먼저 내가 행복한 일입니다. 그리고 다른 사람도 행복한 일입니다. 그러므로 선한 일을 행하여 다른 사람이 더 행복하도록 도와주어야 합니다. 내가 만나는 사람에게 은혜를 끼쳐야 합니다. 그러면 하나님께 영광이 되고, 내가 행복하고, 다른 사람이 행복하게 되는 삼박자가 맞게 됩니다. 만약 하나님을 위한 일인데, 내가 기쁘지 않거나, 다른 사람에게 해(害)가 된다면 그것은 선한 일이 아닙니다. 하나님의 영광을 위한 일인데, 나는 기쁨으로 열심히 하지만 다른 사람에게 기쁜 일이 아니라면 그것도 선한 일이 아닙니다.

열심을 내는 것도 좋지만 왜 열심을 내는지, 무엇을 위해서 열심히 하는지 그 이유를 정확히 알아야 합니다. 예수님을 사랑하기 때문에 열심히 하고, 예수님을 닮기 위해서 열심히 살아야 합니다. 그러므로 선한 일은 단순히 지식으로 아는 것이 아니라 온 몸으로 예수 그리스도를 사랑함으로 전인격적으로 살아내야 할 일입니다. 그리고 또 한 가지 잊지 말 것은 선한 일을 행할 때 항상 대접받고 인정받는 것은 아니다라는 것입니다. 때로는 고난과 멸시를 받고, 비웃음과 조롱을 당하기도 하는 아주 좁고 협착한 길이라는 것을 기억해야 합니다.

우리는 모두 하나님의 심판대 앞에 설 것입니다

구원받은 성도들 역시 그리스도의 심판대 앞에 서서 자기가 행한 일을 하나님에게 직접 고해야 할 것입니다(롬 14:10-12). 중요한 것은 그때 내가 행한 것을 하나님 앞에서 감출 수 없으며, 모른다고 부인할 수도 없다는 것입니다. 악을 행하고, 선한 일을 했다고 거짓말을 할 수는 더더욱 없습니다. 왜냐하면 자기가 행한대로 기록된 책으로 심판을 받기 때문입니다(계 20:12-13).

하나님의 눈이 우리 인생(人生)을 통촉(洞燭)하시고, 하나님의 안목(眼目)이 우리를 감찰(監察)하고 있습니다(시 11:4). 하나님은 나의 앞뒤를 둘러싸고 살펴보셨으므로 나를 알고 계십니다. 내가 앉고 일어섬을 아시고, 멀리서도 내가 무슨 생각을 하는지 밝히 알고 계십니다. 나의 모든 길과 내가 눕는 것을 살펴보셨으므로 나의 모든 행위를 적나라하게 다 알고 계십니다. 하나님은 내가 한 혀의 말을 알지 못하시는 것이 하나도 없으신 분이십니다(시 39:1-5).

나는 보지 못하나 하나님은 밝히 보고 계십니다. 나는 듣지 못하나 하나님은 정확하게 듣고 계십니다. 나는 알지 못하나 하나님은 모든 것을 알고 계시며, 내 머리카락 수까지 정확하게 헤아리고 계십니다. 각 사람은 자기가 행한 대로 심판을 받습니다. 만약 구원받은 성도가 하나님 말씀을 따라 살지 않아도 구원은 받습니다. 그러나 불 가운데서 구원받는 것 같은 구원을 받습니다(고전 3:15). 우리 지체를 불의의 무기로 죄에게 내어주고, 의의 무기로 하나님께 드리지 않아도 구원은 받습니다. 그런 사람은 육신은 멸하고 영은 주 예수의 날에 구원을 받습니다(고전 5:5). 즉 상을 받지 못하는 부끄러운 구원을 받게 된다는 말입니다.

나를 심판하실 분은 예수님이십니다. 예수님은 내가 행한 선한 일에 대해서 칭찬해 주십니다(고전 4:3-5). 칭찬을 받는다는 것은 상을 받는다는 것이고, 상을 받는 것은 영광이 됩니다. 그런데 선한 일을 행한 것이 하나도 없으면 칭찬을 하지 않으십니다. 칭찬을 듣지 못하는 것이 곧 책망을 듣는 것입니다. 책망을 들으면 상을 받지 못합니다. 이렇게 상을 받는 사람과 받지 못하는 사람의 영광의 차이는 태양과 반딧불의 차이라고 할만큼 크다해도 절대 지나친 표현이 아닙니다. 그러니 이제라도 "나는 구원을 얻었다. 나는 천국에 간다."라고 하면서 세상 즐거움에 취해 살 것이 아닙니다. 우리 지체를 불의의 무기로 죄에 내어주지 말아야 합니다. 나는 무슨 상을 받을 수 있을지 깊이 생각하며 살아야 합니다. 왜냐하면 상을 받지 못하면 천국에서 누릴 영광이 없기 때문입니다.

상을 받는 것은 우리가 받을 기업의 영광과 직결됩니다. 열 달란트 남긴 종은 열 고을을 다스리는 권세를 누리고, 다섯 달란트를 남긴 종은 다섯 고을의 권세를 누립니다(마 25:19-28). 분명한 것은 심판자이신 예수님은 반드시 속히 오신다는 것입니다(계 22:20). 예수님은 속히 오셔서 각 사람이 행한 대로 상을 주시겠다고 약속하셨습니다. 그때 구원받은 성도도 그리스도의 심판대 앞에 서서 각각 선악 간에 그 몸으로 행한 것을 따라 반드시 상을 받게 될 것입니다.

상은 어떤 일의 결과로 받는 것이 아닙니다

'일'을 많이 하고, 큰일을 성취했다고 칭찬을 듣고 상을 받는다고 생각하면 안 됩니다. '일'은 상을 준비하는 방법은 되지만 상의 근거가 되지는 않습니다. '일'에 능한 기능인으로 크고 위대한 일을 이루고 사람들로부터 영광을 받고 존귀함을 누렸어도 예수님께 칭찬을 받지 못할 수도 있습니다. 그러니까 주의 이름으로 선지자 노릇을 하고, 주의 이름으로 귀신을 쫓아내고, 주의 이름으로 많은 권능을 행했으며, 주님 앞에서 먹고 마셨을지라도 주님이 "내가 너를 도무지 알지 못한다. 불법을 행하는 자야 내게서 떠나가라."라는 충격적인 책망을 들을 수도 있다는 것입니다. 이 말은 목사라고 상급이 큰 것이 아니고, 모태 신앙이라고 상급이 큰 것도 아니고, 사람들이 우러러보는 큰일을 이루었다고 상급이 큰 것도 아니라는 것입니다.

오직 하나님 말씀에 순종함으로 예수 그리스도의 인격을 닮는 것이 상급의 근거가 됩니다. 제아무리 사람들이 부러워하는 큰일을 이루었어다고 해도 예수님을 닮지 못하면 상급 없는 구원을 받습니다. 우리가 행하는 모든 일은 주님의 인격을 닮는 수단입니다. 성도는 예수님 사랑에 강권을 받아 성령에 이끌림을 받는 삶을 살아야 합니다. 그러면 성령님이 예수님의 형상을 본받게 하시고, 예수 그리스도의 장성한 분량에까지 자라게 하십니다. 성도가 예수님의 형상을 본받는 것이 인생을 가치 있게 사는 것입니다. 왜냐하면 예수님의 형상을 본받는 만큼 예수님이 "잘했다. 착하고 충성 된 종아."라는 칭찬하시고 준비하신 면류관을 씌워주실 것이기 때문입니다.

천국은 하나님의 영광이 충만한 곳입니다. 만왕의 왕되시는 예수님께 받는 천국 상급이 얼마나 가치가 있는지는 말로 표현할 수 없겠지요. 우리의 지혜와 지식으로는 알 수도 없고, 설명할 수도 없으며, 이해할 수도 없습니다. 그러나 하나님 나라에서 각 사람이 행한 대로 주시는 상급이 분명히 있음을 기억하고 살아야 합니다. 그 믿음 안에서 상급을 기대하고 살기를 힘써야 할 것입니다. 하나님은 성도의 삶을 통해서 예수님께 받을 상을 준비하도록 하십니다. 그래서 오늘 나의 삶이 그 상을 준비하는 시간입니다. 우리의 모든 삶은 하나님 나라에서 누릴 영광을 준비하는 기회입니다. 하나님은 우리 삶의 자리에서 우리의 인격이 그리스도의 인격으로 자라도록 훈련하십니다. 내가 처한 모든 환경은 예수 그리스도의 형상을 이루어 예수님께 받을 상급을 준비하는 기회가 되는 것입니다.

하나님은 상대평가를 하지 않으시고 절대평가를 하십니다. 그러니 쓸데없이 다른 사람과 비교하며 내 환경을 탓하지 않아야 합니다. 야곱이 이스라엘이 된 것처럼 내가 이스라엘이 되기만 하면 됩니다. 내게 주어진 환경에서 예수 그리스도의 형상을 이루기만 하면 됩니다. 사람의 죄악이 세상에 가득하고, 사람이 생각하는 모든 계획이 항상 악할 그때에도 노아는 완전한 자로 하나님과 동행하였습니다. 노아는 하나님이 창조한 사람을 물로 심판하실 때, 하나님께 특별한 은혜를 입었습니다(창 6:5-12). 마찬가지입니다. 오늘 나에게 주어진 환경을 믿음으로 눈으로 보면, 하나님의 은혜를 경험할 최고의 환경이 됩니다. 어쩌면 극한 환경에 처해 있는 것이 은혜받기에 더 쉬울 수도 있습니다. 반면에 편한 환경에 있다면 은혜받기 힘들 수도 있습니다. 성경의 진리는 항상 역설적입니다. 그러니 환경을 핑계하지 말고, 마음을 다하고 힘을 다하여 하나님 말씀을 순종하기를 힘써야 합니다. 오직 십자가의 길을 묵묵히 가다보면, 어느새 아름다운 그리스도의 인격을 이룬 것을 보게 될 것입니다.

　　구원받은 성도가 예수님의 인격을 닮아가는 만큼 영광스럽고, 존귀하게 되는 것은 없습니다. 그러므로 영광스러운 상급을 준비하는 것이 우리 삶의 목표가 되어야 합니다. 그리스도 예수 안에서 하나님이 위에서 부르신 부름의 상을 위하여 힘껏 달려가야 합니다.

2장

상급에 대한 바른 지식을 가져야 합니다

The heavenly reward given by God

"선지자의 이름으로 선지자를 영접하는 자는 선지자의 상을 받을 것이요 의인의 이름으로 의인을 영접하는 자는 의인의 상을 받을 것이요 또 누구든지 제자의 이름으로 이 작은 자 중 하나에게 냉수 한 그릇이라도 주는 자는 내가 진실로 너희에게 이르노니 그 사람이 결단코 상을 잃지 아니하리라 하시니라"(마태복음 10장 41-42절).

"하늘에 속한 형체도 있고 땅에 속한 형체도 있으나 하늘에 속한 것의 영광이 따로 있고 땅에 속한 것의 영광이 따로 있으니 해의 영광이 다르고 달의 영광이 다르며 별의 영광도 다른데 별과 별의 영광이 다르도다"(고린도전서 15장 40-41절).

많은 사람들은 천국이 평등한 곳이며, 만약 천국에 차이가 있다면 천국이 아니라고 주장합니다. 즉 '천국에 가면 모두 똑같다.'는 환상을 가지고 있습니다. 그들은 천국에 가면 '영광이 같고, 존귀가 같고, 위치가 같다.'라고 생각합니다. 왜냐하면 하나님은 공평하신 분이시기 때문에 모든 것이 공평해야 한다고 생각합니다. 그런데 정말 공평함이 무엇인지 한 번 생각해 보셨습니까? 하나님의 공평은 행한 대로 갚으시는 것입니다.

하나님은 공평하게 그의 백성을 심판하실 것입니다(시 98:9). 우리가 일한 대로 갚아주시고, 우리가 행한 대로 갚아주시는 것이 하나님의 공평입니다(렘 50:29). 각 사람에게 행한 대로 보응(報應)하는 것이 하나님의 공평입니다(롬 2:6). 성도가 일한 것을 잃지 않도록 온전한 상을 주시는 것이 하나님의 공평입니다(요이 1:8).

예수님은 각 사람이 행한 대로 상을 주시는 분이십니다(계 22:12). 천국은 각각 자기가 일한 대로 상을 받는 곳입니다(고전 3:8). 그러나 상을 받지 못하면 해(害)를 입는 곳이기도 합니다. 즉 상을 받지 못하면 구원받아도 불 가운데서 구원을 받는 것과 같습니다. 이처럼 하나님 나라에서 영광은 각기 다릅니다(고전 15:39-44).

천국의 상급에 대해서 바른 지식을 가지는 것은 중요합니다

천국에서 상급의 차등이 '있느냐? 없느냐?' 하는 것은 아주 중요한 문제입니다. 왜냐하면 상급문제를 바로 알지 못하면 은혜로 받은 구원이 행위로 받는 구원으로 바뀌기 때문입니다. 바꾸어 말하면, 상급에 관한 말씀을 구원에 관한 말씀으로 오해할 수도 있습니다. 우리는 "구원은 하나님의 선물이다. 한번 받은 구원은 변함이 없다."라고 믿습니다. 그런데 점점 시간이 지나면서 내 믿음의 행위가 구원의 근거가 되는 것처럼 여깁니다. 마치 율법의 행위로 의롭다 함을 받으려는 갈라디아 교회 성도들처럼 말입니다. 지금 내가 열심히 신앙생활을 하고 있기 때문에 구원받는 것처럼 생각합니다.

하나님의 은혜로 받은 구원을 율법을 행하여 받은 구원처럼 자랑합니다. 그러다 구원받은 감사는 사라지고 주일에 교회에 가는 것 외에는 구원받지 못한 사람과 별반 다름없는 삶을 삽니다. 그뿐만 아니라 신앙의 정도에 따라 구원의 확신이 흔들리는 성도들도 있습니다. 믿음의 열정이 있을 때 천국에 갈 것 같은데, 믿음의 열정이 식으면 지옥에 갈 것 같기도 합니다. 그래서 오늘 나의 믿음의 상태에 따라 하루에도 여러 번 천국과 지옥을 왔다 갔다 하기도 합니다. 구원의 확신을 갖지 못하고 방황합니다. 이처럼 구원과 상급 관계를 바르게 아는 지식을 가지는 것은 바른 신앙생활로 이끄는 힘이 됩니다.

서구 신학자 중 90% 이상은 천국 상급은 차등이 없다고 주장합니다. 우리나라 신학도 서구 신학의 영향을 받아 차등 상급을 부인하는 경우가 많습니다. 그렇다 보니, 칼빈 신학을 말하면서도 실제로는 자유주의 신학의 꽁무니를 따라갑니다. 은혜로 받는 구원이 행위로 받는 구원(행위 구원)으로 변질되어 갑니다. 그러면 '은혜로 구원을 받았다.'라고 감사하며 신앙생활을 하던 성도가 영적침체에 빠지면 천국에 갈 확신조차 없어집니다.

'나는 정말 천국에 갈 수 있을까?', '하나님은 정말 나를 용서하신 걸까?'라고 불안해하는 성도들도 있습니다. '오직 은혜로 구원을 받는다.'가 조금씩 믿음의 행위가 구원을 결정하는 것으로 변해 갑니다. 그러다 보니 구원받은 성도가 천국에 가지 못할까 봐 전전긍긍하며 불안해합니다. 그래서 천국 백성이 천국에 가기 위해서 열심히 신앙생활을 합니다. 구원받은 하나님 자녀가 구원을 얻기 위해서 신앙생활을 하는 것입니다. 이렇게 된 것은 구원과 상급에 대해서 바른 이해가 없기 때문입니다. 그러므로 구원과 상급의 관계 그리고 상급의 차등 관계를 바르게 아는 것은 아주 중요합니다.

서구신학이 차등 상급을 부인하는 이유

첫째는 철학적 입장에서 차등 상급이 없다고 부인합니다. 철학은 모든 것을 원인과 결과로 해석합니다. 즉 올바르게 살면 행복하고, 그렇지 않으면 불행해진다고 말합니다. 그런데 신학은 철학의 영향을 많이 받는 학문으로, 철학적 관점에서 성경을 보는 신학에서는 상급에 차이가 없다고 주장합니다.

둘째는 신학적 입장에서 차등 상급이 없다고 부인합니다. 예를 들어 은혜로 구원을 받는데, 차등 상급이 있다면 은혜가 안 된다고 합니다. 즉 은혜의 가치가 없어진다는 것입니다. 무엇보다도 세상에서 차별을 겪는 것도 가슴 아픈 일인데, 천국에서까지 차별이 있다는 것은 있을 수 없다고 말합니다. 공평하신 하나님이 다스리시는 천국에 차별이 있을 수 없다고 주장합니다.

셋째는 주석적 입장에서 차등 상급이 없다고 부인합니다. 하나님은 공평하신 분이신데, 상급이 다르다는 것은 공평하신 하나님에 대해 잘못 이해한 것이라고 말합니다. 하나님은 공평하신 분이기 때문에 잘 믿든지, 잘못 믿든지, 일찍 믿든지, 늦게 믿든지, 열심히 하든지, 열심히 하지 않든지 상관없이 천국에 가면 모두 똑같다고 주장합니다(마 20:1-16).

넷째는 당시 역사적 상황을 보면서 차등 상급이 없다고 부인합니다. 당시 유대인들은 하나님을 사랑하는 마음에서 말씀을 순종하는 것이 아니라 공포 속에서 하나님을 섬기고 있었습니다. 그래서 예수님이 유대인들의 잘못된 사상을 깨뜨리기 위해서 상급을 말씀하신 것이지, 차등 상급을 주장하신 것이 아니라고 주장합니다.

루터는 로마 가톨릭의 공로 교리를 깨뜨리고 나왔기 때문에, 처음에는 천국 상급을 부인했습니다. 그런데 갈라디아서 주석 후기에서 '차등 상급이 있다.'라고 분명히 기록하고 있습니다. 그럼에도 불구하고 그의 후예들이 지금도 차등 상급을 부인합니다. 거기에는 근대 철학자 임마누엘 칸트의 영향으로 차등 상급을 부인합니다. 칸트는 이상주의 윤리에서 "Duty for duty's sake!(의무는 의무 자체만을 위해서 수행하라!)"라고 했습니다. 의무를 행한 후에 이런저런 상급이 주어지기 때문에 의무를 행한다고 하는 것은 이미 윤리적인 불순물이 들어가 있기 때문이라고 합니다. 이런 칸트의 철학이 개신교 신학자들의 사상에도 강력한 영향을 미쳐서 '차등 상급이 없다.'라고 말하는 것입니다.

성경은 상급에 대해서 뭐라고 할까요?

성경은 '상급이 분명히 있고, 각각의 행위에 따라 다르다.'라고 말하고 있습니다. 하나님은 각 사람에게 그 행한 대로 보응합니다(롬 2:6). 예수님은 "인자가 아버지의 영광으로 그 천사들과 함께 오리니 그때에 각 사람이 행한 대로 갚으리라"(마 16:27). "보라 내가 속히 오리니 내가 줄 상이 내게 있어 각 사람에게 그가 행한 대로 갚아 주리라."(계 22:12)라고 분명하게 말씀하셨습니다. 바울 사도는 "우리가 다 반드시 그리스도의 심판대 앞에 나타나게 되어 각각 선악 간에 그 몸으로 행한 것을 따라 받으려 함이라."(고후 5:10)라고 말하고 있습니다. 이렇게 성경은 차등 상급이 있음을 분명하게 강조하고 있습니다.

첫째, 하나님은 공의로 심판하시는 분이시기 때문에 차등 상급이 있습니다(마 12:36-37; 마 16:24, 27). 하나님은 공평하신 분이시기 때문에 모든 사람은 은혜로 구원을 받습니다. 즉 구원의 은혜는 차별이 없습니다. 그러나 각자 행한 대로 상급을 주시는 것이 하나님의 공의입니다. 말씀을 온전히 순종하는 사람과 불순종하는 사람에게 차이가 있는 것이 하나님의 공의입니다. 좁은 문으로 들어간 사람과 넓은 길로 간 사람을 차등 대우하는 것이 하나님의 공의입니다.

둘째, 예수를 믿는 사람은 반드시 그리스도의 심판대 앞에서 각각 선악 간에 행한 대로 심판을 받습니다(고후 5:9-10). 예수님을 믿은 사람은 '천국에 가느냐, 지옥에 가느냐?' 하는 공심판은 절대로 받지 않습니다. 독생자 예수 그리스도를 믿는 자마다 멸망하지 않고 영생을 얻습니다(요 3:16). 그러므로 예수님을 영접한 사람은 죄에 대한 형벌의 심판을 통과했기 때문에 공심판은 받지 않습니다. 그런데 예수님을 믿지 않는 사람은 하나님의 독생자를 믿지 않았기 때문에 벌써 심판을 받은 것입니다(요 3:18). 이처럼 누구든지 주의 이름을 부르는 자는 구원을 받습니다(행 2:21). 예수를 믿으면 구원을 받습니다(행 16:31). 예수님을 믿는 사람은 절대로 지옥에 가지 않고 반드시 천국에 갑니다(요 5:29; 롬 8:38-39).

　　구원받은 성도들도 각자 행한 대로 상을 받기 위한 사심판은 받습니다. 구원받은 성도가 악을 행하면 육신은 멸하고 영은 주 예수의 날에 구원을 받습니다(고전 5:5). '육신은 멸한다.'라는 말은 '상이 없다.'라는 의미로 '상이 없는 구원을 얻는다.'라는 말입니다. 바꾸어 말하면, 천국에 가기는 가는데 천국에서 받을 상은 없다는 의미입니다. 상이 없는 구원을 '해를 받는다. 구원을 받되 불 가운데서 받은 것 같다.'(고전 3:15)라고 말합니다. 이처럼 구원받은 성도도 예수 그리스도의 심판대 앞에 서서 각각 선악 간에 행한 대로 상급을 받기 위한 심판은 받습니다. 반드시 하나님 앞에 밝히 드러난 선악 간에 행한 대로 상을 받기 위한 심판은 받습니다.

　셋째, 순종의 정도와 질에 따라서 상급에 차등이 있습니다(마 5:10-12). 예수님은 하나님의 말씀을 실천하는 정도에 따라서 상급이 다르다고 말씀하셨습니다(마 5:19). 예수님은 가장 작은 자가 천국에서 가장 큰 자라고 말씀하셨습니다(마 18:1-4). 섬기는 사람이 큰 사람이라고 말씀하셨습니다(마 23:11-12). 이렇게 차등 상급을 가장 강력하게 말씀하시는 성경 구절이 므나 비유입니다(눅 19:11-27).

넷째, 상급에는 여러 명칭이 있습니다. 예수님은 '선지자의 상, 의인의 상, 제자의 상이 있다.'라고 말씀하셨습니다(마 10:40-42). 바울 사도는 "불로 각 사람의 공적이 어떠한 것을 시험할 때 공적이 그대로 있으면 상을 받고 공적이 불타면 해를 받는데 자신은 구원을 받되 불 가운데서 받은 것 같다."(고전 3:10-15), "해의 영광이 다르고 달의 영광이 다르며 별의 영광도 다른데 별과 별의 영광이 다른 것처럼 죽은 자의 부활도 그와 같다."(고전 15:41-42)라고 말합니다.

다섯째, 심판에 등급이 있기 때문에 상급에도 등급이 있습니다. 어려운 말이지만 심판에 등급이 있습니다(마 10:15; 11:20-24). 심판에 등급이 있다면, 죄에도 등급이 있다는 말이 됩니다. 죄 중에는 사함을 받는 죄가 있지만, 사함을 받지 못하는 죄도 있습니다. 예수님은 "사람에 대한 모든 죄와 모독은 사하심을 얻되 성령을 모독하는 것은 사하심을 얻지 못하겠고 또 누구든지 말로 인자를 거역하면 사하심을 얻되 누구든지 말로 성령을 거역하면 이 세상과 오는 세상에서도 사하심을 얻지 못하리라."(마 12:31-32)라고 말씀하셨습니다.

죄 중에는 사망에 이르는 죄가 있고, 사망에 이르지 않는 죄도 있습니다. 요한 사도는 "누구든지 형제가 사망에 이르지 아니하는 죄 범하는 것을 보거든 구하라 그리하면 사망에 이르지 아니하는 범죄자들을 위하여 그에게 생명을 주시리라 사망에 이르는 죄가 있으니 이에 관하여 나는 구하라 하지 않노라. 모든 불의가 죄로되 사망에 이르지 아니하는 죄도 있도다."(요일 5:16-17)라고 말합니다. 야고보는 "선생 된 자에게 더 큰 심판이 있다."(약 3:1)라고 말했습니다.

예수님이 말씀하신 '포도원 품꾼의 비유'(마 20:1-16)는 상급이 없다는 말씀이 아닙니다. 도리어 상급이 있다는 말씀입니다. 상급에 따라 영광이 다릅니다. 상급에 따라서 영광이 다른 것을 바울 사도는 "육체는 다 같은 육체가 아니니 하나는 사람의 육체요 하나는 짐승의 육체요 하나는 새의 육체요 하나는 물고기의 육체라. 하늘에 속한 형체도 있고 땅에 속한 형체도 있으나 하늘에 속한 것의 영광이 따로 있고 땅에 속한 것의 영광이 따로 있으니 해의 영광이 다르고 달의 영광이 다르며 별의 영광도 다른데 별과 별의 영광이 다르도다. 죽은 자의 부활도 그와 같으니 썩을 것으로 심고 썩지 아니할 것으로 다시 살아나며 욕된 것으로 심고 영광스러운 것으로 다시 살아나며 약한 것으로 심고 강한 것으로 다시 살아나며 육의 몸으로 심고 신령한 몸으로 다시 살아나나니 육의 몸이 있은즉 또 영의 몸도 있느니라."(고전 15:39-44)라고 말했습니다.

하나님의 상급은 분명히 있습니다

우리는 각자 자신이 행한 대로 상을 받습니다. 그래서 영광도 다릅니다. 예수님은 "내가 줄 상이 내게 있어 각 사람에게 그가 행한 대로 갚아 주리라."(계 22:12)고 말씀하셨습니다. 또한 바울 사도는 "각각 자기가 일한 대로 자기의 상을 받으리라."(고전 3:8)라고 말했습니다. 그렇다면 상을 받지 못하는 사람도 있다는 뜻입니다. 그런데 상을 받는 사람과 받지 못하는 사람의 영광은 말로 표현할 수 없을 정도로 차이가 클 것입니다. 그러므로 우리는 상을 받기 위해 준비해야 합니다. 성령의 이끌림을 따라, 어린 양이 인도하는 대로 살아가야 합니다.

이 상급은 죽은 우리를 살리시고, 순종할 힘을 주신 예수님의 공로로 이루어진 것입니다. 만약 예수님의 공로로 구원을 받지 못했다면, 상급 자체도 상상할 수 없었을 것입니다. 때때로 우리가 믿음으로 살다 쓰러지고 넘어질 때도 있지만 실망하지 않아도 됩니다. 성경은 "여호와여 나의 발이 미끄러진다고 말할 때에 주의 인자하심이 나를 붙드셨사오며 내 속에 근심이 많을 때에 주의 위안이 내 영혼을 즐겁게 하시나이다."(시 94:18-19)라고 기록되어 있습니다. 우리가 미끄러질 때 주님이 붙들어 주신다는 것입니다. 하나님은 우리가 연약하여서 할 수 없는 그것을 해결해 주실 수 있는 전능하신 분이십니다(롬 8:3). 좋으신 하나님은 절대로 우리를 포기하지 않으십니다. 우리 구주 예수님이 우리에게 힘을 주십니다. 우리는 순종할 때 상급을 받습니다. 그러나 우리는 하나님이 주시는 힘을 거절하고 순종하려 하지 않습니다. 하나님의 인도를 따르지 않고 자꾸만 곁길로 가려 합니다.

바울 사도는 "우리는 그가 만드신 바라 그리스도 예수 안에서 선한 일을 위하여 지으심을 받은 자니 이 일은 하나님이 전에 예비하사 우리로 그 가운데서 행하게 하려 하심이니라."(엡 2:20)라고 말합니다. 그리고 "너희 안에서 행하시는 이는 하나님이시니 자기의 기쁘신 뜻을 위하여 너희에게 소원을 두고 행하게 하시나니"(빌 2:20)라고 말합니다. 우리는 이처럼 선한 일을 위하여 지음을 받은 사람입니다. 하나님은 우리가 선한 일을 행하도록 우리에게 소원을 두고 행하십니다. 그런데 우리는 우리 안에서 행하시는 하나님의 열심을 받아들이지 않으려고 합니다. 내 안에서 행하시는 하나님으로 살지 않고, 내 마음대로 삽니다. 내 삶의 주인이신 예수님을 내 안에 모시지 않고,

내가 주인 노릇을 합니다. 예수님이 사시는 것이 아니라 내가 주인으로 살고 있습니다. 이렇게 자기 마음대로 살고, 자기가 주인으로 살고 있으면서 하나님의 은혜만을 말합니다.

 이제는 변해야 합니다. 성령의 이끌림을 받아 순종해야 합니다. 내 안에서 행하시는 하나님의 인도와 열심을 받아들여야 합니다. 우리의 몸은 주를 위하여 있으며 주는 우리 몸을 위하여 계십니다(고전 6:13). 우리 몸은 그리스도의 지체입니다(고전 6:15). 우리 몸은 우리 것이 아니라 하나님께서 주신 것으로 하나님의 것입니다. 우리는 성령의 전이기에 성령께서 우리 안에 거하십니다. 그러므로 우리는 하나님께 영광을 돌려야 합니다(고전 6:19-20). 내가 사는 것이 아니라 내 안에 그리스도가 살아야 합니다(갈 2:20). 그래서 하나님의 말씀으로 사는 삶의 열매를 맺어야 합니다. 우리가 맺어야 할 삶의 열매는 예수님을 닮아서 예수님의 삶을 사는 것입니다. 예수님처럼 사랑하는 사랑의 열매를 맺어야 합니다. 이런 삶의 열매를 맺는 것이 구원을 이루는 것이고, 하나님께 영광을 돌리는 것입니다(빌 2:12).

 삶의 열매를 맺는 것이 우리가 받을 상급의 근거가 됩니다. 성경은 "내가 줄 상이 내게 있어 각 사람에게 그가 행한 대로 갚아 주리라."(계 22:12)라고 하시고, "각각 자기가 일한 대로 자기의 상을 받으리라."(고전 3:8)라고 합니다. 그런데 상이 무엇인지 구체적으로 가르치는 내용이 없습니다. 다만 "선을 행하라 그리하면 그에게 칭찬을 받으리라"(롬 13:3). "너희 믿음의 확실함은 불로 연단하여도 없어질 금보다 더 귀하여 예수 그리스도께서 나타나실 때에 칭찬과 영광과 존귀를 얻게 할 것이니라"(벧전 1:7). "주께서 오시기까지 아무것도 판단하지 말라…… 그때에 각 사람에게 하나님으로부터 칭찬이 있으리라."(고전 4:5)라고 기록되어 있습니다. 그리고 '생명의 면류관'(약 1:12), '의의 면류관'(딤후 4:8), '영광의 면류관'(벧전 5:4), '썩지 아니할 면류관'(고전 9:25)으로 표현되어 있습니다.

예수님은 "선지자의 이름으로 선지자를 영접하는 자는 선지자의 상을 받을 것이요 의인의 이름으로 의인을 영접하는 자는 의인의 상을 받을 것이요 또 누구든지 제자의 이름으로 이 작은 자 중 하나에게 냉수 한 그릇이라도 주는 자는 내가 진실로 너희에게 이르노니 그 사람이 결단코 상을 잃지 아니하리라."(마 10:41-42)라고 말씀하셨습니다. 구체적으로 그 상이 무엇인지 정확히 설명할 수 없지만, 우리가 행한 대로 갚아주시는 상급이 있다는 것만큼은 분명합니다. 그리고 그 영광이 각기 다르다는 것도 분명한 사실입니다(권성수, 『천국 상급』, pp.12-39 참고). "하늘에 속한 것의 영광이 따로 있고 땅에 속한 것의 영광이 따로 있으니 해의 영광이 다르고 달의 영광이 다르며 별의 영광도 다른데 별과 별의 영광이 다르다"(고전 15:40-41).

우리는 천국을 소유한 천국 시민입니다

우리가 믿음 생활을 하는 목적은 천국에 가기 위해서가 아닙니다. 하나님이 주시는 복을 받아 이 세상에서 잘 먹고 잘살기 위해서는 더욱 아닙니다. 내게 주신 구원의 은혜가 너무 감사해서 말씀에 순종하며 사는 것입니다. 이렇게 감사해서 순종하는데, 우리 구주 예수님은 우리가 일한대로 갚아주십니다. 우리가 행한 대로 상을 주십니다. 그런 의미에서, 성도는 예수님이 주실 상을 받기 위해서 사는 사람이기도 합니다. 푯대를 향하여 그리스도 예수 안에서 하나님이 위에서 부르신 부름의 상을 위하여 달려가는 사람입니다.

그리스도인의 삶 자체가 천국에서 받을 상급을 준비하는 삶입니다. 우리는 상급을 준비한 대로 각기 다른 상을 받고, 받은 상을 따라 영광을 누립니다. 상급은 하나님께서 주시는 또 하나의 은혜입니다. 그러므로 하나님이 나를 위해서 준비하신 면류관을 받을 수 있도록 서로 격려하며 힘써 달음질해야 합니다.

3장

구원과 상급의 관계를 바로 알아야 합니다

The heavenly reward given by God

"또 내가 들으니 하늘에서 음성이 나서 이르되 기록하라 지금 이후로 주 안에서 죽는 자들은 복이 있도다 하시매 성령이 이르시되 그러하다 그들이 수고를 그치고 쉬리니 이는 그들의 행한 일이 따름이라 하시더라"(요한계시록 14장 13절).

"그러므로 너희 마음의 허리를 동이고 근신하여 예수 그리스도께서 나타나실 때에 너희에게 가져다 주실 은혜를 온전히 바랄지어다"(베드로전서 1장 13절).

구원과 상급, 즉 믿음과 생활의 관계를 잘못 이해하면 신앙생활이 곧 구원의 근거가 되는 것으로 오해할 수도 있습니다. 그러나 분명한 것은, 우리의 행위로 의롭다 함을 받는 것이 아니라 오직 예수님을 믿음으로 의롭다 함을 받는다는 것입니다(롬 4:2-3). 율법의 행위로는 의롭다 함을 받을 육체가 없습니다. 하나님은 은혜로 보배로운 믿음을 선물로 주셔서 우리를 죄에서 구원하셨습니다. 우리가 죄에서 대속함을 받은 것은 은이나 금 같이 없어질 것으로(썩어질 것으로) 된 것이 아닙니다. 오직 흠 없고 점 없는 어린 양 같은 그리스도의 보배로운 피로 이루어진 것입니다(벧전 1:18-119). 다른 표현으로 말하면, 우리가 거듭난 것은 썩어질 씨로 된 것이 아닙니다. 썩지 아니할 씨로 거듭났습니다(벧전 1:23). 그러므로 거듭난 성도 안에는 하나님의 씨가 거합니다(요일 3:9). 우리 안에 하나님의 생명이 있다는 말입니다. 아들이 있는 자에게는 생명이 있고 하나님의 아들이 없는 자에게는 생명이 없습니다(요 5:12).

하나님은 우리를 구원하시고, 보배롭고 지극히 큰 상급을 주시기로 약속하셨습니다. 이 약속으로 말미암아 우리를 세상에서 썩어질 것을 피하여 신성한 성품에 참여하는 자가 되게 하셨습니다(벧후 1:3-4). '신성한 성품에 참여하는 자가 되게 하셨다.'라는 말씀은 '하나님의 성품을 닮는 자가 되게 하셨다.'라는 뜻입니다. 즉 '하나님을 본받아서 하나님과 같은 인격자가 되게 하셨다.'라는 의미입니다. 또한 예수님을 본받아서 예수님과 같은 인격자가 되게 하시는 것입니다. 따라서 천국 백성의 특징은 예수 그리스도를 닮아가는 삶입니다.

신기한 구원을 받은 성도의 삶의 목표는 하나님 아버지의 온전하심을 본받아 온전한 사람이 되고, 하나님의 거룩하심을 닮아 모든 행실에 거룩한 사람이 되는 것입니다. 그것은 하나님의 완전한 형상이신 예수 그리스도를 닮아, 예수 그리스도의 장성한 분량이 충만한 데까지 자라는 삶입니다. 이처럼 성도가 맺어야 할 하나님의 거룩한 성품의 열매는 예수 그리스도의 영원한 나라에 들어갈 때까지 점진적이며, 지속적으로 성령께서 이루어 가십니다. 그러므로 우리가 얼마나 하나님과 같은 인격자가 되느냐 하는 것은 매우 중요한 일입니다. 우리가 얼마나 예수님을 닮느냐 하는 것은 우리 인생의 성공과 실패를 좌우하는 중요한 일입니다. 왜냐하면 하나님이 우리를 신성한 성품에 참여하게 하신 것은 보배롭고 지극히 큰 영광을 주시기 위해서입니다. 우리가 하나님을 닮는 만큼 하나님이 주시는 영광도 크기 때문입니다.

천국은 이 세상과 연결됩니다

우리는 갑자기 하늘에서 떨어진 존재가 아닙니다. 어머니의 뱃속에서 열 달 동안 자라다가 이 세상에 나왔습니다. 우리가 이 세상에 있는 것은 어머니의 뱃속과 깊은 연관이 있습니다. 마찬가지로 우리가 갈 천국은 이 세상과 관계없는 세상이 아닙니다. 이 세상과 연결된 세상입니다. 즉 이 세상에서 예수님을 믿음으로 구원받고, 예수님으로 산 것이 천국에서 영광으로 연결됩니다. 이 세상에서 여자와 더불어 더럽히지 아니하고 순결함을 지키는 삶을 살고, 어린 양이 어디로 인도하든지 따라가는 삶을 살며, 흠이 없는 삶을 산 것이 천국에서 영광이 됩니다(계 14:1-4).

하나님의 계명과 예수님에 대한 믿음을 끝까지 지킨 삶은 천국에서도 계속 따라다닙니다. 이 세상에서 행한 일이 영원히 따라다닙니다(계 14:13). 놀랍지 않습니까. 내가 이 세상에서 예수님과 함께 살았던 삶이 천국에서 영광이 되고, 천국에서의 삶의 토대가 됩니다. 예수님이 인도하시는 대로 주님을 위해 살고, 주님을 위해 죽는 것이 천국에서 영광이며 우리가 천국에서 사는 방법입니다. 따라서 우리가 얼마나 예수님처럼 살고, 예수님을 닮아가느냐가 인생의 성공과 실패를 결정짓는 중요한 문제입니다. 이와 같이 구원과 상급의 관계를 바로 깨달아야만 구원받은 성도의 삶을 온전히 살 수 있습니다.

구원은 은혜에 근거하고, 상급은 행위에 근거합니다

구원은 하나님의 은혜에 근거합니다

모든 사람이 죄를 범하였으므로 하나님의 영광에 이르지 못합니다. 죄의 삯은 사망입니다. 즉 영원히 꺼지지 않는 불 못인 지옥형벌입니다. 이런 무서운 죄에서 사함을 받고 구원을 받는 유일한 길은 예수 그리스도를 믿는 것입니다. 예수님을 믿으면 하나님의 자녀가 됩니다. 우리가 행한 의로움 때문이 아니라 예수 그리스도를 믿음으로 의롭다 함을 받고 하나님의 상속자가 됩니다. 왜냐하면 천하 사람 중에 예수 그리스도 외에 구원받을 만한 다른 이름을 우리에게 주신 일이 없기 때문입니다(행 4:12). 그러므로 누구든지 주의 이름을 부르는 사람은 구원을 받습니다(행 2:21). 그런데 이 믿음은 우리에게서 난 것이 아니라 하나님이 주신 은혜입니다. 우리는 하나님 아버지와 구주 예수 그리스도의 의를 힘입어 보배로운 믿음을 받았습니다(벧전 1:1).

예수님을 믿는 것은 혈통으로나 육정으로나 사람의 뜻으로 나는 것이 아니라 오직 하나님께로부터 난 것입니다. 예수님이 그리스도이심을 믿는 사람은 하나님께로부터 난 사람입니다. 우리는 하나님의 은혜로 예수 그리스도의 것으로 부르심을 받은 사람이고, 성도로 부르심을 받았습니다(롬 1:6-7). 하나님의 은혜를 힘입어 의롭다 하심을 얻어 영생의 소망을 따라 상속자가 되었습니다(딛 3:5-7).

하나님이 우리에게 주신 영생은 그리스도 예수 우리 주 안에 있는 영생입니다(롬 6:23). 하나님이 주신 영원한 생명은 하나님의 아들 예수 그리스도 안에 있습니다(요일 5:11). 우리가 거듭난 것은 썩어질 씨로 된 것이 아니라 썩지 아니할 씨로 된 것입니다. 썩지 아니할 씨는 살아 있고 항상 있는 하나님의 말씀입니다. 그 하나님의 말씀은 예수님이십니다. 그래서 예수님은 우리의 생명이 되십니다(골 3:4). 우리는 예수 안에서 속량을 받음으로 하나님의 은혜로 값없이 의롭다 함을 얻었습니다(롬 3:24). 예수님의 십자가의 피로 말미암아 의롭다 함을 얻었고, 지옥형벌에서 구원받았습니다. 오직 하나님의 긍휼하심으로 중생의 씻음과 성령의 새롭게 하심으로 구원받았습니다.

구원받은 성도는 하나님의 씨가 그의 속에 거합니다(요일 3:9).

즉 예수님의 생명이 우리 안에 있는 것입니다(고후 4:10). 구원은 우리의 의로운 행위와 전혀 관계가 없습니다. 구원은 전적으로 하나님의 주권에 의한 선물입니다. 하나님께서 주권적인 은혜로 우리에게 주신 선물입니다.

상급은 우리의 삶에 근거를 둡니다

성도의 삶은 '순종이냐, 불순종이냐?', '주 안에 있느냐, 주 밖에 있느냐?'입니다. 이 둘을 구별하는 시금석은 하나님의 말씀입니다. 만약 '믿음으로 살았다.'라고 해도 말씀의 열매가 맺히지 않았다면 믿음으로 산 것이 아닙니다. 말씀의 열매는 예수님을 닮는 것입니다. 그런 의미에서, 예수님을 닮아가는 흔적이 없다면 믿음으로 살지 않은 것입니다. 아무리 하나님의 영광을 위해서 큰일을 했어도 예수님의 형상을 본받지 않았다면, 그저 자기 영광을 위해서 한 것입니다.

사람이 심고 물을 주지만 자라게 하시는 분은 하나님이십니다. 심는 사람과 물주는 사람은 각자 자기가 일한 대로 자기 상을 받습니다(고전 3:7-8). 성도의 모든 삶은 내가 예수를 닮는 사람으로 변화되는 방편(方便)입니다. 내가 하는 모든 일은 예수 그리스도와 같은 인격자로 연단되는데 사용되는 도구입니다. 그렇기 때문에 성도의 삶에 의미 없는 것은 하나도 없습니다. 의외로 우리가 가볍게 여기는 일들이 우리 삶에 큰 영향을 미칩니다. 보잘것없어 보이는 것들이 사실 우리 생명에 중요한 영향을 끼칩니다. 그러므로 성도는 일상 속에서 예수 그리스도의 인격을 닮아가야 합니다.

포도나무 가지가 나무에 붙어 있으면 열매를 많이 맺습니다. 가지가 열매를 맺는 것이 아니라 가지에서 열매가 맺는 것입니다. 가지가 나무에 붙어 있는 것은 '주 안에 거하는 것'입니다. 우리가 주 안에 거하면 열매를 많이 맺게 됩니다. 그러나 주 안에 거하지 않으면 열매를 맺지 못할 뿐만 아니라 아무것도 할 수 없습니다.

열매를 많이 맺으면 하나님 아버지께서 영광을 받으십니다. 그리고 우리는 예수님의 제자가 됩니다(요 15:1-8). 제자로 살아가는 우리가 맺을 열매는 두말할 것도 없이 사랑입니다(요 15:9-17). 사랑은 하나님의 속성이자, 예수 그리스도의 속성입니다. 또한 성령의 속성이며 성령의 열매입니다. 그러므로 우리가 사랑의 인격자가 되는 것이 하나님 아버지께 영광을 돌리는 열매를 맺는 것입니다. 사랑의 인격자가 되는 것은 예수 그리스도의 인격을 닮아가는 것입니다. 따라서 성도의 삶은 하나님을 뜨겁게 사랑하고, 그리스도의 사랑으로 이웃을 뜨겁게 사랑하는 것입니다. 하나님을 뜨겁게 사랑하다 하나님을 위해 죽는 것이 순교입니다.

사랑의 열매는 내 힘으로 맺을 수 없습니다. 오직 성령의 능력으로만 가능합니다. 그래서 예수님을 닮는 것은 예수 그리스도 안에 있을 때만 가능한 일입니다. 내가 예수 그리스도 안에서 행하는 모든 일은 예수 그리스도를 닮는 데 도움이 됩니다. 성도의 삶이 예수님을 닮는 데 초점을 맞추면 하나님께서 책임져 주십니다. 예수님이 주시는 풍성한 삶을 살고, 행복한 삶을 살게 됩니다. 따라서 성도가 하는 모든 일이 하나님의 일이라고 할 때, 모든 일이 예수 그리스도를 닮는 데 사용되어야 합니다.

믿음은 '기초'와 같고 행함은 '건축'과 같습니다

믿음은 기초와 같습니다

모든 것에는 기초가 매우 중요합니다. 학문의 기초가 제대로 갖춰지지 않으면 바른 지식을 가질 수 없습니다. 건축에서도 기초가 튼튼하지 못하면 그 건물은 오래가지 못하고 결국 무너지고 말 것입니다. 신앙생활도 마찬가지입니다. 믿음의 기초가 제대로 서지 않으면, 나를 구원하지 못할 뿐만 아니라 오히려 해(害)를 끼칩니다. 바로 서지 못한 믿음은 모래 위에 집을 짓는 것과 같습니다. 믿음의 기초는 예수 그리스도입니다. 믿음의 터는 곧 예수 그리스입니다(고전 3:11). 하나님은 예수 이름 외에 구원을 받을 만한 다른 이름을 우리에게 주신 적이 없습니다. 따라서 예수 그리스도 외에 구원받을 수 있는 길이나 다른 방법이 전혀 없습니다. 오직 예수 그리스도로 말미암아 구원을 받습니다. 예수님으로 말미암지 않고는 아버지께로 올 자가 없습니다. 왜냐하면 예수님이 길이요 진리요 생명이 되시기 때문입니다.

사도들이 생명을 바쳐서 증거한 것이 '예수 그리스도는 우리의 구주'라는 것입니다. 예수 그리스도를 기초로 하지 않는 믿음 생활은 모래성을 쌓는 것과 같습니다. 많은 사람들이 회개하고 믿음으로 구원에 이르는 줄로 생각합니다. 아닙니다. 우리가 회개할 수 있는 것은 하나님이 먼저 부르시고, 거듭(중생)나게 하셨기 때문입니다. 즉 부르심과 거듭남이 먼저입니다. 거듭났기 때문에 회개라는 행위가 나타나는 것입니다. 그러므로 거듭나지 않으면 하나님 나라를 볼 수 없습니다(요 3:3). 그런데 부르심과 거듭남은 하나님의 주권적 사역입니다. 만약 회개가 먼저라면 인간이 중심이 됩니다. 그러나 부르심이 먼저라면 하나님이 중심이 됩니다. 이 순서는 절대로 잊어서는 안 되며, 헷갈려서도 안 됩니다. 오직 예수 그리스도의 기초 위에 바로 서야 합니다.

성도가 말씀으로 사는 것은 건축하는 것과 같습니다

성도의 삶은 예수님 터 위에 집을 짓는 것과 같습니다. 성도가 하나님의 말씀에 순종하면 아름다운 집이 지어집니다. 예수님을 닮은 아름다운 인격자가 됩니다. 그런데 성도가 하나님의 말씀을 따라 살지 않으면, 마치 빈터에 집을 짓지 않는 것과 같습니다. 순종을 하더라도 온전히 순종하지 않으면 대충 집을 짓는 것과 같아서 결국 아름다운 집이 지어지지 않습니다. 예수님을 닮은 아름다운 인격자가 되지 못합니다. 이와 같이 믿음과 삶은 절대 분리될 수 없습니다. 믿음과 삶은 수레의 두 바퀴처럼 함께 굴러가야 합니다. 우리는 예수님을 닮은 사람이 되어야 합니다. 왜냐하면 하나님이 우리를 구원하신 것은 신성한 성품에 참여하는 자, 곧 하나님의 거룩한 성품에 참여하는 자가 되기 위해 부르셨기 때문입니다. 예수님을 닮아가게 하기 위해 구원하신 것입니다. 그런 맥락에서 바울 사도는 '항상 복종하여 두렵고 떨림으로 너희 구원을 이루라.'라고 말했습니다. 구원을 이루는 것은 하나님의 성품을 닮는 것, 곧 예수님을 닮아가는 것을 의미입니다.

우리는 범사에 예수님에게까지 자라고, 예수님의 몸을 자라게 해야 합니다. 즉 예수님을 닮고, 예수님 같은 인격자가 되어야 한다는 것입니다. 성도는 예수님의 사랑 안에서, 예수님의 말씀으로 살아가며 결국 예수 그리스도에게까지 자라야 합니다. 우리를 거듭나게 하신 하나님 말씀의 실체인 예수님을 닮아가야 하는 것입니다. 이것을 신학 용어로 '성화'라고 합니다. 예수님을 닮아가는 것은 하나님이 우리를 구원하신 목적을 이루는 것이며, 우리가 살아가는 삶의 목적입니다. 예수 그리스도를 닮아가는 성화를 '신성한 성품에 참여하는 자'(벧후 1:4)라고 했고, '그의 거룩하심에 참여하는 것'(히 12:10)이라고 말씀하셨습니다. 바울 사도는 '건축'(고전 3:10-15), '아들의 형상을 본받는 것'(롬 8:29), '구원을 이루는 것'(빌 2:12)이라고 말합니다. 이처럼 성도의 삶의 목적, 즉 성화는 하나님의 성품을 닮아가는 과정이며, 마치 집을 짓는 일과 같습니다.

예수님을 닮은 사람은 예수님처럼 겸손한 사람이 됩니다. 자신의 부족함을 몸서리치도록 깊이 깨닫고, 내가 나 된 것은 하나님의 은혜임을 고백합니다. 그래서 '믿음 생활을 바로 했느냐, 못했느냐?'의 시금석은 겸손이기도 합니다. 아우구스티누스는 제자들이 "기독교인의 첫째 덕이 무엇입니까?"라는 질문에 "겸손"이라고 했습니다. 그러면 "둘째 덕목은 무엇입니까?", "그것도 겸손이다.", "셋째 덕목은 무엇입니까?", "그것도 겸손이다."라고 했습니다. 사랑은 교만하지 않습니다(고전 13:4). 라인홀드 니버는 "하나님 앞에서 교만한 것은 죄"라고 했습니다. 톨스토이는 "인간은 겸손할수록 자유로워지고 굳세어진다."라고 했습니다. 노자는 "좋은 군대는 도전적이지 않다. 숙련된 투사는 성급하지 않다. 능란하게 사람을 부리는 이는 겸손하다."라고 했습니다. 그런데 니체는 "기독교에서 말하는 겸손의 미덕이 제일 싫다."라며 "겸손은 약자의 악덕"이라고 했습니다. 그러나 성도는 겸손한 삶을 살아야 합니다. 예수님은 "무릇 자기를 높이는 자는 낮아지고 자기를 낮추는 자는 높아지리라."(눅 14:11)라고 하시고 "너희 중에 누구든지 크고자 하는 자는 너희를 섬기는 자가 되고 너희 중에 누구든지 으뜸이 되고자 하는 자는 너희의 종이 되어야 하리라."(마 20:26-27)라고 말씀하셨습니다. 그러므로 예수님을 닮기를 소원하는 성도는 나를 비우고 예수님의 겸손으로 채워야 합니다. 예수님처럼 겸손한 사람으로 성숙해야 합니다.

잘 익은 곡식은 저절로 고개를 숙입니다. 가장 향기로운 향수는 언제나 가장 작은 병에 담겨 있습니다. 재능이 있으면서 재능이 없는 사람에게 묻고, 가득 채워져 있으면서도 비어있는 것처럼 보이는 사람이 겸손한 사람입니다. 바울 사도처럼, 수고를 넘치도록 하고도 "내가 부득불 자랑한다면 내가 약한 것을 자랑한다."라고 진심으로 고백하는 것이 겸손입니다(고후 11:23-30). 하나님은 겸손한 자에게 은혜를 베풀어 주십니다(잠 3:34). 그래서 겸손한 자에게는 남다른 지혜가 있습니다(잠 11:2). 마음이 겸손하면 영예를 얻고(잠 29:23), 겸손은 존귀의 길잡이가 됩니다(잠 15:33). 겸손과 여호와를 경외함의 보상은 재물과 영광과 생명입니다(잠 22:4). 최고의 겸손은 하나님을 찾는 것입니다. 목마른 사슴이 시냇물을 찾듯이 허덕이며 하나님을 찾는 것이 최고의 겸손입니다.

교만은 하나님을 찾지 않는 것입니다. 자기 힘으로도 충분히 할 수 있다고 생각하고, 하나님은 단지 옆에서 도와주는 도우미 정도로 여기는 것이 최고의 교만입니다. 그런데 겸손은 단번에 되는 것이 아닙니다. 마치 집을 지을 때, 벽돌 한 장 한 장을 쌓듯, 겸손도 긴 시간이 필요합니다. 그래서 성화는 일평생에 걸쳐 점진적으로 이루어가는 과정입니다.

구원은 보증된 것이고 상급은 잃어버릴 수도 있습니다

우리의 구원은 하나님이 확실하게 보증하십니다

성도의 구원은 하나님의 능력으로 보호받는 보증된 구원입니다. 베드로 사도는 "너희는 말세에 나타내기로 예비하신 구원을 얻기 위하여 믿음으로 말미암아 하나님의 능력으로 보호하심을 받았느니라."(벧전 1:5)라고 했습니다. 성도의 구원은 하나님이 하늘에 간직해 놓으신 것으로 사탄도 빼앗을 수 없습니다. 예수님은 "내가 그들에게 영생을 주노니 영원히 멸망하지 아니할 것이요 또 그들을 내 손에서 빼앗을 자가 없느니라 그들을 주신 내 아버지는 만물보다 크시매 아무도 아버지 손에서 빼앗을 수 없느니라."라고 말씀하셨습니다(요 10:28-29). 영생을 주신 분은 만물보다 크신 하나님 아버지이십니다. 그러므로 아무도 구원받은 우리를 아버지의 손에서 빼앗을 수 없습니다. 하나님 자녀가 된 권세는 누구도 빼앗을 수 없습니다(전 3:14).

영원하신 하나님께서 그 아들 예수 그리스도를 통하여 주신 구원은 완전한 구원입니다. 우리가 받은 구원은 절대로 변하지 않는 확실히 보장된 구원입니다. 우리의 구원은 하나님이 시작하시고 하나님이 이루셨으며 하나님이 완성하신 완전한 구원입니다. 우리에게 구원을 주신 하나님은 변함없고 진실하신 분이십니다. 그러므로 하나님이 주신 구원도 변함없이 확실합니다. 또한 우리를 의롭다 하신 것은 죽으실 뿐 아니라 다시 살아나신 그리스도 예수로 말미암은 것입니다(롬 8:33-34). 따라서 우리의 구원은 확실하게 보증된 완전한 구원입니다.

상급은 준비하지 않으면 빼앗길 수도 있습니다

우리가 면류관을 빼앗기지 않고 온전한 상을 받으려면 상 받을 준비를 성실히 해야 합니다. 준비하지 않으면 면류관을 빼앗길 수도 있습니다. 예수님은 "나와 복음을 위하여 집이나 형제나 자매나 어머니나 아버지나 자식이나 전토를 버린 자는 현세에 있어 집과 형제와 자매와 어머니과 자식과 전토를 백배나 받되 핍박을 겸하여 받고 내세에 영생을 받지 못할 자가 없다."라고 말씀하셨습니다. 그리고 "그러나 먼저 된 자로서 나중 되고, 나중 된 자로서 먼저 될 자가 많다."라고 말씀하셨습니다(막 10:23-31).

'**먼저 된 사람**'은 먼저 믿은 사람이나 먼저 직분을 받은 사람을 의미하는 것이 아닙니다. 자신이 '먼저'라고 생각하는 사람입니다. 쉽게 말해, 나는 누구보다 잘하고 있다고 여기는 사람입니다. 나는 너보다 더 열심히 하고, 누구보다 더 잘한다고 생각하며 살아갑니다. 이렇게 모든 면에서 잘하고 있다는 자부심으로 열정적인 삶을 살지만, 주님이 "내가 너를 도무지 알지 못한다."라고 하시는 사람이 나중이 되는 것입니다.

'**나중 된 사람**'은 늦게 믿은 사람이나 늦게 직분을 받은 사람을 의미하는 것이 아닙니다. 아무도 관심을 갖지 않고 기대하지 않았던 사람입니다. 있는 듯 없는 듯, 없는 듯 있는 듯 조용히 자기 자리를 지키는 사람입니다. 헤르만 헤세의 '동방의 순례'라는 소설의 주인공 레오처럼 종과 같은 사람입니다. 누구도 하기 싫어하는 허드렛일, 심부름, 식당의 설거지가 같이 힘든 일을 말없이 성실히 하는 사람입니다. 하지만 아무도 그에게 칭찬하거나 고맙다는 말을 건네지 않습니다. 아무런 관심도 받지 못하고 알아주는 사람이 없지만, 주님에게 인정받고 칭찬 듣는 것이 먼저 되는 것입니다. 그러므로 '먼저 된 자로서 나중 되고, 나중 된 자로서 먼저 될 자'라는 말씀은 하나님 나라의 영광과 존귀, 권세가 완전히 달라진다는 뜻입니다.

주인에게 다섯 달란트 받은 종은 다섯 달란트를 더 남겼고, 두 달란트 받은 종은 두 달란트를 더 남겼습니다. 그런데 한 달란트 받은 종은 한 달란트 그대로였습니다. 주인은 다섯 달란트와 두 달란트를 남긴 종에게 "잘하였다. 착하고 충성 된 종아. 네가 적은 일에 충성하였으니 내가 많은 것으로 네게 맡기리니 네 주인의 즐거움에 참예할지어다."라고 칭찬을 하셨습니다. 하지만 한 달란트 받은 종에게 "악하고 게으른 종아."라고 책망하셨습니다. 그리고 "무릇 있는 자는 받아 풍족하게 되고 **없는 자는 그 있는 것까지 빼앗기리라**."라고 말씀하셨습니다(마 25:14-30). 누가복음은 "**없는 자는 그 있는 줄로 아는 것까지도 빼앗기리라**."라고 기록되어 있습니다(눅 8:18). 여기서 '있는 것까지 빼앗긴다.'는 말은, 자신은 가지고 있다고 생각했지만 실제로는 없었다는 사실을 깨닫게 된다는 의미입니다.

한 달란트 받은 종은 주의 이름으로 많은 일을 했기 때문에 열매도 많을 것이라 생각했지만, 실제로는 아무 열매도 없었습니다. 그렇다면 '먼저 된 자로서 나중 되고, 나중 된 자로서 먼저 될 자가 많다.'라는 말씀과 '있는 자는 받아 풍족하게 되고 **없는 자는 그 있는 것까지 빼앗기리라**.'라는 말씀은 표현이 다를 뿐 같은 의미입니다.

어떤 사람은 다섯 달란트를 받은 사람은 많이 받았기 때문에 더 큰 이익을 남길 수 있었지만, 한 달란트를 받은 사람은 적게 받아서 일하기 어려웠을 것이라고 생각할 수도 있습니다. 그러나 그렇지 않습니다. 하나님은 우리가 받은 만큼, 맡겨진 일에 충성하기를 원하십니다. 내게 주어진 일을 충실히 감당하면 됩니다. 하나님은 우리가 일한 만큼 반드시 상을 주시는 분이십니다.

"나는 적게 받았다."고 불평하는 사람에게 '므나 비유'를 들려주고 싶습니다. 주인은 종들에게 똑같이 한 므나씩 나누어 주고 장사하라고 했습니다. 어떤 종은 그것으로 열 므나를 남겼고, 또 어떤 종은 다섯 므나를 남겼습니다. 하지만 한 종은 받은 므나를 그대로 보관만 하고 아무 일도 하지 않았습니다. 장사하여 이익을 남긴 종들은 주인에게 칭찬과 보상을 받았지만, 아무런 열매 없이 한 므나만 그대로 가져온 종은 주인에게 책망을 들었습니다(눅 19:11-27). 주인이 종들에게 나누어 준 한 므나는 '믿음'을 의미합니다. 즉 하나님께서 우리 모두에게 주신 구원은 이 한 므나처럼 동일합니다. 하나님이 주신 믿음으로 살아가는 것이 곧 장사하는 것이며, 믿음의 열매를 맺는 것이 이익을 남기는 것입니다. 그리고 그 믿음의 열매란 단순한 일의 성과가 아니라, 예수님의 형상을 닮아가는 삶 자체입니다.

성경을 자세히 살펴보면, 한 므나를 그대로 보관한 종은 주인이 왕이 되는 것을 원하지도 않았고, 인정하지도 않았습니다. 반면, 이익을 남긴 종들은 주인의 왕 되심을 기뻐하며 그를 왕으로 모시고 살았습니다. 예수님을 왕으로 모신 사람은 그분의 말씀에 순종하며, 예수님만 따르고 주님과 동행하는 삶을 살아갑니다. 그러니 당연히 예수님을 닮아갑니다. 하지만 예수님이 나의 왕 되심을 거부하는 사람은 철저히 자기중심적으로 삽니다. 예수님을 따르려 하지도 않고, 예수님과 동행하려는 마음도 없습니다. 오히려 자기 의를 이루기 위해 열심을 내지만, 결국 예수님을 본받는 삶과는 거리가 멀어집니다.

면류관을 빼앗기지 않고 온전한 상을 받으려면 예수님을 나의 왕으로 모시고 예수님 안에서 살아가야 합니다. 좁은 문으로 들어가기를 힘쓰는 삶을 살아가야 합니다. 어린 양이 인도하는 대로 어디든지 따라가는 삶을 살아야 합니다. 그렇게 예수님의 형상을 본받아야 합니다. 예수님의 형상을 본받으면 칭찬이 있고 보상이 있습니다. 하지만 예수님의 형상을 본받지 않으면 책망만 있습니다. 결국 왕이신 예수님이 나를 위해 준비하신 상급을 받지 못할 수도 있습니다.

구원은 '현재성'이고 상급은 '미래성'입니다

구원은 예수님을 믿는 순간 소유합니다

예수님을 믿는 순간 영생을 얻고, 사망에서 생명으로 옮겨집니다. 예수 그리스도를 나의 구주로 고백하는 순간 천국을 소유합니다. 우리는 하나님의 자녀가 되었습니다(요일 3:2). 그렇다면 이제 우리는 천국을 소유한 자로서, 일상 속에서 천국을 이루며 살아가야 합니다. 이것이 바로 구원받은 성도의 삶의 현실입니다.

예수님은 "오늘 네가 나와 함께 낙원에 있으리라."(눅 23:43)라고 말씀하셨습니다. 안타깝게도 많은 성도들이 죽은 후에 가게 될 내세의 천국에 대해서는 확고한 소망을 가지고 있지만, 지금 이 땅에서 누릴 수 있는 천국에는 별다른 관심이 없습니다. 그 이유는 이 땅에서 천국 백성으로 어떻게 살아가야 하는지를 잘 모르기 때문입니다.

성도는 미래에 갈 천국을 소망할 뿐만 아니라 지금 일상에서도 천국을 누리며 살아야 합니다. 현재 내가 있는 이곳이 바로 천국임을 잊지 말아야 합니다. 예수님은 "하나님의 나라는 볼 수 있게 임하는 것이 아니며 하나님의 나라는 너희 안에 있다."라고 말씀하셨습니다

(눅 17:20-21). 그러므로 성도는 세상에서 천국의 행복을 누리며 살아야 합니다. 오늘 나의 삶이 천국의 삶이어야 한다는 말입니다. "높은 산이 거친 들이 초막이나 궁궐이나 내 주 예수 모신 곳이 그 어디나 하늘나라"(438장. 내 영혼이 은총 입어. ③)라고 찬송만 하는 것이 아니라 실제로 천국을 누리며 살아가야 합니다. 이렇게 천국의 삶을 살다 죽어서 천국에 가는 것이 '아버지 집에 영원히 사는 것'입니다. 그것이 바로 예수님이 말씀하신 '예수님을 믿으면 죽어도 살겠고 살아서 믿으면 영원히 죽지 아니하는 삶'입니다(요 11:25-26).

상급은 예수님이 오실 때 주시는 것으로 미래성입니다

예수님은 "내가 속히 오리니 내가 줄 상이 내게 있어 각 사람에게 그 일한 대로 갚아 주리라."라고 말씀하셨습니다(계 22:12). 베드로 사도는 "너희 마음의 허리를 동이고 근신하여 예수 그리스도께서 나타나실 때에 너희에게 가져다주실 은혜를 온전히 바랄지어다."라고 했습니다(벧전 1:13). 그러므로 예수님이 오실 때 받을 상은 지금부터 준비해야 합니다. 지금이 은혜받을 만한 때요, 구원의 날인 것입니다. 지금 당장 준비해야 합니다. 다음 기회가 존재하지 않습니다. 그다음에는 상을 준비하지 못한 후회만 있을 뿐입니다.

힘들어도 준비할 기회가 있는 것이 복입니다. 어떤 사람은 죽을 때 예수님을 믿으면 된다고 합니다. 물론 죽기 직전에 예수님을 믿어도 구원은 받습니다(눅 23:43). 그런데 문제는 언제 죽을지 모른다는 것입니다. 그리고 믿음으로 구원은 받겠지만, 상급을 준비할 기회는 없습니다. 예수님이 십자가에 달리셨을 때, 오른쪽 강도는 구원은 받았지만 상급을 준비할 기회는 전혀 주어지지 않았습니다. 그러니 우리에게 상급을 준비할 기회가 있는 것이 은혜입니다.

우리의 일생은 이스라엘 백성의 광야 40년 생활과 같습니다. 그들의 광야 40년의 세월은 가나안 땅에서 살 준비를 하는 기간이었습니다. 마찬가지로 우리 일생은 천국에서 살 준비를 하고, 천국에서 받을 상급을 준비하는 시간입니다. 그러므로 오늘 철저히 준비한 사람에게 주님이 오시는 그 날은 영광의 날이 될 것입니다(계 22:20). 그러나 준비하지 않은 사람에게 주님이 오시는 그 날은 진노의 날이 될 것입니다(계 6:15-17). 그러므로 기회를 놓치기 전에 철저히 준비하는 성도가 바로 지혜로운 성도입니다.

구원은 모두 같으며 상급은 각기 다릅니다

구원은 모든 사람에게 같습니다

사도들이 받은 구원이나 우리가 받는 구원이 같습니다. 순교자의 구원이나 나의 구원이 같습니다. 30년을 믿은 사람이 받은 구원이나 처음 믿은 사람이 받는 구원이 같습니다. 장년이나 어린아이나 예수 그리스도로 말미암아 받은 구원은 같은 구원입니다. 하나님이 예수 그리스도 피로 주신 구원은 모두 같습니다.

하나님은 누구도 차별하지 않으시고 믿음으로 깨끗하게 하셨습니다. 모든 사람은 동일하게 주님의 은혜로 구원을 받았습니다(행 15:9-11). 주인이 종들에게 똑같이 한 므나씩 나누어 준 것 같이 하나님이 예수님을 통해서 우리에게 주신 구원은 모두 같습니다. 사실 유대인이나 헬라인이나 다 죄 아래에 있습니다. 의인은 하나도 없습니다. 모든 사람이 죄를 범하였습니다(롬 3:9-12). 그러나 우리는 그리스도 예수 안에 있는 속량으로 말미암아 하나님의 은혜로 값없이 의롭다 함을 받았습니다(롬 3:24). 그리스도의 보배로운 피로 대속함을 받았습니다(벧전 1:18-19). 그러므로 예수 그리스도를 믿는 자에게 미치는 하나님의 의는 차별이 없습니다(롬 3:22). 즉 그리스도 예수 안에서는 유대인이나, 헬라인이나, 종이나, 자유인이나, 남자나, 여자나 다 하나입니다(갈 3:28). 이렇게 예수 그리스도를 믿는 모든 사람에게 미치는 하나님의 의는 차별이 없습니다(롬 3:22).

    천국은 포도원 주인이 품꾼들을 불러 일하게 하는 것과 같습니다. 좋은 주인이 책임지지만, 품꾼은 주인의 선택을 받아야 일할 수 있고 생계를 유지할 수 있습니다. 만약 주인의 선택을 받지 못하면 일할 기회조차 얻지 못합니다. 주인은 아침 일찍 품꾼들에게 하루 한 데나리온을 약속하며 포도원에 들여보냈고, 제삼 시, 제육 시, 제구 시, 그리고 제십일 시에도 품꾼들을 차례로 포도원에 들여보냈습니다.

    하루 일과를 마치고 주인은 나중 온 품꾼부터 시작하여 품값을 주었습니다. 가장 늦게 일한 제십일 시에 온 사람들이 품삯으로 한 데나리온을 받았습니다. 한 시간만 일하고 하루 일당을 받은 셈입니다. 그렇다 보니, 아침에 일찍 온 품꾼들은 품삯을 더 받을 줄 알았습니다. 그런데 그들도 한 데나리온씩 받았습니다. 그러자 "나중 온 이 사람들은 한 시간밖에 일하지 아니하였는데 종일 수고하며 더위를 견딘 우리와 같게 하였다."라고 집 주인을 원망했습니다. 그때 주인은 "친구여 내가 네게 잘못한 것이 없다. 네가 나와 한 데나리온의 약속을 하지 아니하였느냐. 네 것이나 가지고 가라. 나중 온 이 사람에게 너와 같이 주는 것이 내 뜻이다. 내 것을 가지고 내 뜻대로 할 것이 아니냐. 내가 선하므로 네가 악하게 보느냐."라고 말했습니다(마 20:1-16). 그렇습니다. 일찍 선택받은 품꾼이나 한 시간밖에 일하지 않은 품꾼이나 품삯을 똑같이 주는 주인과 같이, 먼저 믿은 사람이나 늦게 믿은 사람이나 하나님이 주시는 구원은 같습니다. 예수님을 따라다닌 제자들이 받은 구원이나 십자가에서 죽어가는 강도가 받은 구원이 같습니다. 우리는 모두 하나님이 선택하신 한 데나리온씩 약속된 품꾼입니다. 그렇다고 하나님이 악하신 것이 아닙니다. 독생자를 화목제물로 보내셔서 독생자의 피로 사서 우리를 구원하신 하나님은 선하십니다.

상급은 각각 준비한 만큼 다릅니다

예수님은 속히 오십니다. 그리고 각 사람이 일한대로 상으로 갚아주십니다. 하나님이 우리에게 주시는 영광은 인간의 지혜로는 이해시킬 수도 없고, 이해할 수도 없는 영광입니다. 상급을 받는 만큼 지위가 다르고 영광이 다릅니다. 이익을 남긴 사람에게 주시는 칭찬과 이익을 남기지 못한 사람에게 주시는 책망의 차이는 말로 표현할 수 없는 큰 차이입니다. 선지자의 이름으로 선지자를 영접하는 자는 선지자의 상을 받습니다. 의인의 이름으로 의인을 영접하는 자는 의인의 상을 받습니다. 제자의 이름으로 이 작은 자 중 하나에게 냉수 한 그릇이라도 주는 자는 결단코 상을 잃지 않습니다.

운동장에서 모두가 달리지만, 상을 받는 사람은 단 한 명뿐입니다. 그러므로 우리도 상을 받기 위해 힘써 달려야 합니다. 물론 지금은 상을 받을 사람과 받지 못할 사람의 차이를 명확히 알기 어렵습니다. 오히려 그 차이가 크지 않게 느껴지는 것이 더 정확한 표현일 것입니다. 그러나 주님 앞에 서는 그날, 상을 받은 사람과 상을 받지 못하는 사람의 차이는 우리가 상상하는 이상일 것은 분명합니다. 더 큰 문제는 그때는 상급을 준비할 기회가 없다는 것입니다. 그러므로 오늘, 영원히 썩지 않는 승리의 면류관을 바라보며 목표를 향해 힘차게 달려야 합니다. 만약 지금 준비할 기회를 놓친다면, 영원히 후회할 수밖에 없습니다.

구원은 전적인 하나님의 은혜로 주어진 것이기 때문에 모두 동일합니다. 그러나 상급은 각자가 행한 대로 주어지기 때문에 차이가 납니다. 예수 그리스도를 통해 구원을 받고 천국에 들어가는 것은 같지만, 상급을 준비한 정도에 따라 영광과 존귀, 위치, 기업, 그리고 받는 면류관이 달라집니다. 우리가 지금은 함께 예배를 드리고 있지만 하나님 앞에 설 때, 영광이 다를 것입니다.

지금 준비하지 않으면 반드시 후회하게 될 것입니다. 그 후회는 영원한 고통으로 우리를 따라다닙니다. 지옥의 고통은 꺼지지 않는 불못에서의 고통이지만, 천국에서의 고통은 상급을 준비하지 못한 후회의 고통입니다. 그 고통은 하나님이 주시는 것이 아니라 나의 후회가 바로 나의 뼈아픈 고통이 될 것입니다. "왜 그때 바른 믿음 생활을 하지 못했을까?" 하는 그 후회의 고통이 얼마나 큰지는 아무리 설명해도 이해하기 힘들 것입니다. 하지만 살면서 뼈아프게 후회한 경험이 있는 사람이라면, 그 고통이 얼마나 큰지 조금이나마 이해하고 깨달을 수 있을 것입니다.

어느 신학교에서 기말고사를 봤습니다. 한 학생이 "하나님만이 답을 아십니다. 즐거운 성탄을!(Merry Christmas!)"이라고 쓴 답안지를 제출하고 크리스마스 명절을 보내기 위해 귀가를 했습니다. 그리고 그 학생이 학교에 돌아왔을 때, 교수님으로부터 채점한 답안지를 받았습니다. 교수님은 "하나님은 A학점이십니다. 그러나 당신은 F학점입니다. 즐거운 새해를!(Happy New Year!)"이라는 점수를 줬습니다. 교수님은 학생에게 준비한 만큼 결과를 받는다는 뼈아픈 교훈을 남긴 것입니다.

준비하는 사람이 지혜로운 사람입니다. 그 이유는 준비할 수 있는 기회의 문이 곧 닫히기 때문입니다. 더 늦기 전에 반드시 준비해야 합니다. 준비된 사람은 갑자기 찾아온 기회를 당황하지 않고 영광으로 바꿀 수 있지만, 준비하지 않은 사람은 기회가 와도 성공으로 이어가지 못합니다. 그러므로 기회를 헛되이 하지 말고 항상 깨어 준비해야 합니다. 심판의 때가 되면, 그때는 준비할 기회가 없습니다. 그러므로 부름의 상을 향해 좇아가는 달음질을 하는 성도라면 지금 게으르지 말고 열심을 품고 주님을 섬겨야 합니다. 이제 더 늦기 전에 상을 얻도록 달음질하는 믿음의 발걸음을 옮겨야 합니다.

4장

우리는 모두 하나님의 심판대 앞에 서야 합니다

The heavenly reward given by God

"외모로 보시지 않고 각 사람의 행위대로 심판하시는 이를 너희가 아버지라 부른즉 너희가 나그네로 있을 때를 두려움으로 지내라"(베드로전서 1장 17절).

"선한 일을 행한 자는 생명의 부활로, 악한 일을 행한 자는 심판의 부활로 나오리라"(요한복음 5장 29절).

"한번 죽는 것은 사람에게 정해진 것이요 그 후에는 심판이 있으리니"(히브리서 9장 27절).

이 세상에 태어난 모든 사람은 하나님이 정하신 동안 살다가 때가 되면 세상을 떠나야 합니다. 사람은 반드시 죽는다는 것은 변하지 않는 진실입니다. 모든 사람은 죽음이라는 문턱을 넘어야 합니다. 부자도 죽고, 거지도 죽습니다. 큰 권력을 가졌던 사람도 죽고, 아무런 권력 없이 살았던 사람도 죽습니다. 그리고 나 역시 반드시 죽게 될 것입니다.

인류 역사 전체를 돌아봐도, 인생이라는 열차의 마지막 종착역에서 내리지 않은 단 한 사람도 없습니다. 현재를 살아가는 모든 사람들도 정해진 시간이 되면 열차에서 내려야 할 것입니다. 그러나 사람이 죽는다고 해서 모든 것이 끝나는 것이 아닙니다. 정해진 삶의 여정을 마치고 나면 영원한 세계가 기다리고 있습니다.

회남자(淮南子) 정신훈(精神訓)과 십팔사략(十八史略)의 권일(卷一)에 나오는 이야기를 보면, 중국 하(夏) 왕조의 시조인 우(禹) 임금이 제후들과 함께 연회를 마치고 강을 건너려는 순간 갑자기 황룡이 배를 등에 지고 물 위에 올렸습니다. 배에 타고 있던 사람들이 모두 두려워 떨었습니다. 그때 우 임금이 하늘을 우러러 "나는 하늘로부터 명을 받아 백성들을 위해 온 힘을 전부 바쳤다. 삶은 부쳐 사는 것이며, 죽음은 돌아가는 것이라 하였으니 하늘의 뜻에 따를 것이니라."라고 탄식했습니다. 우 임금이 황룡에게 한 말에서 유래한 말이 '생기사귀(生寄死歸)'입니다. 이 말은 사람이 세상에 사는 것은 잠시 머무는 것일 뿐이며 죽는 것은 원래 자기가 있던 본집으로 돌아가는 것이라는 뜻입니다. 인간의 삶은 나그네처럼 살다 죽으면, 어디론가 원래의 자기 자리로 돌아가는 것이라는 말입니다. 시선(詩仙)인 이백(李白, 701~762)도 '춘야연도리원서(春夜宴桃李園序)'에서 "하늘과 땅이란 모든 것이 와서 묵어가는 여관과 같은 것이고, 세월이란 끝없이 뒤를 이어 지나가는 나그네와 같은 존재이다."라고 하였습니다. 이처럼 모든 인간은 이 세상에서 잠시 머물다 원래의 본집으로 돌아가는 것입니다. 이런 사실을 깨닫고 사는 사람이 진정 지혜로운 사람입니다.

인생의 종착역에서 내리면 하나님의 심판대 앞에 서야 합니다

예전에는 열차에서 내려 역을 나갈 때, 반드시 역무원에게 표를 제시하고 검표를 받아야 했습니다. 역무원의 검표를 받지 않고 역을 나갈 수 없습니다. 이와 마찬가지로, 인생이라는 여정이 끝나는 종착역에서 내리면, 하나님의 심판대 앞에 서지 않을 사람이 아무도 없습니다.

그 어떤 사람도 죽음을 피할 수 없고, 누구라도 하나님의 심판을 피할 수 없습니다. 모든 인간은 죽음 후에 반드시 하나님의 심판대 앞에 섭니다(롬 14:10). 성경은 "한번 죽는 것은 사람에게 정해진 것이요 그 후에는 심판이 있으리니."(히 9:27)라고 분명히 말씀하고 있습니다. 그리고 그 심판이 "죽은 자들이 자기 행위를 따라 책들에 기록된 대로 심판을 받으니…. 각 사람이 자기의 행위대로 심판을 받고"라고 기록되어 있습니다(계 20:12-13).

우리를 심판하실 심판장은 예수님입니다

하나님 아버지께서 심판을 다 그 아들에게 맡기셨습니다. 즉 아들 예수님께 심판하는 모든 권한을 주신 것입니다(요 5:22, 27). 그러므로 나를 심판하실 분은 우리 구주 예수 그리스도이십니다(고전 4:4). 우리를 지옥에서 구원하시기 위해 십자가에 죽으신 그분이, 마지막날 재판장이 되셔서 심판하실 것입니다.

살아 있는 모든 자와 죽은 자를 심판하실 그리스도 예수님 앞에서 심판을 받게 될 것입니다(딤후 4:1). 외모로 보지 않고 각 사람의 행위대로 심판하시는 예수님의 심판을 받게 될 것입니다(벧전 1:17). 그러므로 우리는 나그네로 있을 때 두려움으로 지내야 합니다. 심판자이신 예수님 앞에 점도 없고, 흠도 없이 평강 가운데서 나타나기를 힘써야 할 것입니다(벧후 3:14). 마음의 허리를 동이고 근신하여 예수 그리스도께서 나타나실 때에 우리에게 가져다주실 은혜를 온전히 바라며 살아야 합니다(벧전 1:13).

하나님의 심판대 앞에서 '천국에 가느냐, 지옥에 가느냐' 하는 판결을 받습니다

우리의 본래 집은 하나님 아버지의 집입니다. 그러나 인간이 죄를 지음으로 영원히 꺼지지 않는 불 못인 지옥에 던져졌습니다. 하지만 하나님의 사랑이 독생자 예수 그리스도를 화목제물로 보내심으로 우리를 사망에서 구원하셨습니다. 예수님의 십자가 보혈로 영원히 꺼지지 않는 지옥에서 구원해 주신 것입니다. 그러므로 하나님의 심판대에서 아들을 믿는 믿음을 고백한 사람은 천국으로, 아들을 믿지 않은 사람은 지옥에 던져지게 됩니다.

사람이 생을 마치고 이 세상을 떠나 돌아갈 집은 천국, 아니면 지옥입니다. 그런데도 대부분의 사람들은 천국과 지옥의 실존을 믿지 않고 부인합니다. 하지만 성경은 천국과 지옥의 실존에 대해 분명하게 말합니다. 성경 외에 천국과 지옥에 대해 명확히 말하는 어떤 책도 존재하지 않습니다. 사람들이 아무리 부정하고 외면해도, 천국과 지옥은 실재합니다(눅 16:19-31). 왜냐하면 성경은 하나님 말씀이기 때문입니다. 성경은 진리이며, 일점일획도 없어지지 아니하고 다 이루어질 것이기 때문입니다(마 5:18). 태중에 있는 아기에게 태어날 이 세상에 대해 아무리 많은 이야기를 들려 주어도 이해하지 못할 것입니다. 그러나 엄마 뱃속에서 세상 밖으로 나와 살게 될 것입니다. 이와 마찬가지로 지금은 천국과 지옥에 대해서 설명해도 이해할 수도 없고, 받아들이기 힘들겠지만 곧 그곳을 마주하게 될 것입니다.

천국은 평안과 위로와 영광이 있는 곳입니다

천국은 우리를 사랑하는 아버지가 계신 곳입니다. 천국은 은혜로우신 아버지가 계신 곳입니다. 천국은 자비로우신 아버지가 계신 곳입니다. 천국은 우리를 위해서 십자가에서 돌아가셨을 뿐만 아니라 다시 사신 우리 구주 예수님이 계신 곳입니다. 천국은 하나님 아버지의 평안과 위로가 넘치는 곳입니다. 하나님 아버지께서 주시는 영광이 풍성한 곳입니다. 천국에서 누리는 평안과 위로는 세상이 주는 것과 같지 않은 곳입니다. 세상이 알 수도 없고 세상에서 누릴 수도 없는 평안입니다. 즉 인간의 지식과 지혜로는 도무지 알 수 없고 이해할 수 없는 모든 지각에 뛰어난 하나님의 평강입니다.

서머나 감독이었던 폴리갑은 예수를 믿는다는 이유로 체포되어 원형극장에 끌려갔습니다. 유대인들은 "이놈은 아시아의 선생, 그리스인들의 아비, 우리 신들을 뭉개는 자다. 수많은 사람에게 제사도 드리지 말고 경배도 드리지 말라고 가르치는 놈이다."라고 고함을 치며 처형할 것을 요구했습니다.

불타오르는 장작불 앞에 선 폴리갑에게 총독은 "지금이라도 시이저의 이름으로 맹세하고 그리스도를 욕하라. 그리하면 놓아주겠다."라고 했습니다. 그러자 폴리갑 선생은 얼굴색 하나 변하지 않고 "내가 주님을 섬기는 86년 동안, 예수님은 한 번도 나에게 나쁜 일을 하지 않으셨고, 섭섭하게 하지 않으셨습니다. 그런데 나를 구원하신 나의 왕을 욕할 수 있습니까?"라고 말했습니다. 그때 많은 사람이 "폴리갑, 남자답게 담대하여라."라는 음성을 들었습니다. 총독은 "내 수중에는 사나운 짐승들이 있다. 네가 그리스도를 욕하지 않으면 그들에게 던져 버리겠다."라고 했습니다. 그러자 폴리갑은 천연스럽게 "야수를 부르시오. 우리에게는 악한 것을 택하기 위해서 선한 것을 회개하는 습관은 없다. 악한데서 의로운 데로 바꾸는 것이 내게 합당하오."라고 했습니다. 총독은 "네가 야수를 아무렇지도 않게 여기니 불에 태우겠다."라고 했습니다. 그러자 폴리갑 선생은 단호하게 "당신은 한 시간쯤이나 잠시 타다가 꺼져버릴 불로 나를 위협하지만, 장차 올 심판과 영원히 꺼지지 않는 불이 기다리고 있다. 무엇 때문에 주저하시오. 어서 당신이 하고 싶은 대로 하시오."라고 말했습니다. 그리고 화형 집행인들이 불 속에서 움직이지 못하도록 못을 박으려 하자 폴리갑 선생은 차분한 어조로 "나를 이대로 두시오. 나에게 불을 견딜만한 힘을 주신 예수님께서 나에게 이 불길 속에서 움직이지 않고 남아 있을 힘을 주실 것이오."라고 말했습니다. 그리하여 폴리갑 선생은 11시 경기기 끝나고, 오후 2시에 못 박히지 않은 채 손이 결박되어 화형을 당했다고 합니다.

지옥은 몸서리치는 극한 고통만 있는 곳입니다

성경은 지옥을 '고통만 있는 곳'(시 116:3). '일과 계획이 없는 곳, 지식과 지혜도 없는 곳'(전 9:10). '잔인한 곳'(아 8:6). '구더기로 뒤덮인 곳'(사 14:11). '꺼지지 않는 불 못'(마 3:12). '구더기도 죽지 않는 곳'(막 9:48). '불로서 소금 치듯 하는 곳'(막 9:49). '기갈 당하는 곳'(눅 16:24). '영원한 멸망의 형벌을 받는 곳'(살후 1:8-9). '불과 유황으로 타는 못'(계 21:8)이라고 합니다.

지옥은 희망이 전혀 없고 영원한 절망만 있는 장소입니다. 지옥은 절대 고립의 단절된 처소로 공허함밖에 없습니다. 지옥은 불과 유황불이 계속 타오르고 꺼지지 않으며, 사람마다 불로 소금 치듯 하는 고통만 있는 곳입니다. 태양이 수억만 년 동안 항상 뜨거운 불빛을 내는 것처럼 지옥은 억만년이 지나도 불꽃이 계속 타오르니 너무 괴로워서 물 한 방울이라도 달라고 외치는 곳입니다. 지옥은 자신이 저주스러워 죽고 싶으나 죽을 수 없고, 죽음이 피하는 곳입니다. 지옥은 몸서리치는 극한 고통이 하루 이틀이 아니라 영원히 계속되는 곳입니다. 이렇게 지옥은 몸부림치는 고통 속에서 영원히 사는 곳입니다. 조

나단 에드워드는 "만약 내가 여러분에게 단 5초만 지옥을 보여줄 수 있다면 하나님 앞에서 신실하게 살지 않을 사람이 없을 것이다."라고 말했습니다.

지옥을 예사롭게 생각하는 사람이 있습니다

공자의 한 제자가 "선생님, 사람이 죽으면 어떻게 됩니까?"라고 질문을 했습니다. 그러자 공자는 "삶을 알지 못하는 데, 어찌 죽음을 알겠는가?"라고 말했습니다. 석가모니의 제자들도 공자의 제자들과 같은 질문을 했습니다. 석가모니도 "죽은 후의 일은 관심이 없다."라고 말했습니다. 그렇다면 불교에서 말하는 극락은 석가모니가 가르친 것이 아닙니다. 불교 조계종 종정 이성철 스님은 "산은 산이요 물은 물이로다."라는 말로 대중의 인지도가 높았던 분입니다. 그분은 1982년 4월 8일 석가 탄생일에 "극락에 가기 위해서 불교를 믿고 있다면 허망한 꿈에 불과하다."라며 "극락(極樂)이 있다고 믿는 사람은 잠잘 때 꿈속에서 잠꼬대하는 소리와 같습니다. 불교를 노인들이 죽어서 극락이나 가려고 염불하는 종교로 착각하는 사람이 많은데, 이러한 생각은 매우 잘못된 생각입니다. 사람이 만들어 놓은 부처는 허수아비에 불과한 것입니다. 저는 일평생 동안 부처 앞에 절을 하거나 목탁을 치고 염불을 한 적은 한 번도 없습니다."라고 법어를 설파했습니다(로뎀 알리미). 그렇기 때문에 '불교의 극락을 기독교의 천국과 같다.'라고 말하는 사람은 아주 무식한 사람입니다.

무신론 철학자 볼테르는 성경도 하나님도 부인했습니다. 그러나 죽어갈 때 "나는 지옥으로 가노라."라고 스스로 말하고 죽었다고 합니다. 그리고 토마스 스코트 경은 죽을 때 "나는 지금까지 하나님도 없고 지옥도 없는 줄 알았노라. 그러나 지금은 그 둘이 다 있는 것을 느끼노라! 나는 하나님의 공의로운 심판에 의하여 지옥으로 돌아가는구나!"라고 말하며 죽었다고 합니다.

조용기 목사님(여의도 순복음교회)은 "저는 평생 목회를 하면서 지옥에 대한 설교를 자주 하지 않았습니다. 성경을 보니까 '지옥도 있을 만하구나.' 그런 생각이 들 때도 있었습니다. 그러면서 뭐 불이 타면 좀 피하면 안 되겠나. 벌레가 우글거리면 벌레를 좀 피하면 되겠지. 별로 심각하게 생각 안 했습니다. 그런데 제가 꿈도 아니고 환상도 아니고, 죽은 것도 아니고 산 것도 아니고, 몸 안인지 몸 밖인지도 모르는 사이에 지옥으로 떨어졌습니다. 그 지옥에서 당한 고통은 말로써 다 할 수 없었습니다. 나는 깨어나자마자 '모든 세상 사람들에게 지옥에 가지 마라.'고 경고해야 하겠다. 불타는 사명감을 느꼈습니다." 라고 말씀하셨습니다(조용기 목사의 간증, 지옥, 2008).

지옥의 권세를 이길 힘은 예수 그리스도의 십자가 보혈의 능력뿐입니다

지옥에 가지 않을 수 있는 유일한 길은 오직 예수님이 십자가에서 흘리신 피의 권세를 의지하는 것뿐입니다. 죄를 씻어 버리고 의롭다 함을 받을 수 있는 길은 예수님의 피밖에 없습니다. 예수 그리스도의 보혈을 믿는 사람만 지옥에서 구원을 받습니다. 예수님을 영접한 사람은 심판을 받지 않습니다. 그러나 독생자의 이름을 믿지 아니하는 사람은 벌써 심판받은 것입니다. 성경은 "아들을 믿는 자에게는 영생이 있고 아들에게 순종하지 아니하는 자는 영생을 보지 못하고 도리어 하나님의 진노가 그 위에 머물러 있느니라."(요 3:36)라고 선언합니다. 그들이 지옥으로 가는 판결을 받게 된 것은 빛이신 예수님이 오셨는데, 하나님의 독생자를 믿지 않았기 때문입니다. 반복되는 말이지만 하나님의 심판을 피할 수 있는 사람은 없습니다. 하나님의 심판의 때가 되면, 바다가 그 가운데에서 죽은 자들을 내어주고 사망과 음부도 그 가운데에서 죽은 자들을 내어줄 것입니다. 그리고 큰 자나 작은 자나 모두 심판자의 보좌 앞에 서게 됩니다.

심판대에는 생명책이 펼쳐져 있고, 그 생명책에 기록된 대로 심판을 받습니다. 누구든지 생명책에 기록되지 못한 사람은 불 못에 던져집니다. 사망과 음부도 불 못에 던져집니다. 이 불 못에 던져지는 것이 둘째 사망입니다(계 20:12-15).

예수님을 믿지 않은 사람은 영원히 꺼지지 않는 불 못인 지옥으로 갑니다. 예수님을 믿지 않는 사람은 정죄를 받습니다. 정죄받은 사람은 고난의 연기가 세세토록 올라오는 영원히 꺼지지 않는 불 못인 지옥에서 밤낮 쉼을 얻지 못하는 고통을 당합니다(계 14:11). 이처럼 하나님의 심판대는 예수님을 믿지 않는 사람에게 정죄를 선언하는 심판입니다.

하나님의 자녀는 하나님 심판대 앞에서 각자 행한 대로 상과 벌을 받습니다

하나님의 아들이신 예수님을 믿는 사람은 정죄받는 하나님의 심판을 받지 않습니다. 다시 말해, 예수님을 믿는 자는 이미 영생을 얻었으며 지옥에 이르는 심판을 통과한 것입니다(요 3:18, 36). 예수님은 "내 말을 듣고 또 나 보내신 이를 믿는 자는 영생을 얻었고 심판에 이르지 아니하나니 사망에서 생명으로 옮겼느니라."(요 5:24)라고 말씀하셨습니다. 이 말씀처럼, 하나님의 심판을 통과해 천국에 들어갈 수 있는 표는 오직 예수님을 믿는 믿음입니다.

예수님을 믿는 성도는 천국이냐, 지옥이냐를 판결하는 공심판은 받지 않습니다. 그러나 각 사람이 행한 대로 상을 받기 위한 사심판은 받게 됩니다(고후 5:10). 즉 예수님을 믿는 사람도 그리스도의 심판대 앞에 서서 자기 행위에 따라 상을 받는 심판은 피할 수 없다는 것입니다(롬 2:3). 그러므로 구원받은 성도는 하나님의 심판대 앞에서 자신의 삶을 바르게 고백해야 합니다(롬 14:12). 그리고 믿음으로 행한 만큼 상을 받게 될 것입니다. 이처럼 하나님의 자녀가 심판대 앞에 서는 것은 하나님이 준비하신 상을 받기 위함입니다. 곧 성도가 받는 심판은 예수님께 우리가 '얼마나 믿음으로 행하였는가?', '얼마나 예수님을 닮았는가?'를 평가받는 자리입니다.

우리를 위해 십자가에 죽으신 예수님이 성도 각자가 그 몸으로 행한 행위를 평가하시는 것은 당연한 일입니다. 또한 죄로 더럽혀지지 않고 어린 양이 어디로 인도하든지 따라가는 삶을 산 성도가 상을 받는 것은 당연합니다. 좁은 문으로 들어가기를 힘쓰며 십자가의 길을 걸어간 성도가 칭찬을 받고 상을 받는 것은 당연합니다. 주님의 말씀에 순종하며 생명을 바친 사람과, 선한 일을 힘쓰지 않은 사람 사이에 차이가 있는 것은 당연한 일입니다.

내 안에 계신 예수님이 나를 통하여 일하시도록 나를 온전히 내어 드리지 않은 성도는 구원은 받으나 하나님께 받을 상은 없습니다. 하나님을 사랑한다고 말하면서 순종하지 않고, 죄의 종으로 행한 사람은 불 가운데서 얻은 것 같은 구원을 받습니다. 마음에 하나님 두기를 싫어하고, 피조물을 하나님보다 더 경배하고 섬기는 삶을 산 성도는 하나님의 칭찬을 듣지 못하고 책망을 듣게 될 것입니다. "주여! 주여!" 하면서 하나님 아버지의 뜻대로 행하지 않은 사람은 구원은 받지만 받을 상은 없습니다. 예수님을 주인으로 모시지 않고 자기 마음대로 행한 사람은 아무리 크고 위대한 일을 했어도 받을 상이 없습니다. 오히려 예수님으로부터 "내가 너를 도무지 알지 못하니 불법을 행하는 자들아 내게서 떠나가라."라는 책망만 듣게 될 것입니다.

내 안에 예수님을 주인으로 모시고 산 성도와 예수님을 문밖에 세워두고 자신이 주인이 되어 살아온 성도가 같을 수 없습니다. 중요한 것은 '얼마나 열심히 일했느냐?'가 아니라 '얼마나 예수님 닮은 삶을 살았느냐?'입니다.

예수님은 "누구든지 이 계명 중의 **지극히 작은 것 하나라도 버리고** 또 그같이 사람을 가르치는 자는 천국에서 지극히 작다 일컬음을 받을 것이요, 누구든지 **이를 행하며 가르치는** 자는 천국에서 크다 일컬음을 받으리라 너희 의가 서기관과 바리새인보다 더 낫지 못하면 결코 천국에 들어가지 못하리라."라고 말씀하셨습니다(마 5:19-20). '하나님의 계명 중에 지극히 작은 것을 버리고 가르치는 사람'의 병행 문구로 '하나님의 계명을 행하며 가르치는 사람'입니다. 즉 버리고 가르치는 사람과 행하며 가르치는 사람을 같은 맥락으로 말씀하십니다.

하나님의 계명 중에 지극히 작은 것이라도 버리고 가르치는 사람은 곧 행하지 않으면서 가르치는 사람을 의미합니다. 따라서 가르치는 데는 열정적이지만 자신은 행하지 않는 성도는 천국에서 지극히 작은 자가 될 것입니다. 반면, 하나님의 계명을 자기도 행하며 가르치는 사람은 천국에서 큰 자로 인정받습니다. 그런 의미에서 "결코 천국에 들어가지 못하리라."라는 말씀은 '지옥에 간다.'라는 의미보다 '지극히 작다는 말을 듣게 된다.'는 의미로 보는 것이 훨씬 타당할 것입니다. 바꾸어 말하면, '상급이 없다.'라는 것입니다. 그리고 예수님이 "나더러 주여 주여 하는 자마다 다 천국에 들어갈 것이 아니요, 다만 하늘에 계신 내 아버지의 뜻대로 행하는 자라야 들어가리라."(마 7:21)라고 하신 말씀도 구원에 관한 말씀이 아니라 상급에 관한 말씀으로 보는 것이 타당할 것입니다.

하나님을 공경한다는 고백도 중요하지만, 마음을 다하고 성품을 다하고 힘을 다하여 주님을 사랑하는 삶도 중요합니다(마 15:8). 사도신경의 고백이 중요하지만, 하나님의 뜻에 따라 순종하는 삶의 고백도 중요합니다. 보수주의 신학을 공부하고 가르치는 사람이 보수주의자가 아니라 보수주의 삶을 사는 사람이 진짜 보수주의자이지 않겠습니까? 그런데도 많은 성도들이 예수님의 생명으로 살지 않고, 예수님의 삶을 닮지 못한 채 종교적 활동에만 자랑을 하는 경우가 많습니다. 하지만 예수 그리스도의 강권함을 받지 않고 육신대로 행하면, 성령께서 탄식하시고 예수님으로부터 받을 상이 없을 것입니다.

각자 행한 대로 상을 받을 때는 예수님이 재림하실 때입니다

하나님은 자신의 말씀과 증거로 인해 순교당한 영혼들을 그 수가 차기까지 잠시 쉬게 하십니다. 그러다 예수님이 재림하실 때 죽임을 당한 영혼들이 흘린 피를 반드시 갚아 주실 것입니다(계 6:9-11). 선한 일을 행한 자는 생명의 부활로 악한 일을 행한 자는 심판의 부활로 나올 것입니다(요 5:29). 예수님은 믿음으로 행한 선한 삶을 기억하시고 반드시 갚아주십니다(눅 14:14). 예수님은 "내가 속히 오리니 내가 줄 상이 내게 있어 각 사람에게 그가 행한 대로 갚아 주리라."(계 22:12)라고 말씀하셨습니다. 이렇게 예수님이 재림하실 때, 각 사람이 선악 간에 행한 것에 따라 반드시 상과 벌을 받게 됩니다. 그러므로 구원받은 성도는 하나님의 날이 임하기를 바라보고 간절히 사모해야 합니다(벧후 3:11-12).

'간절히 사모하라.'라는 말씀은 '서두르다.'라는 뜻으로 긴장의 태도를 나타냅니다. 즉 예수님 재림의 날을 긴장한 마음을 가지고 기다리라는 의미입니다. 그런 맥락에서 베드로 사도는 "너희 마음의 허리를 동이고 근신하여 예수 그리스도께서 나타나실 때에 너희에게 가져다주실 은혜를 온전히 바랄지어다."라고 말합니다(벧전 1:13). 우리는 마음의 허리를 동이고 예수님의 재림을 간절히 사모하며 받을 상을 준비하면서 살아야 합니다. 왜냐하면 예수님이 오셔서 우리에게 주실 상은 영광스러운 상이기 때문입니다(계 11:17-18).

예수님이 재림하는 날, 그분을 맞이할 준비를 한 성도에게 영광의 날이요 존귀의 날이 될 것입니다. 예수님이 재림하시는 날이 선한 일을 행한 성도에게 영광의 날입니다. 하지만 예수님을 맞이할 준비를 하지 않은 사람에게 통곡의 날이요 멸망의 날이 될 것입니다. 예수님 맞이할 준비를 하지 않은 사람에게 임할 두려움은 "땅의 임금들과 왕족들과 장군들과 부자들과 강한 자들과 모든 종과 자유인이 굴과 산들의 바위틈에 숨어 산들과 바위에게 말하되 우리 위에 떨어져 보좌에 앉으신 이의 얼굴에서와 그 어린 양의 진노에서 우리를 가리라 그들의 진노의 큰 날이 이르렀으니 누가 능히 서리요."라고 기록되어 있습니다(계 6:15-17).

하나님을 조롱하는 자들은 예수 그리스도의 재림을 의심하게 합니다

하나님을 조롱하는 자들은 "주께서 강림하신다는 약속이 어디 있느냐 조상들이 잔 후로부터 만물이 처음 창조될 때와 같이 그냥 있다."(벧후 3:4)라고 말합니다. 그러나 부활하신 예수님이 하늘로 올라가시는 것을 쳐다보고 있는 제자들에게 천사는 "너희 가운데서 하늘로 올려지신 이 예수는 하늘로 가심을 본 그대로 오시리라."(행 1:11)라고 분명하게 약속하셨습니다.

어떤 사람들은 예수님의 재림이 더디다고 생각하지만 사실 더딘 것이 아닙니다. 하나님은 경건하지 않은 사람들의 심판을 멸망의 날까지 미루시며 기다리고 계십니다(벧후 3:7). 하나님은 아무도 멸망하지 않고 모두가 회개하여 구원을 얻기를 원하시기에 오래 참고 기다리시는 분입니다(벧후 3:9). 따라서 '경건하지 않은 사람들의 심판을 멸망의 날까지 미루신다.'라는 말씀이나 '아무도 멸망하지 않고 다 회개하기를 기다리신다.'라는 말씀은 같은 의미입니다. 즉 하나님은 아무도 멸망하지 않고 모두 구원받기를 원하셔서 심판을 미루고 계시는 것입니다.

하나님이 원하시는 것은 죄인이 멸망당하는 것이 아니라 구원받는 것입니다(요 3:17). 그래서 구원받을 기회를 한량없이 주시는 것입니다. 또한 하나님의 백성들이 모두 칭찬과 상을 받을 수 있도록 준비할 시간을 주시며 오래 참아 기다려 주십니다. 이처럼 오래 참으심이 바로 하나님의 사랑입니다. 하나님이 기다려 주시는 사람 중 한 사람이 바로 '나'입니다. 그렇기에 내가 받은 이 구원은 말로 다 표현할 수 없는 신기한 구원입니다. 더욱이 내가 상을 받을 준비를 할 수 있도록 기다려 주시는 것은 크고 놀라운 하나님의 은혜요, 지극하신 사랑입니다.

하나님을 조롱하는 자들은 예수 그리스도의 재림을 부인합니다

하나님을 조롱하는 자들은 예수님의 재림을 부인할 뿐만 아니라 다른 사람들까지도 예수님의 재림을 부인하도록 유혹합니다. 이처럼 거짓 선생들은 이단을 몰래 끌어들여, 결국 자신들을 대신해 죽으신 주님을 부인하게 만듭니다. 이 거짓 선생들의 주장은 매우 확신에 차 있으며, 때로는 누구보다 열정적으로 보입니다. 하지만 실상은 스스로 임박한 멸망을 불러들이는 자들입니다. 그런데 문제는 이러한 거짓 가르침에 미혹된 성도들이 예수님의 재림을 잊고, 영적으로 안일한 믿음 생활에 빠지게 된다는 것입니다.

예수님은 반드시 속히 다시 오십니다(계 22:20). 위대한 믿음의 선진들은 오직 예수님의 재림만을 기다리며 살았습니다. 그러므로 신실한 성도는 마치 아기 새가 목을 길게 빼고 먹이를 물고 오는 어미 새를 기다리듯, 간절한 마음으로 주님의 재림을 사모하며 깨어 기다려야 합니다.

♪ 손양원 목사님의 고대가

낮이나 밤이나 눈물 머금고 내 주님 오시기만 고대합니다. 먼 하늘에 이상한 구름만 떠도 행여나 내 주님 오시는가 해 머리 들고 멀리멀리 바라보는 마음. 주님께서 계신 그곳 가고 싶어요. 오 주여 언제나 오시렵니까?

예수님은 재림의 약속을 반드시 지키십니다

제자들이 보는 가운데 하늘로 올려지신 예수님은 올라가신 그대로 다시 오실 것입니다. 모든 사람이 볼 수 있도록 구름을 타고 오실 것입니다(계 1:7). 천사장의 음성과 하나님의 나팔 소리와 함께 친히 하늘로부터 강림하실 것입니다(살전 4:16). 구름을 타고 능력과 큰 영광으로 다시 오실 것입니다(눅 21:27). 아버지의 영광으로 그 천사들과 함께 다시 오실 것입니다(마 16:27).

예수님은 다시 오신다는 약속을 반드시 지킬 것입니다. 그런데 우리는 예수님이 언제 다시 오실지, 그 때와 시기를 알 수 없습니다. 하늘의 천사들도 모르고, 아들도 모르고 오직 아버지만 아십니다(마 24:36). "주의 날이 도둑같이"(벧후 3:10) 오고, "주의 날이 밤에 도둑 같이"(살전 5:2) 올 것입니다. 예수님은 성도들이 안일한 마음으로 방심하고 졸며 자는 한밤중에 도둑같이 오실 것입니다(마 25:5-6). 예수님의 재림을 '밤에 도둑 같이 임한다.'라고 표현한 것은 생각하지 않고 있을 때 갑자기 속히 오시는 것을 잘 표현한 것입니다.

예수님께서 다시 오시는 날은 마치 밤에 도둑이 갑자기 찾아오듯 모든 이에게 예기치 않게 임할 것입니다. 그날을 아무도 피할 수 없습니다. 그러나 깨어 있는 성도에게는 예수님께서 도둑같이 오실 수 없습니다. 왜냐하면 성도는 어둠에 속한 자가 아니라 빛에 속한 자요, 빛의 아들이기 때문입니다. 성경은 "형제들아 너희는 어둠에 있지 아니하매 그 날이 도둑같이 너희에게 임하지 못하리니 너희는 다 빛의 아들이요 낮의 아들이라."(살전 5:4-5)라고 말합니다. 그러므로 우리는 자지 말고 깨어 있어야 합니다. 다시 오실 예수님을 기다리며 그분을 맞을 준비를 날마다 갖추어야 합니다. 또한 혹시라도 멸망의 아들에게 미혹되지 않도록 정신을 차리고 분별하며 살아가야 합니다(살후 2:3).

　　예수님께서 다시 오시는 날, 우리는 반드시 하나님의 심판대 앞에 서게 될 것입니다. 그때 선한 싸움을 싸우며 준비한 성도만이, 의로운 재판장이신 주님이 주시는 의의 면류관을 받게 될 것입니다(딤후 4:7-8). 예수님의 재림은 성도들이 하나님의 뜻을 따라 행한 대로 면류관을 받는 영광스러운 심판의 순간입니다. 그러므로 예수님이 오시는 그날이 나에게는 영광의 날이 되도록 오늘 주님과 동행하는 아름다운 발걸음을 옮기는 성도가 바로 지혜 있는 성도입니다.

5장

심판대에는 칭찬과 책망이 기다리고 있습니다

The heavenly reward given by God

"그 주인이 이르되 잘하였도다 착하고 충성된 종아 네가 적은 일에 충성하였으매 내가 많은 것을 네게 맡기리니 네 주인의 즐거움에 참여할지어다 하고, 그 주인이 이르되 잘하였도다 착하고 충성된 종아 네가 적은 일에 충성하였으매 내가 많은 것을 네게 맡기리니 네 주인의 즐거움에 참여할지어다 하고"(마태복음 25장 21, 23절).

"스스로 속이지 말라 하나님은 업신여김을 받지 아니하시나니 사람이 무엇으로 심든지 그대로 거두리라 자기의 육체를 위하여 심는 자는 육체로부터 썩어질 것을 거두고 성령을 위하여 심는 자는 성령으로부터 영생을 거두리라 우리가 선을 행하되 낙심하지 말지니 포기하지 아니하면 때가 이르매 거두리라 그러므로 우리는 기회 있는 대로 모든 이에게 착한 일을 하되 더욱 믿음의 가정들에게 할지니라"(갈라디아서 6장 7-10절).

누구라도 칭찬을 들으면 기분이 좋아집니다. '칭찬은 고래도 춤을 추게 한다.'는 말도 있지요. 반면에 책망을 듣는 것은 누구라도 싫어합니다. 자주 책망을 듣다 보면, 아무리 가까운 사람이라도 악감정을 품게 됩니다. 성경에는 기분 좋은 칭찬의 말씀도 많지만, 듣기 껄끄러운 책망의 말씀도 함께 기록되어 있습니다. 문제는 많은 성도들이 자신은 당연히 칭찬을 들을 것으로 생각하고, 책망은 자신과 상관없는 말씀으로 여긴다는 점입니다. 그래서 정작 책망을 들은 사람에게는 관심을 두지 않고, 그 말씀의 의미를 돌아보려 하지 않습니다.

성경에 기록된 칭찬과 책망의 말씀을 대수롭지 않게 생각하면 안 됩니다. 하나님의 칭찬은 하나님 나라의 영광과 연결되고, 하나님께 존귀하게 여김을 받는 것과 연관되며, 하늘나라의 권세와 관계가 있습니다. 하지만 하나님의 책망은 내게 있는 것까지 빼앗기기도 하며, 수치를 당할 뿐만 아니라 하나님의 진노와 연관되어 있습니다. 그렇기 때문에 하나님의 책망은 아주 심각한 문제입니다.

어떤 사람이 타국으로 떠나면서 그 종들을 불러 각자의 재능에 따라 자신의 소유를 맡겼습니다. 소유를 맡은 종들은 주인이 떠나자

곧바로 장사를 시작했고 많은 이익을 남겼습니다. 그러던 어느 날, 주인이 돌아와서 종들과 결산을 했습니다. 주인으로부터 다섯 달란트 받았던 종이 다섯 달란트를 더 가지고 와서 "내게 다섯 달란트를 주셨는데 내가 또 다섯 달란트를 남겼습니다."라고 말했습니다. 주인은 "잘 하였다. 착하고 충성 된 종아. 네가 적은 일에 충성하였으니 내가 많은 것을 네게 맡기리니 네 주인의 즐거움에 참여할지어다."라고 칭찬했습니다. 또 두 달란트를 받았던 종이 와서 "내게 두 달란트를 주셨는데 내가 또 두 달란트를 남겼습니다."라고 말했습니다. 주인은 다섯 달란트를 남긴 종과 똑같이 칭찬을 했습니다. 그런데 한 달란트를 받았던 종이 와서 "당신은 굳은 사람입니다. 심지 않은 데서 거두고 헤치지 않은 데서 모으는 줄을 알고 두려워서 달란트를 땅에 감추어 두었습니다."라고 말했습니다. 그러자 주인은 "악하고 게으른 종아."라고 책망하며, "그에게서 그 한 달란트를 빼앗아 열 달란트 가진 자에게 주라."고 할 뿐만 아니라 "이 무익한 종을 바깥 어두운 데로 내쫓으라. 거기서 슬피 울며 이를 갈리라."고 말했습니다(마 25:14-30).

칭찬을 듣는 사람을 봅니다

주인은 이익을 남긴 두 종에게 똑같이 칭찬했습니다. 이익을 남긴 크기에 따라 차별하지 않았습니다. 다섯 달란트 더 남긴 종도, 두 달란트를 더 남긴 종도 똑같이 칭찬을 들었습니다. 이렇게 '칭찬이 같다.'라는 말은 상급이나 영광이 같다는 의미입니다. 하나님은 상대평가가 아닌 절대평가로 판단하십니다. 그렇습니다. 하나님의 평가는 언제나 공평합니다. 하나님은 서로 비교하여 순위를 매기는 상대평가를 하지 않으십니다. 각자 일한대로 평가하는 절대평가를 하십니다.

하나님은 나를 나로 인정하시고, 나를 나답게 존귀하게 여기십니다. 하나님 앞에서는 각 사람이 자신이 수고한 만큼 상을 받습니다. 그러므로 우리는 다른 사람과 비교하지 말고 자신에게 맡겨진 일을 살피면 됩니다. 내 자리를 지키며 내가 해야 할 일을 하는 것이 중요합니다. 자기의 일을 게을리하는 자는 가정을 무너뜨리는 자의 형제와 같다고 말씀합니다(잠 18:9). 만약, 상대평가를 하고 우위에 따라 상을 준다면 다섯 달란트를 받은 종과 두 달란트를 받은 종의 상이 다를 것입니다. 또 주어진 조건에 대해 불만을 제기할 수도 있습니다. 두 달란트를 받은 종은 "나한테 두 달란트밖에 주지 않고, 상을 적게 주는 것은 불공평합니다."라고 말할 수도 있습니다. 그리고 다섯 달란트를 받은 종은 "나는 저 사람보다 더 많은 이익을 남겼는데, 왜 나에게 이 정도밖에 안 주느냐?"라고 불평할 수도 있습니다. 그러나 다섯 달란트를 남긴 종과 두 달란트를 남긴 종은 각자 자신이 일한 것에 대한 칭찬을 받았기에, 불만이나 불평이 없습니다. 이렇게 천국은 각자 자기가 일한대로 최고의 상을 받는 곳입니다.

주인의 칭찬은 "잘하였도다."입니다. '잘하였도다.'의 헬라어 원문은 아주 짧은 '유'입니다. 영어 성경에는 'Well done'으로 되어있습니다. 중국어로는 '호(好)'입니다. 호(好)는 계집 녀(女)와 아들 자(子)가 합쳐진 것입니다. 이렇게 하나님이 간단하게 한 마디로 '유', '호(好)' 하신 것은 굉장한 힘이 있습니다. 보십시오. 리비아의 무아마르 카다피는 1969년, 27세의 젊은 나이에 당시 국왕에게 맞서 군사 정변을 일으켜 권력을 잡았습니다. 무혈 쿠데타로 정권을 장악한 그는 리비아 공화국의 최고정치기구인 혁명지도평의회의 의장에 취임했습니다. 카다피는 리비아의 풍부한 석유와 천연가스 자산을 바탕으로 국내외에서 영향력을 행사했습니다. 그는 아랍인의 자존심을 강조하며 이슬람교 사상을 신종해 아랍 세계 통합을 시도했습니다. 또한 서방 세계에 대해 강한 비판적인 발언을 서슴지 않았고, 테러와 연루됐다는 의혹을 받았습니다. 유럽에서 발생한 유혈 사건에도 관련되어 미국 정부와의 분쟁이 심화되기도 했습니다. 미국의 레이건 대통령은 1986년 4월 영국에 주둔하고 있는 미 공군에게 리비아의 몇몇 지역을 폭격하도록 명령을 했습니다. 대통령의 명령을 받은 미 공군기들이 카다피 관저를 폭격했습니다. 다행히 카다피는 관저 뒤에서 텐트를 치고 있어서 살았습니다. 하지만 이 폭격으로 카다피의 자녀들이 죽거나 다쳤습니다. 미 공군기가 폭격에 성공한 후에 레이건 대통령은 텔레비전 앞에 서서 "Well done!"이라고 칭찬했습니다. 만약 제가 "Well done!"이라고 했다면 사람들이 비웃었을 것입니다. 그러나 미국 대통령이 "Well done!"이라고 했기에 그 칭찬은 엄청난 힘이 있습니다.

우주선을 타고 창공에 올라 지구를 바라보면, 지구가 초록색 눈물 한 방울 크기만 하다고 합니다. 그런데 우주에는 지구 크기의 유성들이 수억 개가 있습니다. 게다가 유성까지는 지구에서 엄청난 먼 거리로 1초에 지구를 일곱 바퀴 반을 도는 빛의 속도로 가도 몇 백 광년이나 걸리는 거리라고 합니다. 이렇게 눈물 한 방울 크기만 한 지구의 한 모퉁이에 있는 미국 대통령이 "Well done!" 해도 힘이 있는데, 광활한 우주를 창조하시고 주권적으로 다스리시는 하나님 아버지께서 '유(잘했다)!'라고 하시는 칭찬은 얼마나 큰 위력이 있겠습니까? 만왕의 왕이신 하나님이 '유!'라고 하시는 칭찬의 위력은 말로 표현할 수 없이 큽니다. 그러므로 우리의 일생을 하나님 앞에서 "잘했다."라는 칭찬을 듣도록 살아야 합니다. 하나님께서 나를 보고 '유!'라고 칭찬하신다면, 그것은 값지고 아름다운 인생을 살았다는 뜻입니다. 반면에 칭찬이 없다면, 인생을 제대로 살지 못한 불쌍한 삶을 살은 것입니다. 그러므로 우리는 하나님의 칭찬을 들을 수 있도록, 아름답고 의미 있는 인생을 살아야 할 것입니다.

칭찬은 영광스러운 권세로 보상됩니다

주인은 이익을 남긴 종에게 "잘하였도다. 착하고 충성 된 종아 네가 적은 일에 충성하였으매 내가 **많은 것으로** 네게 맡기리니…."(마 25:21, 23)라고 말했습니다. 그런데 누가복음에는 "잘하였다. 착한 종이여 네가 지극히 작은 것에 충성하였으니 **열 고을 권세**를 차지하라."(눅 19:17)라고 말합니다. 칭찬은 단순한 말에 그치지 않고, 영광스러운 상급을 더해 줍니다. 즉 칭찬은 영광과 권세를 '더해 주는' 보너스와 같습니다. 반면, 이익을 남기지 못한 종에게는 "그 한 달란트를 빼앗아 열 달란트 가진 자에게 주라. 무릇 있는 자는 받아 풍족하게 되고, 없는 자는 그 있는 것까지 빼앗기리라."라고 말씀하셨습니다. 하지만 여기서 말하는 '있는 자는 받아 풍족하게 되고, 없는 자는 그 있는 것까지 빼앗기리라.'는 빈익빈 부익부를 의미하는 것이 아닙니다.

핸드릭슨은 '영적인 은사들과 기회들은 봉사에 사용해야 증대되고, 사용하지 않으면 사라진다.'고 주석했습니다. 즉 영적인 재능과 기회는 사용할수록 성장하고, 감출수록 줄어든다는 뜻입니다. 이 해석은 '심은 대로 거둔다.'(갈 6:7-10)라고 하신 말씀과도 잘 맞습니다. 운동선수는 운동 연습을 많이 할수록 더 잘하게 되고, 피아니스트는

피아노 연주 연습을 많이 할수록 더 능숙해집니다. 마찬가지로 설교자는 설교 준비를 깊이 하면 할수록 하나님의 마음을 더 깊이 깨닫고, 그 깨달음을 담은 말씀을 선포할 수 있습니다. 성도는 기도할수록 기도의 능력이 더해지고, 순종할수록 순종의 힘이 커집니다. 이것이 성경이 가르치는 원리입니다. 하지만 달란트 비유는 종말 심판을 다루고 있기 때문에, 이 원리를 그대로 똑같이 적용하기는 어렵습니다.

칭찬은 주인의 즐거움에 참여하는 영광을 얻습니다

주인이 "네 주인의 즐거움에 참여할지어다."라고 말한 것은, 천국에서 열릴 천국 잔치에 동참하게 된다는 의미입니다. 구세군 사령관 웰리암 부스는 의사로부터 "앞으로 영원히 볼 수 없다."라는 말을 듣고, 아들 브람웰에게 "내가 장님이 된다는 말이냐?"라고 물었습니다. 아들은 "그렇게 생각해야 할 것 같습니다."라고 대답했습니다. 부스 사령관은 "그러면 내가 네 얼굴을 다시는 볼 수 없다는 말이냐?"라고 묻자, 아들은 "그렇지는 않습니다만 이 세상에서는 그렇다고 봐야 합니다."라고 했습니다. 이 말을 들은 부스 사령관은 "지금까지는 내 두 눈을 가지고 하나님과 그의 백성을 위해서 내가 할 수 있는 것을 해 왔는데, 이제부터는 내 두 눈이 없이 하나님과 그의 백성을 위해서 내가 할 수 있는 일을 해야 하겠구나."라고 말했습니다. 부스 사령관은 시각장애인이 된다는 말을 듣고 잠시 충격을 받았지만, 바로 그 순간 두 눈 없이 하나님께 충성해야겠다는 각오를 새롭게 한 것입니다. 이것이 주인의 즐거움에 참여하는 기쁨입니다.

주인의 즐거움에 참여하는 즐거움은 어떤 환경에서도 변함없이 누리는 기쁨과 즐거움입니다. 천국에 가서 누리는 즐거움만 아니라 이 세상에 사는 동안 누리는 즐거움입니다. 이 즐거움은 예수님 안에서 누리는 평안입니다. 예수님은 "평안을 너희에게 끼치노니 곧 나의 평안을 너희에게 주노라 내가 너희에게 주는 것은 세상이 주는 것과 같지 아니하니라 너희는 마음에 근심하지도 말고 두려워하지도 말라."(요 14:27)라고 말씀하셨습니다. 그러므로 주인의 즐거움에 참여하는 즐거움은 비록 무화과나무가 무성하지 못하며, 포도나무에 열매가 없으며, 감람나무에 소출이 없으며, 밭에 먹을 것이 없으며, 우리에 양이 없으며, 외양간에 소가 없을지라도 오직 여호와로 말미암아 즐거워하며, 나의 구원의 하나님으로 말미암아 기뻐하는 것입니다(합 3:17-18).

책망을 듣는 사람을 봅니다

주인은 이익을 남기지 못한 종에게 "악하고 게으른 종아."라고 책망하며 "이 무익한 종을 바깥 어두운 데로 내쫓으라. 거기서 슬피 울며 이를 갈리라."고 엄하게 말했습니다. 이처럼 공의로우신 하나님의 책망은 매우 냉엄합니다. 하지만 여기서의 책망은 하나님께서 직접 꾸짖는 말보다 칭찬을 받지 못한 상태를 의미한다고 볼 수 있습니다. 즉 칭찬받지 못한 것이 곧 책망받은 것입니다. 그런 의미에서 책망은 내가 해야 할 일을 하지 않은 것에 대한 깊은 후회이며 하나님 앞에서 기회를 놓쳐버린 인생의 아픔을 드러냅니다.

천국은 각 사람이 자신이 행한 일에 따라 보응(報應)을 받는 곳입니다. 즉 하나님의 계명을 지키고 예수님에 대한 믿음을 따라 살았던 그 삶의 흔적이 자기 뒤를 따라가고, 그에 따라 하나님께서 갚아주시는 것입니다. 결국 천국은 믿음으로 살아낸 삶의 열매가 기억되고 평가되는 곳입니다. 믿음과 순종의 행위는 결코 사라지지 않고, 하나님 앞에서 영원한 상급으로 이어집니다. 그 행한 순종이 칭찬이 되고 영광이 됩니다(계 14:12-13). 그뿐만 아니라 하나님의 계명과 예수에 대한 믿음을 지키지 않은 죄도 자기 뒤를 따라다닙니다. 불순종했던 삶에 대한 후회 또한 띠리다니며 그 자체가 책망이 되고 고통이 되는 곳, 그것이 바로 하나님의 심판 앞에 선 자리입니다 (딤전 5:24). 그러니까 칭찬받는 사람을 바라보며, 미처 칭찬받을 준비를 하지 못한 자신을 돌아보는 깊은 후회가 따릅니다. 그 후회가 곧 책망이고 고통이 됩니다. 그러므로 후회의 고통과 부끄러움을 가볍게 여기면 안 됩니다. 왜냐하면 하늘나라에서의 후회는 말로 다 표현할 수 없을 만큼 큰 고통이며, 결코 되돌릴 수 없는 영원한 부끄러움이기 때문입니다.

돌이켜 보면, 우리는 살아가면서 후회할 일들을 많이 합니다. 그런데 작고 사소한 실수들은 시간이 지나면 자연스럽게 잊혀지지만, 인생에 큰 해(害)를 끼친 후회스러운 일들은 평생 잊지 못합니다. 할 수만 있다면 그때로 돌아가 고치고 싶은 부끄러운 행동은 평생을 따라다니며 우리를 괴롭힙니다. 더 큰 문제는 그런 후회로 인한 고통이 단지 한순간의 감정이 아니라 일평생 뼈가 떨릴 만큼 깊은 고통으로 남는다는 것입니다. 그리고 그 고통은 다른 누군가가 주는 것이 아니라 바로 나 자신이 주는 것입니다.

예수님의 심판대 앞에서 "제가 주의 이름으로 선지자 노릇 하며 주의 이름으로 귀신을 쫓아내며 주의 이름으로 많은 권능을 행하였습니다."라고 자랑스럽게 말했는데, "내가 너를 도무지 알지 못하니 불법을 행하는 자야 내게서 떠나가라."라는 책망을 듣게 된다면 지나온 자신의 삶이 얼마나 후회스럽고 부끄럽겠습니까? 그것을 책망이라고 표현한 것입니다. 그 후회가 천국에서 사는 동안 항상 내 뒤를 따라 다니며 괴롭힙니다. 이것이 바로 상을 받지 못하는 것입니다.

베드로는 예수님을 세 번 부인했습니다. 저주하고 맹세하며 부인했습니다. 그런 베드로가 예수님이 하신 말씀을 기억하고 주님을 부인한 것을 후회하고 회개했습니다(마 26:69-75). 어쩌면 베드로는 평생 동안 예수님을 부인한 일을 후회하며 살았을 것입니다. 그런데 부활하신 예수님이 회개하고 심히 통곡한 베드로를 찾아오셔서, 그의 권위를 회복시켜 주셨을 뿐 아니라 사명까지 회복시켜 주셨습니다(요 21:15-18). 반면 가룟 유다는 예수님을 은 삼십에 판 것을 뉘우치고 후회하기는 했지만, 그 후회가 참된 회개로 이어지지 못했습니다. 결국 그는 후회만 남긴 채, 비참하게 자살로 생을 마치고 말았습니다(마 27:3-8).

다윗은 밧세바의 일로 선지자에게 책망을 들었을 때 "내 죄가 항상 내 앞에 있습니다. 내가 주께만 범죄하여 주의 목전에 악을 행하였습니다. 나의 구원의 하나님이여 피 흘린 죄에서 나를 건지소서."라며 회개했습니다(삼하 12:1-15; 시 51:1-19). 하나님은 회개하는 다윗을 "내 마음에 맞는 사람이다. 내 뜻을 다 이루리라."라고 말씀하셨습니다(행 13:22). 하지만 사울 왕은 하나님의 말씀에 온전히 순종하지 않았고, 그로 인해 선지자 사무엘에게 책망을 들었을 때 "내가 범죄하였습니다."라고 말하며 후회했습니다. 그러나 그는 곧이어 "백성을 두려워해서 그렇게 했습니다."라고 핑계를 대며 진심으로 회개하지 않았습니다. 결국 그런 사울 왕은 하나님께 버림받고 말았습니다(삼상 15:10-28).

많은 사람이 잘못을 후회하면서도 후회의 자리에서 머무르는 모습을 봅니다. 자신의 잘못을 다른 사람 탓으로 돌리며 핑계를 대기도 합니다. 그러나 후회의 자리에 머물러 있으면서 핑계로 모면하려고 하면 발전도 없고, 소망도 없습니다. 더욱이 하나님의 긍휼을 기대할 수도 없습니다. 그러므로 후회의 자리에 머물러 있지 말고 반드시 회개의 자리까지 나아가야 합니다. 진정한 회개는 자신의 잘못과 죄를 깊이 뉘우치고 돌아서는 것뿐만 아니라 적극적으로 선을 행하는 삶으로 이어져야 합니다. 거짓말을 하지 않는 것에 그치지 않고, 진실하게 말하며 진실한 삶을 살아가야 합니다. 거룩함을 이루어가야 합니다. 만약 성도가 입술로만 회개하며 삶으로 회개의 열매를 맺지 못한다면, 그것은 온전한 회개가 아닙니다. 눈물을 흘리고 통곡하며 회개했다면, 반드시 회개의 열매를 맺어야 합니다. 그렇게 할 때 책망이 칭찬으로 바뀔 수 있습니다.

야곱의 두 아들, 레위와 시므온은 모두 저주를 받았습니다. 그들의 후손들도 당연히 저주의 대상이었습니다. 하지만 레위 자손은 저주에 머무르지 않고, 하나님 편에 서서 헌신함으로 저주를 복으로 바꾸었습니다(출 32:26-29). 그들은 적극적으로 하나님 편에 서서 하나님의 질투심으로 이스라엘 자손의 죄에 대해 속죄하는 일에 헌신했습니다. 그 결과 하나님으로부터 평화의 언약을 받습니다. 영원한 제사장 직분을 언약으로 받았습니다(민 25:1-13). 하지만 시므온 자손은 회개의 기회를 놓치고 도리어 죄를 더함으로 진노하심 가운데 거하였습니다(민 25:14). 그 결과 시므온 지파는 저주로 잊혀진 지파가 되고 말았습니다(모세의 축복에는 시므온의 이름이 없습니다 : 신 33:6-29).

지혜로운 다섯 처녀는 등과 기름을 준비해 신랑을 맞이하고 혼인 잔치에 참여했습니다. 그러나 미련한 다섯 처녀는 등은 준비했지만 기름을 준비하지 않았습니다. 신랑이 올 때 등이 꺼져 가자, 그들은 기름을 사러 갔지만 문이 닫혀서 혼인 잔치에 들어가지 못했습니다. 미처 기름을 준비하지 못해 혼인 잔치에 들어가지 못한 그 후회는 얼마나 큰 고통으로 따라다니겠습니까? 그렇습니다. 준비할 기회를 놓치면 영원히 기회를 잃고 저주로 끝나게 됩니다. 그러므로 지금 칭찬받을 준비를 해야 합니다.

믿음의 길에는 '신앙의 고백'과 '삶의 고백'이 있습니다. 하나님의 말씀에 '근거한 삶'과 하나님의 말씀으로 '사는 삶'이 있습니다. 세상 영광을 바라고 따르는 길과, 크신 사랑으로 따르는 십자가의 좁은 길이 있습니다. 기억해야 할 것은 하나님이 주시는 '복'을 받기 위해 믿음의 열정을 내다가는 큰 부끄러운 일을 당할 수 있다는 점입니다. 만약 믿음 생활의 방향을 올바르게 정하지 않으면 향방(向方) 없는 달음질을 하게 됩니다. 단순히 열심히 전도하고 선교하는 것 등을 믿음의 열매로 생각하는 것은 향방 없는 달음질에 불과합니다. 바른 믿음의 방향은 하나님의 말씀에 온전히 순종하며 예수님을 닮은 열매를 맺는 것입니다. 어떤 방향으로 갈지는 내가 선택할 수 있지만, 그 길 끝에서 칭찬을 받을지 부끄러움을 당할지는 내가 정할 수 없습니다. 그러므로 믿음의 열정을 자랑하기 보다 나의 인격이 예수님의 인격을 닮아가야 합니다. 또한 나의 삶이 예수님의 삶임을 인정받을 수 있도록 날마다 힘써야 합니다.

주인에게 책망을 듣지 않을 삶을 살아야 합니다

이익을 남기지 못한 종은 "당신은 심지 않은 데서 거두고 헤치지 않은 데서 모으는 줄을 알고 두려워하여 달란트를 땅에 감추어 두었었습니다."라고 변명을 했지만, 주인으로부터 "악하고 게으른 종아"라는 책망만 들었습니다. 그뿐만 아니라 "이 무익한 종을 바깥 어두운 데로 내쫓으라. 거기서 슬피 울며 이를 갈리라."는 진노함을 받았습니다. 가끔 구원받은 은혜만을 자랑하는 사람들이 있습니다. "나는 구원을 받았다."라며 어유를 부리고 안일하게 신앙생활을 합니다. 자기 십자가를 지고 가려 하지 않습니다. 하나님의 뜻을 행하려고 힘쓰지도 않고, 주님과 동행하려는 시도조차 하지 않습니다. 좁은 문으로 들어가려 하기보다 넓은 길을 선택하며 십자가를 요리조리 피하면서도 주님의 은혜를 찬송합니다. 하지만 그렇게 살다가는 예수님의 심판대 앞에 섰을 때 "악하고 게으른 종아."라는 책망을 피할 수 없을 것입니다.

우리는 긍휼이 풍성하신 하나님의 큰 사랑으로 살림받은 사람들입니다. 나는 예수 그리스도와 함께 십자가에 못 박혀 죽은 사람입니다. 이제는 내가 사는 것이 아니라 오직 내 안에 계신 그리스도가 사시는 삶을 사는 사람입니다(갈 2:20). 그러므로 우리는 구원받은 은혜 안에서 살아야 합니다. 주 안에 거하고, 하나님의 아들을 믿는 믿음 안에서 살아가야 합니다. 믿음 안에서 산다는 것은 단지 말로 하는 고백이 아닙니다. 그것은 삶 그 자체입니다. 사도신경의 고백이 순종하는 삶의 고백으로 고스란히 드러나야 합니다.

우리는 악한 세상에서 구원받은 사람이지만, 내 속에 선한 것이 하나도 없습니다. 그래서 내가 원하는 선은 행하지 않고 도리어 원하지 않는 악을 행하기를 좋아합니다(롬 7:18-19). 그러므로 나를 쳐서 십자가에 복종시키며 오직 성령으로 살기를 힘써야 합니다. 나를 비우고 그리스도 예수의 마음을 품어 겸손히 섬기는 삶을 살아야 합니다(빌 2:5-8). 예수님의 흔적을 지니고 살아야 합니다. 그리스도의 남은 고난을 예수님의 몸 된 교회를 위하여 내 육체에 채워야 합니다. 예수 그리스도의 십자가 외에 자랑하지 말고, 두렵고 떨림으로 구원을 이루어야 합니다. 예수 그리스도로 옷 입고 정욕을 따라 육신의 일을 도모하지 말아야 합니다(롬 13:14). 전에 알지 못할 때 따르던 사욕을 본받아 살지 말고, 나를 부르신 거룩하신 하나님처럼 모든 행실에 거룩한 사람이 되어야 합니다(벧전 1:14-17). 이러한 삶을 살아갈 때, 예수님의 심판대 앞에서 '잘하였다.'라는 칭찬을 듣게 될 것입니다.

칭찬을 들으면 풍족하게 되고 책망을 들으면 그 있는 것까지 빼앗기게 됩니다

주인이 "있는 자는 받아 풍족하게 되고"라고 하신 말씀은 믿음으로 행한 열매를 많이 맺으면 칭찬을 듣고, 하나님이 주시는 큰 영광을 받는다는 의미입니다. 사실 우리가 순종한 일은 아주 작습니다. 그런데 하나님이 주시는 상급은 아주 큽니다. 하나님이 주시는 영광은 우리의 지혜와 지식으로는 이해할 수 없고 알 수도 없습니다.

"없는 자는 그 있는 것까지 빼앗기리라."라고 하신 말씀은 믿음으로 행한 열매가 없을 때 책망을 듣게 된다는 의미입니다. 여기서 '그 있는 것까지 빼앗긴다'라는 말씀은 '주인이 빼앗아 간다.'라는 뜻이 아닙니다. 만일 그것이 정말로 주인이 빼앗는다는 의미라면, 우리 죄를 속량하시기 위해 독생자를 화목제물로 보내신 긍휼이 풍성하신 하나님의 성품과는 어울리지 않습니다. 따라서 이 말씀은 '무엇인가 있는 줄 알고 있었지만, 실제로는 아무것도 없었다.'는 사실을 스스로 깨달게 된다는 의미입니다(눅 8:18). 즉 믿음의 열매는 없으면서도 자신이 열매를 많이 맺고 있다고 착각하고 있던 그 실체를 깨닫는다는 것입니다. 하나님의 영광을 위해서 열심히 일했는데 예수님께 인정받을 것이 하나도 없다는 것입니다. 바꾸어 말하면, 주님의 이름으로 많은 일을 했으니 크게 칭찬받을 줄 알았는데 칭찬이 아니라 책망을 듣게 된 것입니다. 이런 결과를 가져온 것은 향방 없는 달음질을 하면서 목적지를 향해서 달리고 있다고 착각하고 살았기 때문입니다. 악을 행하면서 하나님의 뜻을 행하고 있는 줄로 알고 열심을 냈기 때문입니다. 이렇게 나는 있는 줄 알았는데, 실제로는 아무것도 없다는 사실을 깨닫는 장소가 바로 하나님의 심판대입니다. 그때 얼마나 후회스럽겠습니까? 그러니 지금 달려갈 목표를 분명히 정해야 합니다. 성도가 달려갈 목표는 오직 예수 그리스도뿐입니다.

가끔 다섯 달란트를 받은 종은 많이 받았으니 많은 이익을 남길 수 있었겠지만, 겨우 한 달란트를 받은 종은 적게 받아서 장사할 수도 없었던 것이 아니냐고 말입니다. 그러나 얼마를 받았느냐에 매이지 말고, 내가 있는 자리에서 성도의 삶을 살면 이익은 반드시 남게 됩니다. 왜냐하면 우리의 삶은 하나님께서 이루시고 완성해 가시는 것이기 때문입니다. 그러니 다른 사람과 비교하지 말고, 경쟁의식을 갖지 말고, 지금 내 자리에서 내가 할 수 있는 충실히 감당하면 됩니다. 어떤 사람은 말합니다. 비교와 경쟁이 사람을 성장시키고, 행복하게 하는 이유가 되기도 한다고 말입니다. 물론 그런 긍정적인 면도 있겠지만, 경쟁은 때로 자기 일을 하지 않을 이유와 핑곗거리를 만들고 사람을 절망에 빠뜨리며 불행하게 만드는 원인이 되기도 합니다. 그러므로 나 자신을 귀하게 여기고 내가 있는 자리에서 내가 할 수 있는 일을 하는 것이 진정으로 중요합니다.

　　부활하신 예수님은 베드로를 찾아오셔서 "네가 나를 사랑하느냐?"라고 물으시고 "내 양을 먹이라."고 말씀하셨습니다. 그리고 "네가 젊어서는 스스로 띠 띠고 원하는 곳으로 다니겠지만, 늙어서는 남이 네게 띠 띠우고 원하지 아니하는 곳으로 데려갈 것이다."라고 말씀하셨습니다. 그러자 베드로는 예수님이 사랑하시는 제자를 보고 "주님, 이 사람은 어떻게 되겠습니까?"라고 물었습니다. 예수님은 "내가 올 때까지 그를 머물게 한다 해도 네게 무슨 상관이냐. 너는 나를 따르라."라고 말씀하셨습니다(요 21:15-22). '베드로야, 그 사람에 대해서 신경 쓰지 말고 너는 너의 일을 하라.'는 것입니다. 그렇습니다. 하나님이 나에게 주신 사명이 있고, 다른 사람에게 주신 사명이 있습니다. 그러니 다른 사람과 비교하거나 경쟁하려 들지 말고 내 맡은 일을 충실히 감당하면 됩니다. 왜냐하면 하나님은 나를 나로 인정하시고, 나의 존재 자체를 존귀하게 여기시는 분이시기 때문입니다. 그리고 그 하나님은 내가 일한대로 절대 평가를 하시는 분이십니다.

　　때로는 자기 자리가 어딘지 알지 못하는 사람이 있습니다. 다시 말해, 자기 자신이 누군지 알지 못하는 사람이 있다는 것입니다. 나무들이 감람나무를 자신들의 왕으로 삼으려 "너는 우리 위에 왕이 되라."고 했습니다. 그러자 감람나무가 "내게 있는 나의 기름은 하나님과 사람을 영화롭게 하나니 내가 어찌 그것을 버리고 가서 나무들 위에 우쭐대리요."라며 거절했습니다. 나무들이 이번에는 무화과나무에게 "너는 와서 우리 위에 왕이 되라."라고 했습니다. 무화과나무도 "나의 단 것과 나의 아름다운 열매를 내가 어찌 버리고 가서 나무들 위에 우쭐대리요."라며 거절했습니다. 그래서 나무들은 포도나무에게 "너는 와서 우리 위에 왕이 되라."라고 했습니다. 포도나무도 "하나님과 사람을 기쁘게 하는 내 포도주를 내가 어찌 버리고 가서 나무들 위에 우쭐대리오."라며 거절했습니다. 나무들이 마지막으로 가시나무에게 "너는 와서 우리 위에 왕이 되라."라고 했습니다. 그러자 가시나무는 "만일 너희가 참으로 내게 기름을 부어 너희 위에 왕으로 삼겠거든 와서 내 그늘에 피하라. 그리하지 아니하면 불이 가시나무에서 나와서 레바논의 백향목을 사를 것이다."라고 했습니다(삿 9:8-15). 감람나무, 무화과나무, 포도나무는 자신이 있어야 할 자리를 알고, 자신이 귀한 존재임을 깨달았으며 지금 하고 있는 일이 얼마나 아름다운 일인지 알았습니다. 반면, 가시나무는 자신이 어떤 존재인지 알지도 못했고 자기가 있어야 할 자리도 몰랐습니다.

자기 자리를 알고 그 자리를 잘 지키는 사람이 지혜로운 사람입니다. 자기 권한 밖의 일에 관여하는 것은 월권입니다. 자기 자리를 떠나 나쁜 방향으로 빗나가는 것은 탈선입니다. 자기 일을 아무 이유도 없이 거부하거나 내버려두는 것은 직무유기에 해당합니다. 자기가 해야 할 일을 대충 하거나 정당한 이유 없이 하지 않는 것은 직무 태만입니다. 이처럼 자기 자리를 지키지 않는 월권, 탈선, 직무 유기, 직무 태만의 결과는 칭찬이 아닌 책망을 듣게 됩니다. 그 이유는 자기 일을 하지 않을 이유와 핑곗거리를 찾으며 이익은 하나도 남기지 않았기 때문입니다.

혹시 나는 다섯 달란트나 두 달란트를 받은 것이 아니라 한 달란트밖에 받지 못했다고 실망하고 있지는 않습니까? 나는 한 달란트밖에 받은 것이 없어 할 것이 없다고 낙심하고 있지는 않습니까? 나는 다른 사람보다 적게 받았다고 불평하고 있지는 않습니까? 절대 그렇지 않습니다.

　　애굽을 나온 이스라엘 백성은 3개월 후 시내 산에 도착했습니다. 하나님은 시내 산에서 이스라엘 백성과 언약을 맺으시고 모세를 시내 산으로 부르셨습니다. 하나님은 모세와 40일 동안 함께 계시면서 성막 설계도를 주셨습니다(출 19:-31:11). 그리고 모세에게 브살렐과 오홀리압을 지명하여 불러 주시며, 하나님의 지혜로운 마음으로 충만하게 한 사람들에게 성막의 기구 만드는 일을 맡기라고 하셨습니다. 모세는 브살렐과 오홀리압과 마음이 지혜로운 사람을 불러서 성막 기구 만드는 일을 맡겼습니다(출 35:30-36:2). 모세의 명을 받은 그들은 자신이 가진 재능과 기술로 성막의 기구들을 만들지 않았습니다. 하나님이 모세에게 명령하신 대로 만들었습니다(출 38:22). 모세가 준 성막의 설계도는 모세 개인의 생각이 아닙니다. **여호와께서 모세의 손을 빌어** 명령하신 것입니다(출 35:29). '여호와께서 모세의 손을 빌어 명령하셨다.'라는 표현은 아주 재미있는 표현입니다. 모세의 지시를 받은 사람들이 성막의 기구를 모두 만들어 모세에게 가져왔습니다. 모세가 만들어진 성막의 기구들을 보니, 여호와께서 명령하신 대로 되었습니다. 그래서 모세가 그들에게 축복하였습니다(출 39:43). 모세가 축복한 것은 "하나님, 이들이 수고했습니다. 그러니 이들에게 복을 주십시오."라는 축복이 아닙니다. 하나님이 모세의 손을 빌어 하나님의 복을 그들에게 선포하신 것입니다.

　　모세의 명을 받아 성막의 기구를 만든 사람들 중에서 이름이 기록된 사람은 브살렐과 오홀리압, 단 두 사람뿐입니다. 다른 사람들은 이름조차 남아 있지 않습니다. 어쩌면 이름 없는 사람들이 더 많은 수고를 했을지도 모릅니다. 궂은일도 더 많이 했을 것입니다. 그런데 그들은 이름도 없고, 그들의 수고에 대한 어떤 격려의 말도 듣지 못했으니 억울한 마음이 들 법도 했을 것입니다. 요즘 같았으면 큰 문제가 되었겠지만, 그들은 단 한마디의 불평이나 원망도 하지 않았습니다. 오히려 하나님께로부터 지혜를 얻고 성막 기구 만드는 일을 하려고 자원하여 찾아왔습니다(출 36:2).

하나님은 우리에게 하나님의 영을 부어주시고, 모든 지혜와 지식을 충만하게 하셔서 믿음의 길을 걷게 하십니다. 또 하나님은 지혜로운 마음을 우리에게 충만하게 하셔서 하나님의 일을 하게 하십니다. 그러니 모세가 아니어도 괜찮고, 브살렐이나 오홀리압이 아니어도 상관없습니다. 하나님 앞에 있는 것만으로도 감사하며 하나님의 작은 일이라도 쓰임 받는 것이 감사할 뿐입니다.

오직 예수님이면 충분합니다. 하나님의 일은 예수님을 믿는 것이며 예수님 안에서 행하는 삶입니다. 예수님을 닮아가고, 예수님의 삶을 살아내는 착한 행실을 보여주는 것이 바로 하나님의 일입니다. 예수님과 동행하며 예수님을 닮아갈 때 우리는 칭찬을 받습니다. 하지만 하나님께 받는 칭찬과 책망은 지금 우리가 느끼는 어떤 것과도 비교할 수 없습니다. 칭찬받는 사람에게는 영광과 권세가 주어지지만, 책망받는 사람에게는 이를 갈며 슬피 우는 고통만 있을 뿐입니다. 그러므로 먼저 그 나라와 그 의를 구하며 온전히 순종함으로 칭찬받을 준비를 해야 합니다.

우리는 모두 하나님의 심판대 앞에 서야 합니다. 심판장이신 예수님 앞에 서는 그 날, 칭찬과 책망이 우리를 기다리고 있습니다. 어떻게 하시겠습니까? 칭찬받기를 원하십니까? 아니면 책망을 들어도 상관없다고 하시겠습니까?

6장

칭찬과 책망의 의미를 바로 알아야 합니다

The heavenly reward given by God

"나는 선한 싸움을 싸우고 나의 달려갈 길을 마치고 믿음을 지켰으니 이제 후로는 나를 위하여 의의 면류관이 예비되었으므로 주 곧 의로우신 재판장이 그 날에 내게 주실 것이며 내게만 아니라 주의 나타나심을 사모하는 모든 자에게도니라"(디모데후서 4장 7-8절).

"이러므로 우리에게 구름 같이 둘러싼 허다한 증인들이 있으니 모든 무거운 것과 얽매이기 쉬운 죄를 벗어 버리고 인내로써 우리 앞에 당한 경주를 하며, 너희가 죄와 싸우되 아직 피흘리기까지는 대항하지 아니하고"(히브리서 12장 1, 4절).

성경은 "각각 자기가 일한 대로 자기의 상을 받으리라."(고전 3:8)라고 말합니다. 또 "너희도 상을 받도록 달음질하라."(고전 9:24)라고 말합니다. 이처럼 천국은 각자가 일한 대로 상을 받는 곳입니다. 그러므로 부르심의 상을 받기 위해 달음질하는 삶이야말로 진정 아름다운 삶입니다. 그렇다면 과연 어떤 삶이 상을 받는 삶인가 살펴보는 것은 매우 중요합니다.

우리나라 정부 수립 이후 박정희 대통령 때까지 대학교 총장이나 교수 출신이 정부 요직에 중용되는 일은 드물었습니다. 그런데 전두환 대통령 때 김상협 고려대학교 총장, 노태우 대통령 때 이현재 서울대학교 총장이 국무총리에 기용됐습니다. 그리고 1988년 이후 재임한 16명의 총리(서리) 가운데 대학교 총장이나 교수 출신이 과반수에 이를 정도입니다(2002년 8월까지). 그뿐만 아니라 대학교 총장이나 교수 직을 국회의원이나 청와대 비서관의 자리와도 바꾸는 일이 일어났습니다. 물론 교수나 총장이 총리나 고위공직 자리에 오르지 말라고 하는 것은 아닙니다. 하지만 평생 쌓아온 귀하고 아름다운 교수의 직을 버리고 세상의 명예와 권세를 택했다가 영광은 없고 상처만 받고, 망신과 수치만 당하고 실패한 사람을 봅니다. 마찬가지로 성도가 아름다운 성도의 자리를 버리고 세상의 명예와 권세를 얻으려다 영광은 고사하고 상처만 받는 경우가 많습니다. 물론 그들은 "하나님의 영광을 위해서"라고 말하지만, 사실은 대부분 자기 욕심 때문입니다.

예수님께 칭찬과 면류관을 받기는커녕, 오히려 책망받을 삶을 살아가는 경우가 많습니다. 하지만 하나님은 세상의 가치관으로 평가되는 '큰일'을 이루는 것보다 하나님이 보내신 예수 그리스도를 믿는 것을 더 기뻐하십니다. 하나님의 백성이 믿음으로 서 있기만 해도, 그것으로 충분히 만족해 하십니다. 성도가 성도의 자리를 지키고, 목사가 목사의 자리를 지키기 위해 생명을 잃는다면, 하나님은 그 생명의 값을 반드시 보상해 주실 것입니다. 그러므로 세상의 명예와 부를 잃는다고 하더라도 성도는 성도의 자리를 지켜야 합니다. 성도는 오직 십자가만 자랑하고, 십자가의 길을 걷는 것을 귀한 일로 여겨야 합니다. 성도의 자리를 지키다 죽는 것을 기뻐해야 합니다. 그때 각 사람이 행한 대로 심판하시는 하나님께서 자기가 일한 대로 상 주실 것입니다.

성도에게 하나님의 심판대는 일한 대로 자기의 상을 받는 자리입니다

예수 그리스도의 심판대는 자기가 행한 것이 밝히 드러나는 곳입니다. 예수님의 심판대는 믿음으로 행한 성도에게는 모든 수고가 끝나고 칭찬과 면류관을 보상으로 받는 영광스러운 자리가 될 것입니다. 신실한 믿음으로 예수 그리스도를 섬긴 성도는 기업(개역: 유업)의 상을 받는 자리가 될 것입니다(골 3:24). 선한 싸움을 싸우고 달려갈 길을 마치고 믿음을 지킨 성도는 의의 면류관을 받을 것입니다(딤후 4:7-8). 시련을 견디어 낸 성도는 생명의 면류관을 얻을 것입니다(약 1:12). 하나님을 높이고 하나님을 품으면 영화로운 면류관을 얻을 것입니다(잠 4:9). 자기를 낮추고 섬기는 종으로 살면 높아지고 영광의 면류관을 얻을 것입니다(렘 13:18). 주의 계명을 지키며 가르치는 삶을 살면 천국에서 큰 자가 되는 영광을 얻을 것입니다(마 5:19). 여호와께서 자기 백성의 남은 자에게 영화로운 면류관이 되시며 아름다운 화관이 될 것입니다(사 28:5).

    반면에 예수님의 심판대는 믿음으로 행하지 않은 성도에게 세상의 모든 영광이 끝나는 자리이며, 책망과 수치를 당하는 자리가 될 것입니다. 신실한 믿음으로 그리스도를 섬기지 않은 성도는 그에 합당한 보응을 받게 될 것입니다. 곧 불의를 행한 성도는 아무런 상도 받지 못할 것입니다(골 3:25). 이처럼 예수 그리스도의 심판대는 사람 마음 안에 있는 동기와 목적이 밝히 드러나는 곳입니다. 그분 앞에서는 선행도 밝히 드러나고 악을 행한 것도 숨길 수 없습니다(딤전 5:25). 예수님께서 오시는 날, 어둠에 감추인 모든 것이 드러나고 마음의 뜻까지도 밝히 나타나게 될 것입니다. 그때 각 사람은 하나님으로부터 칭찬을 받게 될 것입니다(고전 4:5). 그러므로 지금 당장은 확실한 것이 눈에 보이지 않고, 손으로 만져지는 것이 없다 하더라도 약속하신 말씀을 붙들고 푯대를 향해 달려가야 합니다. 예수 그리스도 안에서 하나님이 위에서 부르신 부름의 상을 향하여 끝까지 달려가야 합니다. 예수 그리스도의 심판대에 서는 그날까지 서로 격려하며 믿음의 경주를 힘써 감당해야 합니다.

예수님은 영광의 보좌에 앉으셔서 모든 민족을 불러모으십니다. 그리고 양과 염소를 구분하듯 사람들을 오른편과 왼편으로 나누어 세우십니다. 오른편에 있는 사람들은 칭찬을 듣고 예비된 나라를 상속받게 될 것입니다. 그러나 왼편에 있는 사람들에게는 책망과 저주만이 있을 것입니다(마 25:31-46).

예수님의 심판대에 앞에서는 칭찬받을 사람과 책망받을 사람으로 나뉘게 됩니다. 그런데 놀랍게도 오른편에 있는 사람도, 왼편에 있는 사람도 자신들이 한 일에 대해 정확히 알지 못합니다. 즉 칭찬받을 만한 일을 했다는 것도 모르고, 책망받을 일을 했다도 사실도 알지 못한 채 살아왔던 것입니다. 그러나 심판대 앞에 서는 그날, 각 사람이 행한 모든 일들이 훤히 드러나게 될 것입니다. 그리고 그 행한 대로 칭찬과 책망을 받게 됩니다. D. L. 무디가 세상을 떠날 때 어떤 사람이 "무디 씨, 당신은 곧 상을 받을 것입니다."라고 했습니다. 그러자 무디는 대답하기를 "오, 아니요. 모든 일이 때가 차기 전에는 아니오."라고 했습니다. 그렇습니다. 모든 일에는 때가 있으며, 하나님은 그 때가 이를 때까지 기다리십니다. 그러므로 주님이 오실 때까지 기다리고 기다리며 인내하는 성도는 참으로 귀한 존재입니다. 끝까지 견디는 자는 구원을 얻습니다. 그리고 영광스러운 상급을 받게 될 것입니다. 예수님이 다시 오실 때 우리가 흘린 수고의 눈물과 예수님 때문에 받은 모든 멸시와 천대가 끝나고 하나님의 칭찬과 영화롭게 하시는 면류관을 받을 것입니다. 그러므로 인내의 말씀을 굳게 잡아 아무도 내 면류관을 빼앗지 못하게 해야 합니다(계 3:11).

'일'의 결과가 '상'의 근거가 아닙니다

어떤 사람은 믿지 않는 사람에게 예수님을 증언하고 예수 그리스도에게 인도해 옵니다. 어떤 사람은 영적으로 성숙하도록 지도하며 그리스도의 형상을 이루어가게 합니다. 어떤 사람은 하나님의 말씀과 그들이 가진 증거로 말미암아 죽임을 당하기도 합니다. 어떤 사람은 복음을 위해서 멸시와 천대를 받으면서도 변함없이 십자가의 길을 갑니다. 어떤 사람은 이 세대를 본받지 않고 하나님의 선하시고 기뻐하신 뜻을 이루기 위해서 삽니다. 어떤 사람은 하나님의 나라를 위해서 전 재산을 바치기도 합니다. 어떤 사람은 모든 비밀과 모든 지식을 알고 산을 옮길 만한 믿음으로 큰 능력을 행하기도 합니다. 어떤 사람은 가지고 있는 모든 것으로 구제하고 자기 몸을 불사르게 내어주는 일을 하기도 합니다. 어떤 사람은 주의 이름으로 귀신을 쫓아내고, 선지자 노릇을 하고, 많은 능력을 행하기도 합니다. 어떤 사람은 주님과 함께 먹고 마시기도 합니다. 이러한 모든 일은 성도가 예수 그리스도의 심판대 앞에 서기 전에 행하여야 할 일들입니다. 그렇다고 이런 일을 행한 것이 예수님이 주시는 상을 받을 기준이나 근거가 되는 것은 아닙니다.

흔히 사람들은 평생 모은 물질이나 누린 명예, 그리고 어떤 일을 성취하는 능력을 삶을 평가하는 기준으로 삼기도 합니다. 또 교회의 직분으로 평가하기도 합니다. 하지만 하나님의 일을 많이 하며 헌신했다고 자랑하나, 마지막에 조롱을 당하기도 합니다. 하나님의 위대한 일을 이루었다고 사람들에게 칭찬을 들으며 존귀하게 여김을 받았는데 마지막에 비웃음을 당하기도 합니다. 예수님과 동행하며 낮은 자리에서 섬기는 사람이라고 존경을 받았는데 마지막에 조소의 대상이 되기도 합니다. 왜냐하면 자기 나름대로 위대한 일을 했다고 생각했으나, 예수님의 형상을 끝까지 유지하지 못했기 때문입니다.

　대부분의 사람은 세상의 성공과 화려함으로 하나님을 기쁘시게 하려고 합니다. 그리고 큰일로 많은 업적을 남겼으며, 사람들에게도 인정받았으니 하나님께서도 기뻐하실 것이라고 생각합니다. 하지만 이러한 생각은 자기 자신을 속이는 것입니다. 왜냐하면 하나님의 평가 기준을 잘못 알고 있기 때문입니다. 하나님이 우리 삶을 평가하시는 기준은 '예수 그리스도의 형상을 얼마나 닮았는가'입니다. 그리고 '자기 십자가를 지고 예수님을 끝까지 따랐는가'입니다(마 10:38). 그런데 예수 그리스도의 형상을 닮는 과정은 쉽지 않습니다. 어쩌면 세상에서 가장 힘든 일이 예수님의 형상을 닮는 것입니다. 왜냐하면 무거운 것과 얽매이기 쉬운 죄를 벗어 버리고 인내로써 믿음의 경주를 끝까지 하며 죄와 피 흘리기까지 싸워야 하기 때문입니다(히 12:1, 4). 그리고 영적인 모든 일에 전심전력해야 하기 때문입니다(딤전 4:15). 이렇게 우리 속에 그리스도의 형상을 이루기까지 해산하는 수고를 해야 합니다. 그러므로 우리의 지혜와 능력, 힘으로는 결코 이룰 수 없습니다. 그러니 성령님의 인도하심을 따라 힘써야 합니다. 그리하여 그리스도의 형상이 내 삶에서 온전히 드러나도록 끝까지 달려가기를 힘써야 합니다. 이처럼 예수님의 형상을 닮는 것이 우리 인생의 최고 가치입니다. 그것이 하나님께서 주시는 칭찬이요, 상이 됩니다.

　성도가 행하는 모든 일의 목표는 예수 그리스도를 닮는 것입니다. 바꾸어 말하면, 우리가 행하는 모든 일은 나를 예수님 형상을 닮은 사람으로 만들기 위한 하나님의 방법입니다. 일은 내가 예수님의 형상을 닮아가게 만드는 도구입니다. 그러니 일을 위해 내가 존재하는 것이 아닙니다. 하나님은 나를 일을 위한 도구로 사용하지 않으십니다. 내가 예수님의 형상을 닮아가는 도구로 일을 사용하게 하십니다. 하나님의 목표는 일이 아니라 변화된 '나'입니다.

크고 위대한 일을 성취했지만, 예수님의 형상을 닮지 못했다면 비록 일은 성공했을지라도 나는 실패한 것입니다. 그러니 일을 위해 서로 다투고 분쟁하는 것은 어리석은 행동입니다. 큰일을 이루는 것보다 중요한 것이 화목하는 것이고 사랑으로 하나 되는 것입니다. 하나님은 새로운 피조물인 우리에게 화목하게 하는 직분을 주셨습니다. 그리고 화목하게 하는 말씀을 부탁하셨습니다(고후 5:17-21). 그러므로 서로 화목하는 것이 일보다 우선입니다. 그렇지 않으면 보기에는 크고 탐스러운 열매인데, 속이 텅 빈 쭉정이와 같습니다.

성도가 사람들이 칭찬하는 위대한 일을 했어도, 예수님의 형상을 닮지 못했다면 속이 썩은 호박과 같은 것입니다. 하나님의 영광을 위해 헌신해도 예수님과 동행하는 삶을 살지 않았다면 하나님의 뜻을 이룬 것이 아닙니다. 그저 자기 욕심을 이루기 위한 삶이었을 뿐입니다. 그러니 받을 상이 없습니다. 다시 한번 강조합니다. 일이 중요한 것이 아닙니다. 그 일을 통해서 예수님을 닮아가는 것이 중요합니다. 그렇다고 일할 필요가 없다는 말로 오해하시면 안 됩니다. 일은 껍질과 같고, 나는 알맹이와 같습니다. 껍질은 알맹이가 영그는 데까지 필요합니다. 그러니 껍질이 없이 알맹이가 여물지 못하는 것처럼, 일하지 않고는 예수님을 닮아갈 수 없습니다. 그러므로 일에 방점(傍點)을 찍지 말고, 그 일을 통하여 예수님을 닮아가를 힘써야 할 것입니다.

예수님을 닮기 원하는 성도는 내가 있는 자리에서 제자로 살아가야 합니다. 정과 욕심을 십자가에 못 박은 예수의 사람은 성령의 이끌림을 받아 살아야 합니다. 예수님과 동행하는 성도는 입술의 신앙고백을 행함으로 증명하는 삶을 살아야 합니다. 예수님을 사랑하는 제자는 십자가를 지고 예수님의 피 냄새를 풍기며 살아야 합니다. 때로는 돌부리에 걸려서 넘어지고, 가까운 사람에게 짓밟힘을 당해도 자기 십자가를 지고 푯대를 향하여 묵묵히 달려가야 합니다. 무시와 멸시를 당해도 십자가에 달리신 내 주님을 바라보며 한 걸음 한 걸음 나아가야 합니다. 이유 없이 억울하게 모함당하고 죽이려 달려들어도, 십자가에서 나를 보시는 예수님을 바라보며 감사함으로 걸어가야 합니다. 이렇게 예수님을 따라가므로 예수님을 닮아가고, 예수 그리스도의 장성한 분량에까지 자라야 합니다.

예수님의 형상을 닮는 것이 칭찬이고 상급이 됩니다. 하지만 아무리 많은 사람이 우러러보는 크고 위대한 일을 했어도 예수 그리스도를 닮지 못했다면 상이 없습니다. 주의하십시오. 내가 행한 일의 결과가 하나님이 주시는 상의 근거가 아니라 그 일을 통해 만들어진 내가 상의 근거입니다. 그렇기 때문에 큰일을 한 만큼 상이 큰 것이 아닙니다. 예수님을 닮은 만큼 상이 큽니다. 이제 곧 우리가 행한 대로 상을 주시는 그날이 속히 임할 것입니다. 그날 예수님이 주실 영광스러운 칭찬이 우리를 기다리고 있습니다. 그러니 일을 위한 도구가 되지 말고, 그 일을 예수님의 형상을 닮아가는 도구로 사용하십시오.

그리스도 안에 있는 성도는 새로운 피조물입니다(고후 5:17). 우리는 옛사람과 그 행위를 벗어 버리고 새사람을 입은 사람입니다. 또한 나를 창조하신 하나님의 형상을 따라 지식에까지 새롭게 하심을 입은 사람입니다(골 3:9-10). 죄에 대하여는 죽고, 그리스도 예수 안에서 하나님께 대하여는 살아 있는 사람입니다(롬 6:11).

새사람을 입은 사람은 자신의 지체를 의의 무기로 하나님께 드려야 합니다. 우리 지체를 불의의 무기로 죄에게 내주지 말아야 합니다(롬 6:13). 그렇지 않고 옛사람처럼 육신대로 살면 반드시 죽을 것입니다. 즉 하나님의 은혜에서 멀어지고 하나님의 사랑에서 멀어질 것입니다.

새사람인 우리가 바라는 것은 보이는 것이 아니라 보이지 않는 것입니다. 보이는 세상의 영광은 잠깐이지만 보이지 않는 하나님 나라의 영광은 영원합니다. 그런데도 우리가 그리스도 안에서 바라는 것이 이 세상의 삶뿐이면 모든 사람 가운데 더욱 불쌍한 사람입니다. 그렇다고 이 세상을 등지고 살라는 의미가 아닙니다. 세상에 살고 있으나 세상의 지배를 받지 말고 세상을 다스리는 삶을 살아야 한다는 것입니다. 환경에 매이지 말고 환경을 다스리고 지배하는 삶을 살아야 합니다. 세상의 가치관으로 사는 것이 아니라 하나님 나라의 가치관으로 살아야 합니다. 만약 우리가 땅의 것을 생각하고 땅의 것을 얻는 것으로 만족하면 하나님께 받을 칭찬과 영광은 없습니다. 그러나 자신을 쳐서 십자가에 복종시키고, 자기 지체를 하나님께 드리면 거룩함에 이르게 됩니다. 하나님과 더 가까워지고 하나님의 사랑에 매여 살아가게 됩니다. 그때 하나님 아버지의 온전하심과 같이 온전한 사람이 되어갑니다. 예수 그리스도의 형상을 이루어갑니다. 이렇게 예수님을 닮아가는 삶을 살며 하나님의 영광을 누리도록, 하나님은 독생자를 통하여 우리를 새사람으로 만드셨습니다.

성도에게 하나님의 책망은 구원의 상실을 의미하지 않습니다

　우리가 구원받기 전에는 하나님과 원수였고, 하나님도 없는 사람이었습니다. 하나님의 약속과 언약에 전혀 관계가 없는 사람이었습니다. 세상에서 소망이 없었던 사람입니다. 그런 우리를 하나님께서 사랑하셔서시 우리 죄를 속량하기 위해 회목제물로 그 아들을 보내 주셨습니다. 하나님의 독생자 예수님은 자기 목숨을 많은 사람의 대속물로 주려고 오셨습니다(마 20:28). 예수님이 채찍에 맞음으로 우리는 나음을 얻었습니다(벧전 2:24). 예수님이 많은 사람의 죄를 담당하시려고 단번에 드리신 바 되셨습니다(히 9:28). 예수님이 친히 십자가에 달리셔서 우리의 죄를 담당하셨습니다. 예수 그리스도의 십자가로 하나님과 원수 된 것을 소멸하시고 하나님과 화목하게 하셨습니다. 우리는 예수 그리스도의 피로 하나님과 가까워졌습니다(엡 2:12-13). 예수님의 피로 우리를 죄에서 해방하셨습니다(계 1:5). 우리는 예수님의 십자가 보혈로 죄 사함과 의롭다 하심을 받았습니다. 예수 그리스도의 십자가를 통해서 우리의 죄는 완전히 해결되었습니다. 그러므로 우리는 죄와 상관없는 사람입니다(히 9:28).

　예수님의 피로 속량 곧 죄 사함을 받은 우리는 예수님이 다시 살아나심으로 새 생명을 얻었습니다(롬 6:4). 예수님이 부활하심으로 우리는 거듭났고 산 소망이 가지게 되었습니다(벧전 1:3). 이렇게 예수님의 보혈로 말미암아 의롭다 하심을 받고, 예수님의 부활로 거듭난 우리의 구원은 완전한 구원입니다. 하나님의 능력으로 보호받는 안전한 구원입니다. 우리의 구원은 하나님의 언약으로 받은 확실한 구원이며, 예수님 십자가로 보증된 구원입니다.

우리가 받은 구원은 영원한 구원입니다. 우리의 구원은 절대 취소될 수 없습니다(성도의 견인(堅忍), 요 10:27-30). 예수 그리스도를 믿음으로 받은 구원은 변경되거나 취소되지 않습니다. 예수 그리스도 안에 거하면 부끄러움을 당하지 않습니다(요일 2:28). 만일 누가 죄를 범하여도 하나님 아버지 앞에서 우리를 대언해 주실 분은 의로우신 예수 그리스도이십니다(요일 2:1). 우리는 새 언약의 중보자이신 예수님으로 말미암아 영원한 기업의 약속을 얻었습니다(히 9:15). 이처럼 우리의 구원은 하나님의 은혜로 보장되어 있습니다. 즉 우리의 구원은 하나님께서 책임져 주시고 보호해 주십니다. 만일에 세상으로 나갔더라도 하나님이 회복시키시고 구원해 내십니다. 왜냐하면 하나님은 우리의 의(義)를 보시고 구원해 주신 것이 아니라 우리가 죄인일 때에 예수님의 피로 구원해 주셨기 때문입니다. 그러므로 우리 죄에도 불구하고 우리를 구원하시는 하나님의 열심은 멈출 수가 없습니다.

　　그렇다면 성도에게 하나님의 책망은 구원의 취소를 의미하는 것이 아닙니다. 성도가 하나님께 책망을 들었다고 해서 지옥에 가는 것이 아니라는 것입니다. 하나님께 책망을 듣는 것은 상없는 구원을 받는다는 것을 의미합니다. 이렇게 책망을 듣는 것은 구원은 받으나 상을 받지 못하는 구원을 받은 것을 의미합니다. 성경은 자기 지체를 의의 무기로 하나님께 드리지 않고 죄에게 내어주며 부도덕한 삶을 사는 성도에 대해 "육신은 멸하고 영은 주 예수의 날에 구원을 받게 하려고 사탄에게 내주었다."라고 말씀하고 있습니다(고전 5:1, 5). 그렇다고 '구원은 받았으니 다행이다.'라며 책망을 가볍게 여겨서는 안 됩니다. 성경은 상을 받지 못하는 구원을 '해를 받는다. 구원을 받되 불 가운데서 받은 것 같다.'라고 합니다. 그러므로 상을 받지 못하는 구원은 겨우 구원만 받는 것입니다. 영광은 없는 부끄러운 구원을 얻은 것입니다. 그러니 책망을 받지 않도록 정신을 차리고 믿음의 길을 똑바로 가야 합니다.

우리는 상을 받지 못할까 봐 두려워하는 마음으로 살아야 합니다

바울 사도는 "나는 달음질하기를 향방 없는 것 같이 아니하고 싸우기를 허공을 치는 것 같이 아니하며 내가 내 몸을 쳐 복종하게 함은 내가 남에게 전파한 후에 자신이 도리어 버림을 당할까 두려워함이로다."(고전 9:24)라고 고백했습니다. 혹시라도 예수님이 주시는 상에서 멀어질까 조심하며 지낸다는 말입니다. 우리의 싸움은 너와 나의 싸움이 아니라 자기 자신과 싸움입니다. 그러므로 우리는 항상 내 몸을 쳐서 그리스도에게 복종시켜야 합니다. 바울처럼 우리도 믿지 아니하는 악한 마음을 품고 살아 계신 하나님에게서 떨어질까 조심해야 합니다(히 3:12). 하나님의 음성을 들을 때 우리 마음을 완고하게 하지 말아야 합니다(히 3:15). 우리에게 하나님의 나라에 들어갈 약속이 있으나 혹시라도 들어가지 못할까 두려워하며 지내야 합니다(히 4:1). 오직 예수 그리스도로 옷 입고 주님과 동행하는 삶을 살아야 합니다. 늘 예수님의 십자가만 자랑하는 삶을 살아야 합니다.

우리는 사람의 외모로 보지 않고 각 사람의 행위대로 심판하시는 하나님을 아버지라 부르는 사람입니다. 그러므로 나그네로 있을 때 두려움으로 지내야 합니다(벧전 1:17). '두려움으로 지내라.'라는 말은 '위협감이나 공포감을 느껴 마음이 불안해서 떨면서 지내라.'라는 의미가 아닙니다. 절대 주권자이신 하나님을 경외하며 지내라는 말입니다. 혹시라도 예수 그리스도 안에서 살지 않고 예수 밖에서 행하지 않을까 조심하며 사는 것을 의미합니다. 믿음에 굳게 서지 못하고 감사함이 없이 행하지 않도록 조심하여 지내라는 말씀입니다.

우리는 세상 영광을 위해 주를 따르는 것이 아니라 하나님의 크신 사랑 때문에 주를 따라야 합니다. 주가 주신 은혜를 힘입어 주의 뒤를 따라 힘써 일해야 합니다. 주님의 은혜로 오직 주만 따라가는 삶을 살아야 합니다(찬송 459장 ②절). 만일에 우리가 들은 복음의 말씀을 삶과 연결하지 않으면, 전해 들은 복음이 나에게 유익이 되지 못합니다(히 4:2). 그러나 우리가 시작할 때에 확신한 것을 끝까지 견고히 잡고 있으면, 예수 그리스도와 함께 안식에 들어가고 일한대로 각각 자기의 상을 받게 될 것입니다(히 3:13-14). 하나님의 말씀은 살아 있고 활력이 있어 좌우에 날 선 어떤 검보다도 예리하여 혼과 영과 관절과 골수를 찔러 쪼개기까지 하십니다. 우리 마음의 생각과 뜻을 판단하십니다. 그러므로 지으신 것이 하나도 하나님 앞에 나타나지 않을 것이 없습니다. 우리의 결산을 받으실 하나님의 눈앞에 만물이 벌거벗은 것 같이 드러날 것입니다(히 4:1-13). 그러니 칭찬받지 못하고 책망받을까 조심하는 마음으로 살아야 합니다.

하나님은 정하신 때가 이를 때까지 기다리십니다

사람의 죄악이 세상에 가득하게 되고 사람의 마음으로 생각하는 모든 계획이 항상 악한 것뿐이었습니다. 그리고 온 땅이 하나님 앞에 부패하여 포악함이 땅에 가득할 때 하나님은 세상을 심판하셨습니다(창 6:5-7, 11-12). 모세가 애굽에서 도망쳐 미디안 땅에서 나그네로 산 지 사십 년이 차매 천사가 시내 산 광야 가시나무 떨기 불꽃 가운데서 모세에게 보이셨습니다(행 7:29-30). 율법의 때가 차고 하나님이 정하신 때가 되었을 때 하나님이 그 아들을 여자에게서 나게 하셨습니다. 그리하여 율법 아래에 있는 자들을 속량하시고 아들의 명분을 얻게 하셨습니다. 하나님으로 말미암아 유업을 받을 자로 삼으셨습니다(갈 4:4 7). 예수님은 어머니에게 "내 때가 아직 이르지 아니하였습니다."라고 말씀하셨습니다(요 2:4). 예수님을 죽일 궁리만 하는 유대인들도 때가 이르지 아니하니 예수님을 잡지 못했습니다(요 7:30). 그러나 때가 되니 예수님은 팔리셨고 잡히셨습니다(마 26:45). 그렇습니다. 하나님 말씀은 정하신 때가 있습니다. 하나님은 그 정하신 때까지 기다리십니다. 하나님이 정하신 때는 속히 오며, 하나님의 말씀은 절대로 거짓되지 않습니다. 지체되지 않고 반드시 이루어집니다(합 2:3). 때가 되면 하나님은 그분의 선하신 말씀을 이루십니다.

하나님은 유다 백성에게 이십삼 년 동안 선지자를 끊임없이 보냈지만, 유다 백성은 선지자의 말씀을 귀 기울여 듣지 않았고 순종하지도 않았습니다(렘 25:1-4). 그래서 하나님은 바벨론 왕 느부갓네살을 불러다 유다를 폐허가 되게 하셨습니다. 그리고 유다 백성이 칠십 년 동안 바벨론 왕을 섬기게 하셨습니다(렘 25:9-11). 이렇게 유다 백성이 칠십 년 동안 바벨론 왕을 섬기는 것은 **재앙이 아니라 평안**입니다. 유다 백성에게 **미래와 희망**을 주는 것입니다. 하나님은 '칠십 년이 차면 유다 백성을 유다 땅으로 돌아오게 하겠다.'라고 약속하셨습니다(렘 29:10-11). 그런데 "**그래도** 이스라엘 족속이 이같이 자기들에게 이루어 주기를 **내게 구하여야 한다**."라고 말씀하셨습니다(겔 36:37). 그렇습니다. 하나님이 약속하신 말씀은 정하신 때가 되면 하나님이 반드시 이루십니다. 그럼에도 이 일이 자기에게 이루어지기를 하나님께 구하여야 합니다.

하나님의 신실한 종들은 하나님의 약속을 기다리며 기도하였습니다. 마침내 하나님은 예레미야의 입으로 하신 말씀을 이루게 하셨고, 예레미야의 입으로 하신 말씀이 이루어졌습니다(대하 36:21). 그러므로 우리는 하나님의 약속이 이루어지기를 '하나님께 구해야 한다.'라는 사실을 잊지 말아야 합니다. 하나님께 구하는 기도는 부르짖는 것만 의미하지 않습니다. 바꾸어 말하면, 하나님께 요구하는 것을 의미하지 않습니다. 하나님의 약속이 나의 약속이 되기를 구하는 것입니다. 하나님의 말씀이 성취되는 은혜를 누리기를 구하는 것입니다. 즉 하나님 약속의 때를 기다리며 그 약속이 나에게 이루어지기를 구하고 하나님의 약속을 붙들고 사는 것을 의미합니다. 하나님의 약속이 내 삶의 중심이 되는 것입니다. 다니엘처럼 하나님의 말씀이 내 안에 거하고, 하나님의 약속이 기도의 중심이 되며, 그 기도가 삶이 되는 것입니다. 만일에 하나님께서 이루어 주시기를 구하지 않으면 정하신 시간이 더 길어질 수도 있습니다. 마치 이스라엘 백성이 애굽에서 삼십 년을 더 살았던 것처럼 말입니다.

하나님은 신실하신 분이십니다. 하나님이 하신 말씀은 반드시 이루십니다. 하나님이 하신 말씀은 하나도 땅에 떨어지지 않게 하십니다(삼상 3:19). 하나님의 말씀은 천지가 없어지기 전에는 일점일획도 없어지지 아니하고 모두 이루어집니다. 하나님께서 "내가 생각한 것이 반드시 되며 내가 경영한 것을 반드시 이루리라."(사 14:24)라고 말씀하셨습니다. 하나님의 말씀은 비록 더딜지라도 반드시 이루어집니다. 즉 하나님이 정하신 때가 되면 이루십니다. 만물이 주에게서 나오고 주로 말미암고 반드시 주에게로 돌아갑니다(롬 11:36). 하나님의 물레방아는 천천히 돌아갈 뿐이지 절대로 멈추어 서지 않습니다. 그리고 천천히 돌아가는 물레방아는 때가 되면 멈추어 섭니다.

우리가 분명하게 알아야 할 것은 주님의 약속은 더딘 것이 아니라는 것입니다. 다만 주님께서 우리를 대하여 오래 참고 기다리시는 것입니다. 그러므로 조급하게 생각하지 말고 하나님이 정하신 때까지 기다리는 인내가 필요합니다. 우리에게 인내가 필요한 것은 우리가 하나님의 뜻을 행한 후에 약속하신 것을 받기 위해서입니다.

내가 심판자가 되어 판단하는 어리석은 일을 이제는 그만두어야 합니다. 하나님의 심판대 앞에 서서 우리가 행한 일에 대해 밝혀지는 그때까지는 내가 설 자리에 서 있고, 내가 해야 할 일을 해야 합니다. 책망이 아니라 칭찬받을 준비를 해야 합니다. 이제 나는 믿음 안에 있는가, 나 자신을 시험하고 나 자신을 확증해야 합니다. 내 안에 계신 예수님의 형상을 얼마나 닮아가고 있는지 돌아보면서 말입니다.

7장

천국 상급의 근거는 믿음입니다

The heavenly reward given by God

"이것이 노아의 족보니라 노아는 의인이요 당대에 완전한 자라 그는 하나님과 동행하였으며"(창세기 6장 9절).

"믿음으로 에녹은 죽음을 보지 않고 옮겨졌으니 하나님이 그를 옮기심으로 다시 보이지 아니하였느니라 그는 옮겨지기 전에 하나님을 기쁘시게 하는 자라 하는 증거를 받았느니라"(히브리서 11장 5절).

"그들이 묻되 우리가 어떻게 하여야 하나님의 일을 하오리이까 예수께서 대답하여 이르시되 하나님께서 보내신 이를 믿는 것이 하나님의 일이니라 하시니"(요한복음 6장 28-29절).

죄인이 구원받는 근거는 예수님을 믿는 믿음입니다. 예수님을 믿음으로 하나님의 자녀가 되고 천국 시민이 됩니다. 예수님을 믿음으로 하나님의 상속자가 됩니다. 그리고 하나님께 행한대로 받을 상을 준비할 터도 믿음입니다. 즉 믿음으로 구원받은 성도가 믿음으로 행한 삶으로 상을 받습니다. 그러므로 믿음은 구원의 근거이며, 예수님이 주시는 상을 받을 터입니다.

우리 믿음은 불로 연단하여도 없어질 금보다 더 귀하여 예수 그리스도께서 나타나실 때에 칭찬과 영광과 존귀를 얻게 할 것입니다(벧전 1:7). 믿음은 여호와 하나님을 믿고, 그 아들 예수님을 믿는 것입니다(요 17:3). 하나님을 믿고 예수님을 믿는 믿음에서 출발하는 삶이 믿음 생활입니다. 믿음은 바라는 것들의 실상이요 보이지 않는 것들의 증거입니다(히 11:1). 눈으로 보지 못했고, 확인할 수 없으나 약속하신 하나님을 믿는 것입니다. 즉 하나님을 믿으니 눈으로 보지 않았지만 눈으로 본 것 같이 믿고, 손으로 만져 보지 않았지만 손에 잡은 것 같이 믿는 것입니다. 이 믿음은 과학으로 증명할 수도 없고, 이성으로 이해되지 않고, 경험과 맞지 않지만 하나님을 믿는 믿음으로 순종하는 것이 믿음입니다.

　　아브라함은 부르심을 받았을 때 갈 바를 알지 못했으나 믿음으로 순종하여 장래의 유업으로 받을 땅에 나아갔습니다(히 11:8). 하나님이 하신 일을 믿고 바라는 것이 아니라 하나님을 하나님으로 믿는 것입니다. 예수님이 하신 일을 바라고 믿는 것이 아니라 예수님을 예수님으로 믿는 것입니다. 예수님은 도마에게 "믿음 없는 자가 되지 말고 믿는 자가 되라."고 말씀하셨습니다. 그리고 "보지 못하고 믿는 자들은 복되다."라고 말씀하셨습니다(요 20:25-29). 보이는 것은 잠깐이지만 보이지 않는 것은 영원합니다. 그리고 보이는 것보다 보이지 않는 것이 더 진실할 때가 많습니다. 사실 보고 믿는 것은 누구나 할 수 있는 일입니다. 그러나 하나님이 원하시는 믿음은 보고 믿는 것이 아니라 보지 않고 믿는 것입니다.

온전한 믿음은 유일하신 하나님을 믿는 것입니다

　　하나님을 믿는다는 것은 하나님을 경외하는 마음을 가지고 하나님을 사랑하며 하나님의 말씀에 순종하는 것입니다(신 10:12). 여호와를 경외하는 것은 두려움으로 하나님을 섬기고 그분의 말씀에 순종하는 것입니다. 존경과 사랑의 마음으로 하나님의 뜻을 따라 순종하여 사는 것입니다. 바꾸어 말하면, 하나님을 하나님으로 인정하고 공경하는 것입니다. 하나님을 영화롭게 하며 감사하는 것입니다(롬 1:21). 하나님이 창조주이심을 인정하고 나는 한낱 피조물임을 인정하며 피조물의 위치에서 하나님을 섬기는 것, 그것이 바로 하나님을 공경하는 것입니다. 하나님의 말씀에 순종하는 것은 하나님을 기쁘시게 하는 삶입니다. 그런데 요즘 성도들은 하나님에 대한 경외함을 찾아볼 수 없습니다. 하나님을 두려워하지 않습니다. 하나님의 말씀을 소홀히 여기고 거역하며 불순종합니다. 하나님 앞에서 망령된 행동을 서슴지 않고 행하면서도 두려워하는 마음조차도 없습니다. 하나님을 기쁘시게 하기는커녕 하나님의 마음을 근심하게 합니다. 이러한 자들을 기다리는 것은 하나님의 진노입니다(약 5:5). 그러니 이제라도 방탕함과 방종함에서 떠나 정신을 차리고 근신하여 깨어 있어야 합니다.

'여호와를 경외하다.'와 평행을 이루는 말씀이 '여호와의 길을 걷는 자'입니다. 즉 하나님과 동행하는 사람입니다. 믿음으로 죽음을 보지 않고 하늘나라로 옮겨진 에녹은 **하나님과 동행**한 사람이었습니다(창 5:24). 에녹은 옮겨지기 전에 **하나님을 기쁘시게 하는 자**라는 증거를 받았습니다(히 11:5). 그리고 노아는 믿음으로 보이지 않는 일에 경고하심을 받았을 때 **하나님을 경외함**으로 방주를 준비하여 그 집을 구원하였습니다(히 11:7). 하나님을 경외하는 노아는 온 땅과 모든 혈육 있는 자의 행위가 하나님 앞에 부패하여 포악함이 가득한 그 시대에 살았습니다. 그러나 노아는 의인이요 당대에 완전한 자로 **하나님과 동행**하였습니다. 그는 하나님이 물로 땅을 멸하실 때 하나님께 은혜를 입었습니다(창 6:8-13). 이처럼 믿음은 하나님과 동행하는 삶을 만들며, 하나님과 동행하는 삶은 하나님을 기쁘시게 합니다. 그러므로 여호와를 경외하는 것이 지식의 근본이며(잠 1:7), 지혜의 근본입니다(시 110:10, 잠 9:10). 그리고 여호와를 경외하는 것은 생명의 샘으로 사망의 그물에서 벗어나게 합니다(잠 14:27). 여호와를 경외하는 것은 사람으로 생명에 이르게 합니다(잠 19:23). 여호와를 경외함으로 받는 보상은 재물과 영광과 생명입니다(잠 22:4). 믿음은 경외함이 따르며 경외함은 순종함으로 증명됩니다. 하나님은 하나님을 믿는 사람이 부끄러움을 당하지 않도록 보호해 주십니다(롬 10:11). 하나님은 하나님을 사랑하는 사람을 환난에서 건져주시고 하나님의 이름을 믿는 사람을 높여 주십니다.

아브라함은 "하나님께서 내게 씨를 주지 아니하셨으니 나의 상속지는 다메섹 사람 엘리에셀이 될 것입니다."라고 말했습니다. 하나님은 아브라함에게 "그 사람이 네 상속자가 아니라 네 몸에서 날 자가 네 상속자가 될 것이다."라고 말씀하십니다. 아브라함은 여호와 하나님을 믿었습니다. 하나님은 아브라함의 그 믿음을 의로 여기셨습니다(창 15:1-6). 사실 아브라함은 백 세가 되어 자기 몸이 죽은 것 같았고, 사라의 생리는 이미 끊어졌습니다. 그들 부부가 자녀를 낳는다는 것은 생리학적으로 불가능한 일이었습니다. 그런데 아브라함의 믿음은 약해지지 않았습니다. 도리어 하나님을 믿는 믿음으로 견고해져, 하나님이 능히 이루실 줄을 확신하였습니다. 아브라함은 하나님이 약속하실 때에 오래 참음으로 약속을 받았습니다(히 6:13-15).

아브라함의 믿음은 하나님께 의로 여김을 받았습니다(롬 4:19-22). 하나님으로부터 인정받은 아브라함의 의는 단지 육신의 아들을 낳을 것을 믿는 믿음만이 아닙니다. 육신의 아들 이삭을 낳는 것을 믿은 것만 아니라 자기의 후손으로 태어날 메시야 곧 예수 그리스도를 바라보고 믿었습니다(갈 3:16). 이렇게 아브라함이 예수 그리스도를 믿은 믿음을 하나님은 의로 여기셨습니다(롬 4:13).

온전한 믿음은 유일하신 하나님이 보내신 예수 그리스도를 믿는 것입니다

　예수 그리스도를 믿는 믿음만 의로 여김을 받습니다(롬 4:5). 예수 그리스도를 믿는 믿음이 영생입니다(요 17:3). 우리가 입으로 예수를 주로 시인하며 하나님께서 예수님을 죽은 자 가운데서 살리신 것을 마음에 믿으면 구원을 받습니다(롬 10:9). 주 예수를 믿으면 나와 우리 집이 구원을 받습니다(행 16:31). 단순히 예수님이 하신 일이나 예수님이 행하신 기적을 믿는 차원이 아닙니다. 예수님을 예수님으로 믿는 것입니다. 예수님은 "하나님을 믿으니 또 나를 믿으라."(요 14:1)고 말씀하셨습니다. 예수님 외에 어떤 사람이나 피조물을 믿는 것은 믿음이 아닙니다. 오직 예수님만 믿어야 합니다. 만약 예수님을 믿지 않으면 구원을 받지 못하고, 하나님의 영광을 보지 못합니다. 예수님은 '우리는 하나님의 아들'이라고 말하는 유대인들이 예수님을 믿지 않는 것을 이상히 여기셨습니다(막 6:6). 그리고 예수님은 믿음이 없는 것을 탄식하셨습니다(마 17:17).
　우리는 예수 그리스도를 죽은 자 가운데서 살리시고 영광을 주신 하나님을 믿는 사람입니다(롬 4:24). 예수님을 보지 못하였으나 사랑합니다. 지금도 보지 못하나 믿고 말할 수 없는 영광스러운 즐거움으로 기뻐합니다. 우리는 예수님 안에서 하나님의 아들이 되었습니다(갈 3:26). 하나님이 약속하신 대로 하나님의 유업을 이을 사람이 되었습니다. 예수님을 믿는 사람은 오직 예수 그리스도와 예수님이 십자가에 못 박히신 것 외에는 아무것도 알지 아니하기로 작정한 사람입니다. 그러니 주 예수 그리스도의 십자가만 자랑합니다. 그리고 나에게 유익하던 모든 것을 해(害)로 여기고 배설물로 여기며 버립니다. 오직 예수 그리스도만 얻기 원합니다. 왜냐하면 예수 그리스도를 아는 지식이 가장 고상하기 때문입니다. 예수님을 아는 지식이 품위가 있고 수준 높은 지식입니다. 예수님을 아는 지식만이 생명의 지식입니다. 그러므로 예수님을 믿는 사람은 마음의 허리를 동이고 근신하며, 예수님이 다시 오실 때 우리에게 가져다주실 은혜를 온전히 사모합니다.

하나님의 약속을 기다리는 믿음에는 인내가 필요합니다. 인내는 우리가 하나님의 뜻을 행한 후에 약속하신 것을 받게 합니다. 만일 끝까지 믿음을 지키지 않는다면, 하나님의 약속을 받을 수 없습니다. 인내로 우리 앞에 당한 경주를 하며 믿음의 주요 온전하게 하시는 예수님을 바라볼 수 있습니다. 인내를 온전히 이루면, 우리는 온전하고 구비하여 조금도 부족함이 없게 됩니다.

예수님을 사랑하는 증거는 말씀을 듣고 즉시 순종하는 것입니다. 반면에 예수님을 사랑하지 않는 사람은 말씀에 순종하지 않습니다(요 14:24). 하나님의 아들을 사랑하는 자에게는 영생이 있습니다. 그러나 아들을 사랑하지 않는 자는 영생을 보지 못합니다. 도리어 하나님의 진노가 그 위에 머물러 있습니다(요 3:36). 우리가 하나님의 계명을 지키면 하나님을 사랑하는 증거가 됩니다(요일 2:3). 그때 하나님의 영광을 봅니다(요 11:40). 그러므로 하나님의 말씀을 읽는 사람과 듣는 사람과 그 가운데에 기록한 것을 지키는 사람이 복이 있습니다. 그런데 하나님을 사랑한다고 하면서 계명을 지키지 않는 것은 새빨간 거짓말을 하는 것입니다. 그 안에 하나님이 없는 사람입니다. 그러니 하나님의 영광을 누리지 못합니다. 이처럼 믿음이 행함과 함께 일하고 행함으로 믿음이 온전하게 됩니다. 믿음과 순종은 수레의 두 바퀴처럼 함께 돌아가야 합니다. 영혼 없는 몸이 죽은 것 같이 행함이 없는 믿음은 죽은 것입니다(약 2:14-26).

예수님은 "나더러 주여 주여 하는 자마다 다 천국에 들어갈 것이 아니요 다만 하늘에 계신 내 아버지의 뜻대로 행하는 자라야 들어가리라."(마 7:21)라고 말씀하셨습니다. 자칫하면, 예수님의 말씀이 '행함으로 구원을 얻는다.'라고 이해될 수 있지만 그렇지 않습니다. 예수님의 말씀을 듣고 행하는 것은 반석 위에 집는 짓는 것과 같고, 행하지 않는 것은 모래 위에 집을 짓는 것과 같습니다(마 7:24-26).

예수님 말씀을 듣고 행하는 사람은 주추를 반석 위에 놓은 사람 같고, 행하지 않는 사람은 주추 없이 흙 위에 집을 지은 사람 같습니다(눅 6:48-49). '주추, 반석'은 건축물의 기초석을 말합니다. 우리 삶의 주춧돌 곧 반석은 여호와 하나님(시 144:1)이시며, 예수 그리스도(고전 10:4)입니다. 예수 그리스도는 우리가 평생 지을 집의 터이며(고전 3:11), 보배로운 산 돌이십니다(벧전 2:4-5).

예수님을 "주여, 주여"라고 불렀다는 것은 예수님을 믿는 사람입니다. 예수님을 믿는 사람은 삶의 주춧돌이 예수님입니다. 그러므로 예수님이 하신 말씀을 듣고 순종하는 것이 당연합니다(시 119:105). 그런데 예수님의 이름을 부르면서 하나님의 뜻대로 행하지 않는 것은 주추 없이 흙 위에 집을 짓는 사람입니다. 하나님의 뜻대로 행하지 않는 것은 입술로는 주를 부르나 마음으로는 부인하는 위선자입니다. 바꾸어 말하면, 예수님을 지식으로 아는 것이지 삶으로 받아들인 것은 아닙니다. 예수님을 믿는 것이 아니라 예수님을 인용하는 것입니다. 예수님을 믿지 않지만 자기의 위신(威信)이나 체면(體面) 때문에 부르는 것입니다. 이런 사람을 하나님은 "입으로는 나를 가까이 하며 입술로는 나를 공경하나 그들의 마음은 내게서 멀리 떠났다."(사 29:13)라고 말씀하셨습니다. 그렇습니다. 예수님을 아는 종교적 행위로는 구원받지 못하고 하나님의 영광도 보지 못합니다.

예수님이 제자들에게 "하늘에 계신 내 아버지의 뜻대로 행하는 자라야 들어가리라."라고 하신 말씀은 예수님을 믿는 사람이라면 반드시 하나님 아버지 뜻대로 행하는 삶을 살아야 한다는 것을 강조하신 것입니다. 만약 예수님을 믿는다고 하면서 하나님의 뜻대로 행하지 않는다면, 아무런 상도 없는 구원을 받게 된다는 의미이기도 합니다. 왜냐하면 그 삶의 주춧돌이 예수님이 아니기 때문입니다. 그러므로 모래 위에 집을 짓는 삶을 사니, 그 무너짐이 심하여 칭찬을 들을 수 없습니다.

예수님을 믿지 않는 사람은 그 안에 하나님의 말씀이 없기 때문에 예수님을 죽이려고만 합니다(요 8:37-40). 그뿐만 아니라 예수님을 믿는 성도라 할지라도 그 안에 말씀이 없으면 예수님을 다시 십자가에 못 박는 짓을 버젓이 행하며 예수님을 욕되게 합니다. 그러므로 성도는 하나님의 말씀을 마음에 새기고 종일 읊조리며 살아야 합니다. 고난을 당하고 환난 가운데 있을지라도 여호와의 말씀만 생각하며 살아야 합니다. 날마다 '내 안에 하나님 말씀이 있는가?' 확증해야 합니다. 내 안에 '예수님이 계신가?' 확인하며 살아야 합니다. 하나님을 기쁘시게 하는 자라는 증거를 받는 삶을 살아야 합니다. 주님을 기쁘시게 하는 자가 되기 위해서 힘써야 합니다. 늘 주를 기쁘시게 하고 있는지 스스로 살펴 보아야 합니다. 삼백 년을 하나님과 동행한 에녹처럼 말입니다. 그리고 온 땅이 부패하고 모든 사람의 행위가 부패한 그때에도 완전한 자로 하나님과 동행한 노아처럼 말입니다. 왜냐하면 우리는 반드시 각각 몸으로 행한 것을 따라 받는 예수님의 심판대 앞에 서야 하기 때문입니다.

하나님 말씀을 살펴봅니다

성경은 성령의 감동으로 기록된 하나님 말씀입니다. 성경은 세상 사람들이 가장 많이 읽은 책입니다. 그런데 성경은 노벨 문학상을 받은 유명한 작가의 작품이 아닙니다. 성경은 고전도 아니고, 성인들의 가르침을 모아 놓은 것도 아닙니다. 그럼에도 불구하고 동서고금(東西古今)을 막론하고 성경만큼 많은 사람이 읽은 책이 없고, 성경만큼 큰 감동을 준 책도 없습니다.

성경만큼 사람들에게 큰 영향을 준 책이 없고, 성경만큼 인간의 삶을 바꾸어 놓은 책도 없습니다. 성경은 인간의 삶을 바꾸어 놓을 뿐만 아니라 세상 자체를 바꾸어 놓습니다. 성경은 하나님 말씀이기 때문에 그리스도 예수 안에 있는 믿음으로 말미암아 구원에 이르는 지혜가 숨겨져 있습니다. 성경은 교훈과 책망과 바르게 함과 의로 교육합니다. 성경은 하나님의 사람으로 온전하게 하며 모든 선한 일을 행하기에 온전하게 합니다(딤후 3:15-17). 성경은 아름다운 삶과 부끄러운 삶이 무엇인지 우리에게 본보기로 보여줍니다. 그리고 종말의 때에 사람들이 어떻게 살아야 할 것을 깨우쳐주고, 어떻게 말세를 준비해야 할지 깨우쳐 줍니다(고전 10:6). 그러므로 성경에 기록된 대로 살아가는 사람은 아름다운 삶을 사는 사람이며, 가치 있는 삶을 사는 사람이며, 영광스러운 삶을 사는 사람입니다. 그러므로 성경은 우리의 신앙과 신학과 삶의 유일한 법칙입니다.

성경은 하나님의 독생자이신 예수님을 증언합니다(요 5:39). 예수님을 바로 알고 예수님을 믿어야 합니다. 태초에 말씀이 계셨습니다. 말씀은 영원 전에 계셨고, 지금도 현존하시는 분입니다. 즉 영원 전의 존재가 지금까지 존재하시는 것입니다. 이 말씀이 하나님과 함께 계셨습니다. 하니님과 함께 계신 이 말씀은 곧 하니님이십니다(요 1:1). 이 말씀이 육신이 되어 우리 가운데 거하십니다. 요한 사도는 말씀이 육신이 되어 우리 가운데 거하시는 것을 "세상에 와서 각 사람에게 비추는 빛(요 1:9), 자기 땅에 오매(요 1:11), 말씀이 육신이 되어 우리 가운데 거하시매(요 1:14), 생명이 나타내신 바(요일 1:2)"라고 다양하게 표현합니다. 이렇게 '세상에 와서, 자기 땅에 오매, 육신이 되어, 생명이 나타내신.'이라는 말씀은 "사람의 몸을 입고 우리에게 오셨다."라는 의미입니다. 말씀이 육신이 되어 우리 가운데 거하시는 분의 영광은 아버지의 독생자의 영광이요 은혜와 진리가 충만하십니다(요 1:14).

생명과 빛은 서로 연결되어 있습니다. 즉 말씀이 곧 생명이며 그 생명은 빛입니다. 그 빛은 세상에 와서 각 사람에게 비추는 참 빛입니다. 하나님과 함께 계신 말씀은 하나님의 독생자이신 예수 그리스도십니다. 말씀이 육신이 되어 우리 가운데 거하시는 분은 아버지 품속에 있는 독생자 하나님이십니다(요 1:18). 그러므로 태초부터 하나님과 함께 계신 말씀은 그리스도 예수님입니다. 말씀으로 계셨던 하나님이 시간을 뚫고 사람의 몸을 입고 오신 분이 예수님입니다.

예수님은 하나님 영광의 광채시요 그 본체의 형상이십니다(히 1:3). 예수님은 하나님의 본체시나 자기를 비워 종의 형체를 가지사 사람과 같이 되셨습니다(빌 2:6-8). 예수님은 보이지 아니하는 하나님의 형상입니다(골 1:15). 이렇게 예수님은 하나님이 우리를 살리려고 세상에 보내신 하나님의 독생자이십니다. 즉 예수님은 하나님이 우리 죄를 속하기 위해 보내신 화목제물입니다(요일 4:9-10). 그러므로 성경이 증언하시는 하나님의 독생자 예수님을 믿어야 합니다.

말씀 안에 생명이 있습니다(요 1:4). 하나님은 생명이십니다. 하나님은 아들이신 예수님에게 하나님의 생명을 주셨습니다. 그리하여 예수님 안에 생명이 있습니다(요 5:26). 그러므로 예수님이 생명입니다. 그리스도 안에 있는 생명은 영원한 생명(영생)입니다. 생명이 아버지와 함께 계시다가 우리에게 나타내신 바 되셨습니다(요일 1:1-2). 생명이 육신을 입고 오셔서, 사람으로서 생명의 삶을 사셨습니다. 우리에게 나타내신 생명은 예수님입니다. 예수님은 영원한 생명이며, 예수님 안에는 마르지 않는 생명의 샘과 무한한 풍성함이 있습니다(요 4:14). 그러므로 모든 생명은 예수님으로부터 얻습니다. 이렇게 예수님은 우리의 생명이십니다(골 3:4). 성도는 그리스도의 생명을 얻음으로 영원한 하늘나라의 권속이 됩니다(엡 2:19). 구원받은 성도는 우리의 생명이신 예수님으로부터 생명을 얻고, 예수님이 주시는 생명의 힘으로 사는 사람입니다(행 17:28). 영원한 생명이신 예수님으로 말미암아 사는 사람입니다.

우리에게 나타내신바 된 생명으로 말미암아 생명을 얻은 성도는 생명을 나타내야 합니다. 나타내신바 된 생명을 보여주는 삶을 살아야 합니다. 예수님이 삶을 통해 하나님의 말씀과 복음의 의미를 보여주셨듯이, 우리도 우리의 삶을 통해 하나님의 말씀과 복음의 의미를 보여주어야 합니다. 즉 나를 통해 하나님과 예수님을 볼 수 있도록 해야 합니다. 그러므로 예수님이 사신 삶이 우리가 살아야 할 삶이며, 그 삶이 예수님께 받을 칭찬과 상이 됩니다.

예수님을 '말씀'이라고 하는 것은 예수님이 '설명하시는 분'이라는 의미도 됩니다. 그러면 예수님은 무엇을 설명할까요? 예수님은 하나님을 설명합니다. 그러니까 예수님은 보이지 아니하는 하나님을 설명하기(보어주기) 위해서 사람의 몸을 입고 오신 분입니다. 그래서 예수님이 보이지 않는 하나님의 형상입니다(고후 4:4). 예수님은 하나님의 독생자이십니다. 예수님은 하나님 아버지의 말씀을 하시고 아버지께서 명하신 대로 행하셨습니다. 그렇기 때문에 예수님 생애 자체가 하나님에 대한 설명입니다. 실제로 어떤 사람도 하나님의 형상을 본 적이 없습니다(신 4:12). 본래 하나님을 직접 본 사람이 없습니다(요 1:18). 그러나 예수님을 보는 것이 곧 하나님을 보는 것입니다(요 14:8-10). 왜냐하면 예수님은 하나님의 형상이기 때문입니다. 그러므로 예수님이 하신 말씀을 듣는 것은 하나님 아버지의 말씀을 듣는 것과 같습니다(요 14:21). 예수님의 말씀을 따라 행하는 것은 곧 하나님 아버지의 뜻을 행하는 것입니다(요 6:38). 그러면 하나님 아버지를 닮게 됩니다. 하나님 아버지의 온전하심과 같이 온전하고, 하나님 아버지의 거룩하심과 같이 거룩한 사람이 됩니다. 그러므로 예수님께 칭찬을 들으며 우리가 행한 대로 상을 받습니다.

성도라면 믿음 생활을 내 마음대로 할 권한이 없습니다. 반드시 하나님의 말씀대로 살아야 합니다. 많은 사람이 그저 열심히 하면 된다고 생각하지만, 그렇지 않습니다. 여호와의 말씀대로 해야 합니다. 다시 말하면, 하나님의 일은 하나님께서 보내신 독생자를 믿는 믿음으로 해야 합니다(요 6:28-29). 비록 생명을 거는 열심이라도 예수 그리스도가 아니면 무의미한 열심입니다. 왜냐하면 예수님은 우리 삶의 터이기 때문입니다. 우리 삶의 기초는 예수 그리스도입니다. 예수 그리스도만 교회의 기초이며 생명의 근원이십니다. 그러므로 예수 그리스도가 없는 삶, 예수 그리스도가 없는 인생은 기초가 없는 인생과 같습니다. 예수 그리스도를 기초로 하지 않는 일은 선한 일이 아닙니다. 세상 모든 사람이 인정하고, 존경하는 의로운 삶을 사는 사람도 예수님을 믿지 않으면 하나님 앞에서 악한 사람입니다.

신앙생활을 하나님의 말씀대로 하지 않으면 아무것도 하나님께 인정을 받지 못합니다. 혹시라도 말씀을 따라 행하지 않았다면, 그것은 믿음의 삶이 아닙니다. 그저 종교적인 행위일 뿐이며, 나중에 크게 후회하는 실패자가 될 것입니다. 칭찬은커녕 도리어 엄한 책망만 듣게 될 것입니다.

하나님은 예수님과 관계없이 사는 사람을 내버려두십니다

성경은 "마음에 하나님 두기를 싫어하매 하나님께서 그들을 그 상실한 마음대로 **내버려 두사** 합당하지 못한 일을 하게 하셨다."(롬 1:28)라고 말합니다. 하나님이 버려둔 사람을 신학 용어로 '유기(遺棄)'라고 합니다. '유기'하면 퍼뜩 떠오르는 것이 '유기견'입니다. 개가 주인에게 사랑받을 때는 주인의 침대에서 뒹굴고, 주인의 품에 안기고, 주인과 뽀뽀도 합니다. 주인은 개를 보고 "엄마 왔다."라고 합니다. 사람 옷보다 비싼 옷을 입혀주고, 고급 미용실에도 데리고 갑니다. 사람이 먹는 것보다 더 좋은 음식을 줍니다. 그런데 개가 주인에게 버려지면 아주 비참해집니다. 좋은 음식은 생각할 수 없고, 주린

배를 채우기 위해서 쓰레기통을 뒤져야 합니다. 집은 고사하고 편안히 잠잘 곳도 없습니다. 주인의 품에 있을 때에야 행복했지만, 주인의 손에서 버려지는 순간 아주 비참한 자리로 떨어집니다. 같은 맥락에서 우리가 하나님의 사랑을 간섭으로 여기고 자기 마음대로 살다 하나님께 버려둠을 받은 사람은 유기견과 같습니다. 처음에는 자유롭고 좋은 것 같지만, 하나님의 간섭 없이 자기 마음대로 살면 나중에는 아주 비참해집니다. 이런 사람에 대해 성경은 "사탄에게 내주었으니 이는 육신은 멸하고 영은 주 예수의 날에 구원을 받게 하려 함이라."(고전 5:5)고 말합니다. 육신은 멸하고 영은 주 예수의 날에 구원을 받는 것은 상을 받지 못하는 구원을 의미합니다. 그러므로 하나님께 버려둠을 받은 사람은 구원을 받되 상급이 없는 구원을 받습니다. 구원을 얻되 불 가운데 얻는 것 같은 구원을 얻습니다. 그러므로 하나님 안에서 사는 것을 행복하게 여겨야 합니다. 하나님께 간섭을 받는 것을 기뻐해야 합니다. 하나님의 품에 있는 것을 가장 귀한 줄 알아야 합니다. 하나님 안에 거하면 하나님이 우리를 영화롭게 하실 것입니다.

자식을 사랑하는 부모는 자식을 근실히 징계합니다(잠 13:24). 마찬가지로 부모가 아들을 징계하는 것처럼 하나님은 우리를 징계하십니다(신 8:5). 아비가 그 기뻐하는 아들을 징계함 같이 여호와께서 사랑하시는 자를 징계하십니다(잠 3:12). 그러므로 하나님이 나를 징계하시는 것은 내가 하나님의 아들이라는 증표(證票)가 됩니다. 즉 하나님이 주시는 징계는 하나님이 나를 사랑하신다는 증거입니다. 만약 징계가 없으면 사생자요 친아들이 아닙니다. 사실 징계를 받으면 즐겁지 않고 힘들지만, 하나님의 징계를 싫어하는 사람은 짐승과 같습니다(잠 12:1). 가끔 하나님은 우리를 불 가운데에 던져 은같이 연단하며 금같이 시험하실 것입니다. 그때 우리가 하나님의 이름을 부르면 하나님이 들으십니다(슥 13:9). 하나님이 나를 단련하신 후에는 순금같이 되어 나오게 하십니다. 이렇게 징계로 말미암아 연단을 받으면 의와 평강의 열매를 맺습니다(히 12:5-11). 그러므로 우리는 하나님의 징계를 가볍게 여겨선 안 됩니다. 고난을 겪을 때는 죄를 회개하고 정신을 바짝 차려 하나님을 경외해야 합니다. 하나님께서 책망하고 징계하실 때에는 열심을 내어 회개해야 합니다. 꾸지람을 들을 때 낙심하지 말고, 나를 아들처럼 인정하시는 하나님께 감사해야 합니다. 더욱 하나님을 기쁘시게 하고, 하나님과 동행하는 삶을 살기 위해 힘써야 합니다.

하나님 아들을 믿는 믿음 안에서 살아야 합니다. 이는 단지 '주일을 잘 지키라. 십일조를 하라.'는 의미가 아닙니다. 내 안에 사시는 예수님으로 살고, 십자가의 길을 가자는 뜻입니다. 내 삶의 방향과 목표를 예수님으로 정하고 살자는 말입니다. 왜냐하면 믿음으로 행한 것만 의로 인정받고, 믿음으로 행한 것만 천국에서 상을 받는 근거가 되기 때문입니다. 그러므로 예수님만으로 만족하는 삶을 살도록 힘썼으면 합니다.

예수님을 믿으면서도 말씀을 온전히 순종하지 않으면 천국에서 지극히 작은 자가 됩니다. 그러나 말씀을 순종하는 사람은 지극히 큰 자가 됩니다(마 5:19). 하나님의 말씀을 온전히 순종하지 않아도 천국에는 가지만, 상이 없는 부끄러운 구원을 받습니다. 주님이 오실 때 주님의 심판대 앞에서 받을 칭찬과 상이 없습니다. 하나님의 자녀인 우리는 반드시 예수님의 심판대 앞에서 믿음으로 행한 대로 상을 받습니다. 이러한 상의 근거는 오직 예수님을 믿는 믿음뿐입니다.

8장

믿음은 들음에서 납니다

The heavenly reward given by God

"사실은 내가 너희 조상들을 애굽 땅에서 인도하여 낸 날에 번제나 희생에 대하여 말하지 아니하며 명령하지 아니하고 오직 내가 이것을 그들에게 명령하여 이르기를 너희는 내 목소리를 들으라 그리하면 나는 너희 하나님이 되겠고 너희는 내 백성이 되리라 너희는 내가 명령한 모든 길로 걸어가라 그리하면 복을 받으리라 하였으나"(예레미야 7장 22-23절).

"너희는 귀를 기울여 내 목소리를 들으라 자세히 내 말을 들으라"(이사야 28장 23절).

"그러므로 믿음은 들음에서 나며 들음은 그리스도의 말씀으로 말미암았느니라"(로마서 10장 17절).

믿음은 구원의 근거이며, 예수님이 주시는 상을 받을 거룩한 삶의 기초입니다. 그러므로 믿음이 없으면 구원을 받지 못하고, 구원을 받지 못한 사람은 당연히 상을 기대할 수 없습니다. 단지 영원히 꺼지지 않는 불 못의 진노만 있을 뿐입니다. 구원의 근거인 믿음은 하나님이 은혜로 주신 선물입니다. 하나님은 그의 백성을 미리 정하시고 부르시고 의롭다 하셨습니다. 하나님은 예수 그리스도를 죽은 자 가운데서 부활하게 하심으로 말미암아 우리를 거듭나게 하셨습니다(벧전 1:3). 우리의 믿음과 소망은 하나님께 있습니다(벧전 1:21). 이 믿음은 성도의 바른 신앙과 거룩한 삶의 기초가 됩니다. 이렇게 귀한 믿음으로 자라기 위해서 하나님의 말씀을 잘 들어야 합니다. 왜냐하면 그리스도의 말씀을 들을 때 믿음이 생기기 때문입니다(롬 10:17). 어찌 듣지도 못한 이를 믿을 수 있겠습니까? 성령은 말씀 듣는 모든 사람에게 임하십니다(행 10:44). 예수님의 말씀을 들을 때 성령이 임하시며 우리 마음은 뜨거워집니다(눅 24:32).

  요시야 왕 때, 제사장 힐기야가 여호와의 전에서 모세가 전한 율법 책을 발견하고 서기관 사반에게 주어 요시야 왕 앞에서 읽게 하였습니다. 요시야 왕은 율법 책의 말씀을 들을 때 옷을 찢었습니다. 이후, 왕은 모든 백성을 불러 모아 율법 책에 기록된 모든 말씀을 자세히 들려주었습니다. 그리고 그는 언약 책에 기록된 언약의 말씀을 지키겠다고 언약을 세웠습니다. 그러자 백성들도 하나님을 섬기고 언약을 따르기로 약속했습니다. 이렇게 요시야 왕이 사는 날 동안 하나님께 복종하고 떠나지 아니하였습니다(왕하 22:8-11, 23:1-3).

바벨론에 포로로 잡혀갔던 느헤미야는 예루살렘으로 돌아와 성벽 재건을 마쳤습니다. 그는 수문 앞 광장에 모든 사람을 모이게 하고, 에스라에게 모세의 율법 책을 가져오게 하였습니다. 에스라는 남자든 여자든 알아들을 만한 모든 사람 앞에서 율법을 읽었습니다. 백성은 율법의 말씀에 귀를 기울여 듣고 모두 울었습니다(느 8:1-9). 이처럼 하나님의 말씀을 들을 때, 하나님을 아는 지식이 자라고 믿음이 생깁니다. 하나님의 아들 예수 그리스도의 말씀을 듣는 자는 살아납니다(요 5:25). 그러나 하나님의 말씀을 듣지 않는 자는 멸망을 받습니다(행 3:23).

하나님을 가까이하여 말씀을 듣는 것이 우매한 자들이 제물 드리는 것보다 낫습니다(전 5:1). 하나님의 말씀을 읽는 자와 듣는 자, 그리고 그 가운데에 기록된 것을 모두 지키는 자는 복이 있습니다. 만일 하나님의 말씀 듣지 않으면 온전한 믿음을 가질 수 없습니다. 성도가 하나님의 말씀을 듣는 일을 소홀히 하면 하나님을 아는 지식이 자라지 않습니다. 하나님을 바로 알지 못하면 거룩한 삶을 살 수 없습니다. 그러므로 믿음의 시작은 하나님의 말씀을 들음에서부터입니다.

하나님은 우리가 듣기를 원하십니다

하나님은 번제나 희생에 대하여 먼저 말씀하지 않으시고 명령하지 않으셨습니다. 하나님은 무수히 많은 헛된 제물이나 번제를 요구하지 않으십니다. 월삭과 안식일과 대회로 모이는 것보다 하나님의 말씀을 듣고 하나님의 법에 귀를 기울이는 것을 원하시고 기뻐하십니다(사 1:10-17). 마음을 새롭게 하여 하나님 말씀을 듣고 순종하는 것을 기뻐하십니다.

하나님은 번제와 다른 제사보다 하나님의 목소리를 청종하는 것을 가장 좋아하십니다. 순종이 제사보다 낫고, 듣는 것이 숫양의 기름보다 더 좋습니다. 하나님의 말씀을 거역하는 것은 점을 치는 죄와 같습니다. 하나님의 말씀을 듣지 않고 고집을 부리는 완고한 태도는 우상에게 절하는 죄와 같습니다. 완고한 죄는 곧 여호와의 말씀을 버리는 것입니다(삼상 15:22-23). 이러한 완고한 죄는 하나님을 격노케 하므로, 우리는 마음을 완고하게 하지 말아야 합니다. 하나님은 "오직 너희는 내 목소리를 들으라 그리하면 나는 너희 하나님이 되겠고 너희는 내 백성이 되리라."(렘 7:22-23)라고 말씀하셨습니다. 그리고 "너희는 귀를 기울여 내 목소리를 들으라 자세히 내 말을 들으라."(사 28:23)라고 합니다. 또한 하나님의 종들은 "너희는 여호와의 말씀을 들으라."고 거듭거듭 권면합니다.

성경의 인물 중에 하나님이 기뻐하시고 귀하게 여긴 사람들은 한결같이 하나님의 말씀을 잘 듣는 사람이었습니다. 그러므로 하나님의 말씀을 잘 듣는 사람이 지혜로운 사람입니다. 예수님이 그리스도 이심을 믿는 사람은 하나님께 속한 사람입니다. 하나님께 속한 사람은 하나님의 말씀을 듣습니다. 그러나 대부분의 성도는 하나님이 원하시는 방식대로 하나님의 말씀을 듣지 않는 것이 습관이 되어버렸습니다. 마치 이스라엘 백성이 어려서부터 하나님의 목소리를 청종하지 않는 것이 습관이었던 것처럼 말입니다(렘 22:21).

중요한 것은 하나님의 말씀을 듣는 일을 소홀히 하는 사람은 하나님께 속한 사람이 아닙니다. 왜냐하면 진리의 말씀을 듣지 않는 것은 하나님께 속하지 않았기 때문입니다(요 8:47). 세상에 속한 사람이기 때문에 세상에 속한 말을 듣습니다(요일 4:5). 그렇다면 우리가 믿음 안에서 행하고, 믿음의 터 위에 굳게 서서 복음의 소망에서 흔들리지 아니하려면 하나님 말씀을 잘 들어야 합니다.

하나님의 말씀을 잘 듣는 사람 중에 다윗이 있습니다

다윗은 선지자의 말을 하나님이 자기에게 하는 말씀으로 들었습니다. 그는 선지자가 어떤 말씀을 전해주어도 주저하거나 망설이지 않고 즉시 순종했습니다. 상황이나 현실을 계산하지 않았고, 잔꾀를 부리지도 않고 순종했습니다. 하나님 말씀이 언제나 그의 삶의 중심이었습니다. 실제로 다윗은 왕으로 기름 부음을 받은 후에도 수없이 생사를 오가는 위험을 겪었습니다. 다윗은 사울 왕을 피해서 도망 다니며, 바람 앞의 촛불처럼 생명의 위협을 받으며 하루하루 불안한 삶을 살았습니다. 마치 많은 황소가 둘러싸고, 개들이 에워싸며, 악한 무리가 에워싸고 달려드는 가운데 안전히 거할 곳조차 없었습니다.

다윗은 살아남기 위해서 몸을 제대로 가누지 못하고 대문짝에 낙서하듯이 흐느적거리며 바보같이 행동을 했습니다. 침을 수염에 흘리며 미친체하기도 했습니다(삼상 21:10-15). 그렇게 험한 세월을 보내던 다윗은 모압 미스베로 도망가 그곳에 요새를 만들고 겨우 안정을 찾아가고 있었습니다. 그때 갓 선지자가 다윗에게 "너는 이 요새에 있지 말고 떠나 유다 땅으로 들어가라."라고 말했습니다. 아니, 이제 겨우 안정을 찾았는데 안전을 보장할 수 없는 유다로 다시 돌아가라니 받아들이기 어려운 말씀이었습니다. 그러나 다윗은 갓 선지자의 말을 하나님이 자기에게 하시는 말씀으로 듣고 주저하거나 망설임 없이 즉시 모압을 떠나 유다 땅 헤렛 수풀로 갔습니다(삼상 22:3-5).

마침내 이스라엘의 왕이 된 다윗은 하나님의 언약궤를 다윗성으로 옮겼습니다(삼하 6:1-19). 그리고 하나님의 은혜에 감격하여 성전 지을 마음이 생겼습니다. 그래서 나단 선지자를 불러 말하기를 "여호와의 성전을 짓겠다."라고 하였습니다. 이에 나단 선지자가 "여호와께서 왕과 함께 계시니 마음에 있는 모든 것을 행하소서."라고 말했습니다. 그런데 하룻밤이 지나고 나단 선지자가 찾아와서 하나님의 말씀을 전해주었습니다. "하나님이 내게 이르시되 너는 전쟁을 많이 한 사람이라 피를 많이 흘렸으니 내 이름을 위하여 성전을 건축하지 못하리라 하셨느니라"(대상 28:3). 다윗 왕은 나단 선지자의 말씀을 하나님이 하시는 말씀으로 들었습니다. 그러니 선지자에게 섭섭한 마음을 가질 필요가 없었습니다. 노엽게 생각하거나 기분 나쁘게 생각하지도 않았습니다. 왕의 권위로 성전을 건축하겠다고 고집을 부리지 않고 순종했습니다. 대신 다윗 왕은 사는 날 동안 성전 지을 재료를 많이 준비했습니다(대상 22:1-5). 그리고 노년에 솔로몬에게 "하나님의 손이 내게 임하여 이 모든 일의 설계를 그려 나에게 알려 주셨다."라며 성전의 설계도를 주면서(대상 28:11-19) "성전을 지으라."라고 부탁합니다. 이렇게 다윗은 마음을 다하여 하나님 말씀을 듣고 순종하되 자기가 할 수 있는 일을 진심으로 행했습니다.

다윗은 목동이었을 때나 왕이 되었을 때나 변함없이 선지자의 말씀을 소홀히 여기거나 흘려 듣지 않았습니다. 왕의 권위로 선지자를 함부로 대하거나 선지자의 말을 무시하지 않았고, 선지자가 말할 때 자기주장을 고집하지도 않았습니다. 이렇게 다윗이 하나님 말씀을 듣고 순종할 수 있었던 것은 그의 마음에 오직 하나님의 말씀만 있었기 때문입니다. 다윗 왕의 마음은 왕좌에 있는 것이 아니라 여호와 하나님께 있었고, 하나님의 성전에 있었습니다. 다윗 왕에게 삶의 이유는 하나님이었고, 삶의 목적도 하나님이었습니다. 하나님이 그의 삶의 중심이었고, 삶의 전부였습니다.

하나님의 말씀을 잘 들은 다윗은 하나님의 마음을 깊이 알았고, 하나님과 동행하였습니다. 이처럼 하나님이 보내신 선지자의 말을 하나님의 말씀으로 듣던 다윗은, 어떤 일이든 항상 하나님의 선지자에게 물어보았습니다. 자신의 소원과 할 일을 하나님께 아뢰고, 하나님이 말씀하실 때까지 잠잠히 기다렸습니다. 그래서 다윗은 하나님의 마음을 잘 알게 되었고, 하나님의 마음에 합한 사람이 되었으며, 하나님이 뜻을 다 이루는 사람으로 택함을 받았습니다(행 13:22). 그뿐만 아니라 하나님은 다윗의 후손 가운데 모든 백성의 구주이신 예수님을 보내셨습니다(행 13:23).

만일 하나님의 말씀을 듣지 않으면 기근을 당해 쓰러질 것입니다(암 8:11-13). 하나님의 말씀을 듣지 않으면 하나님께 버림받고 저주를 받게 됩니다(말 2:2). 그러므로 다윗 왕의 삶을 우리 삶의 본보기로 삼았으면 합니다. 가치 있는 삶, 아름다운 삶, 행복한 삶은 하나님의 말씀을 듣는 데서부터 시작됩니다. 성경 말씀을 나에게 하는 말씀으로 들으면, 하나님을 경외하고 그의 명령들을 지키는 삶을 살게 됩니다. 오직 하나님의 성전을 사모하여 여호와의 집에서 영원히 살며, 잠잠히 하나님만 바라는 사람이 됩니다. 삶의 이유가 하나님이고, 삶의 목적도 하나님이 되는 사람이 됩니다. 이런 삶을 산다면 우리가 후세에 남길 것이 아무것도 없어도 진실한 믿음의 삶, 하나님 아버지의 거룩하심과 같이 거룩한 삶을 유산으로 남길 수 있습니다. 하나님의 말씀인 성경대로 사는 삶이 우리가 후세에게 남길 최고의 유산입니다. 그러니 성경을 사랑하고 밥을 먹듯 생명의 양식인 성경을 먹으십시오. 내가 가장 사랑하는 그것보다 성경을 더 사랑해 보십시오.

하나님의 자녀를 인도하는 것은 하나님의 말씀입니다

한 세대는 가고 한 세대는 오나 이전 세대들이 기억되지 않습니다. 그리고 장래에도 그 후 세대들과 함께 기억되지 않습니다(전 1:11). 마치 요셉을 알지 못하는 새 왕이 요셉이 한 일을 기억하지 않고, 이스라엘 백성에게 무거운 짐을 지우고 괴롭게 한 것처럼 말입니다. 그러나 하나님의 말씀은 영원합니다.

비록 요셉은 역사의 무대에서 사라지고, 그가 한 일은 잊혀져도 이스라엘 백성의 마음에는 하나님의 말씀이 살아 있었습니다. 그 말씀이 이스라엘 백성의 삶을 이끌어 갑니다. 이처럼 지도자는 사라져도 하나님의 말씀은 하나님 자녀의 마음속에 살아 있습니다. 그 말씀이 지도자를 대신하여 하나님의 백성을 인도합니다. 그런 의미에서 하나님의 백성을 인도하는 것은 지도자가 아니라 하나님의 말씀인 것입니다.

세대와 세대를 잇는 것은 사람이 아니라 하나님의 말씀입니다. 그 시대를 이끌어 가는 것도 사람이 아니라 하나님 말씀입니다. 그러므로 역사의 주인은 사람이 아니라 하나님 말씀입니다. 지도자는 하나님이 필요할 때 세우신 사람입니다. 하나님께 세움을 받은 지도자는 그 기간 동안 하나님의 말씀으로 백성을 인도하며 주어진 사명을 완수합니다. 그러나 사명을 마친 후 그 지도자의 수고와 헌신은 후세 사람들에게 기억되지 않는 경우가 많습니다. 또다시 하나님께 세움 받은 새로운 지도자가 와서 하나님의 백성을 인도합니다. 마치 모세의 후계자인 여호수아가 하나님이 모세를 통해서 명하신 말씀대로 이스라엘 백성을 인도한 것처럼 말입니다. 그런 맥락에서 교회를 돌보던 목사가 은퇴하고, 후임 목사가 와서 성도를 돌보는 것도 마찬가지입니다. 그러므로 목사는 오직 하나님의 말씀으로 성도를 보살피고 양육하는 것이 마땅합니다. 목사가 성도를 돌보고 양육하는 것은 단순한 프로그램이 아닙니다. 오직 하나님의 말씀으로 이루어져야 합니다.

2014년에 리들리 스콧 감독이 만든 '엑소더스: 신들과 왕들'이라는 영화의 끝부분에 십계명을 돌판에 조각하는 모세에게 하나님은 "이 십계명 어떻게 생각해?"라고 물으십니다. 모세는 "동의하지 않았다면 이걸 하고 있지 않겠죠." "그건 그래." "널 보면서 느낀 건데 종종 나와 생각이 달라." "당신도 그렇지요." "그런데도 지금처럼 우린 서로 얘기하지. 이젠 그럴 일도 없겠지만. 지도자는 사라질 수 있지만 그 석판은 영원할 거야. 그 십계명이 널 대신해 사람들을 인도할 거야. 내 생각과 다르다면 그 망치를 내려놔."라고 말씀하십니다. 그러나 모세는 계속 석판을 조각하고 하나님은 그런 모세를 보고 미소를 지으십니다. 연로한 모세가 석판을 옆에 끼고 백성과 함께 행진하는 그 사이에 하나님은 서서 웃으시며 모세를 바라보시고 모세는 하나님에게서 점점 멀어지면서 영화는 끝납니다.

구약성경 앞부분의 다섯 권을 기록한 모세는 "하나님 말씀을 잘 듣고, 말씀대로 순종하라."는 교훈을 끊임없이 반복합니다. 가나안 땅을 눈앞에 둔 모세는 율법의 말씀을 책에 모두 기록하여, 여호와의 언약궤를 메는 레위 사람들에게 주며 "율법 책을 가져다가 여호와의 언약궤 곁에 두어 너희에게 증거가 되게 하라."고 명령합니다. 또한 모세는 "칠 년마다 초막절이 되면 온 이스라엘 백성 앞에서 이 율법을 낭독하여 들려주라."고 명령합니다. 남자와 여자, 어린아이뿐 아니라 성읍 안에 사는 외국인과 율법을 알지 못하는 자녀들에게도 이 말씀을 들려주어야 한다는 것입니다. 즉 모든 이스라엘 백성이 하나님의 말씀을 기억하고, 순종할 수 있도록 정기적으로 낭독하라고 당부한 것입니다. 그렇게 해야 할 이유를 "내가 살아서 너희와 함께 있어도 너희가 여호와를 거역하는데 내가 죽은 후에는 더하지 않겠느냐?" 말한 뒤, '내가 죽은 후에 너희가 스스로 부패하여 내가 명령한 길을 떠나 악을 행하여 재앙을 당할 것을 알기 때문'이라고 말했습니다(신 31:9-13, 24-30). 그런 다음, 모세는 자신의 후계자인 여호수아와 함께 모든 장로와 관리들과 백성들을 한자리에 모은 뒤 율법의 모든 말씀을 처음부터 끝까지 읽어 들려줍니다. 그리고 "너희에게 증언한 모든 말은 너희의 생명이니 너희의 마음에 두고 너희의 자녀에게 명령하여 이 율법의 모든 말씀을 지켜 행하게 하라."고 말했습니다(신 32:44-47).

주전 1400년 전 모세가 살던 시대의 상황이 그때부터 약 3400년이 지난 오늘의 상황과 같습니다. 모세가 이스라엘 백성에게 간곡히 명령한 말씀은 약 3400년이 지난 오늘에도 같이 들려주시는 하나님의 말씀입니다. 그러므로 목사의 모든 관심은 하나님의 백성이 하나님의 말씀을 듣고 배우며, 하나님을 경외하고 사랑하며, 하나님의 모든 말씀을 지켜 행하게 하는 데 있어야 합니다. 따라서 목사는 충성되고 지혜 있는 종처럼, 하나님의 가족에게 때를 따라 양식(말씀)을 나누어 주어야 합니다(마 24:45-46). 목사는 오직 하나님의 말씀만을 전하고, 성도들이 그 말씀을 지켜 행하도록 하는 일에 전심전력을 다 쏟아야 합니다. 혹 얼굴이 뻔뻔하고 마음이 굳어서 패역(悖逆)하여 듣지 아니하는 자들이 있을지라도, 목사는 오직 하나님의 말씀만을 꿋꿋이 전해야 합니다(겔 2:7). 그리고 성도는 정신을 차리고 하나님의 말씀을 듣는 일에 마음을 집중해야 합니다. 하나님의 말씀을 마음에 새기고, 입술로 읊조리면서 힘써 지켜 행해야 합니다. 그뿐만 아니라 자녀들과 손자들에게 부지런히 가르쳐서 하나님을 경외하며 하나님의 말씀을 지켜 행하게 해야 합니다. 왜냐하면 지극히 거룩한 믿음 위에 자신을 세우기 위해서는 하나님 말씀을 잘 들어야 하기 때문입니다. 하나님의 말씀을 잘 들어야 믿음의 터 위에 굳게 서서 살아갈 수 있습니다. 그때, 상 받는 달음질을 할 수 있습니다.

하나님의 종을 통해서 하나님의 말씀을 듣습니다

하나님은 선지자들을 보내셔서 백성들에게 말씀하셨습니다. 그러므로 선지자들의 말을 듣는 것이 곧 하나님의 말씀을 듣는 것입니다. 만약 선지자의 말을 듣지 않으면, 그것은 곧 하나님의 말씀을 듣지 않는 것입니다(렘 29:19). 모세는 바란 광야의 가데스바네아에서 하나님의 명령을 따라 가나안 땅을 정탐하도록 12명을 보냈습니다. 12명은 가나안 정탐을 마치고 돌아와 백성들 앞에 섰습니다. 그중에 여호수아와 갈렙은 "우리가 곧 올라가서 그 땅을 취하자. 능히 이기리라."라고 했습니다. 그런데 10명은 "우리는 능히 올라가서 그 백성을 치지 못한다. 그들은 우리보다 강하다."라고 부정적인 말을 했습니다. 그러자 이스라엘 자손은 밤새도록 소리를 높여 모세와 아론을 원망하며 통곡했습니다. 하나님은 원망하는 이스라엘 자손을 보시고 "이스라엘 자손이 나를 향하여 원망하는 그 원망하는 말을 내가 들었다."라고 하셨습니다(민 13:1-14:28). 사실 이스라엘 백성은 모세를 원망했는데 하나님은 '나를 원망하는 악한 회중'이라고 말씀하셨습니다. 왜냐하면 모세는 하나님의 종이기 때문입니다(수 1:7). 그러므로 하나님의 종인 모세를 원망하는 것은 곧 하나님을 원망하는 것입니다.

감당하기 힘든 현실을 만난 이스라엘 백성이 모세를 원망하는 것을 이해할 수도 있습니다. 그런데 '모세의 말을 듣지 않는 것이 곧 하나님의 말씀을 듣지 않는 것'이라는 말씀은 우리의 정신을 번쩍 들게 합니다. 또한 이스라엘 백성에게 "너희가 말한 대로 너희에게 행하겠다."라고 하신 하나님의 말씀을 두려움으로 들어야 합니다. 왜냐하면 이스라엘 백성은 자기 입으로 저주를 자청했기 때문입니다. 우리는 자기가 하는 말을 자기도 알지 못하는 어리석은 사람처럼 말해서는 안 됩니다. 자기의 말이 어떤 결과를 가져올지 알지 못한 채 함부로 말해서는 안 됩니다.

모세는 이스라엘 백성에게 "네 하나님 여호와께서 너희 가운데 네 형제 중에서 너를 위하여 나와 같은 선지자 하나를 일으키시리니 너희는 그의 말을 들을지니라."라고 말씀하셨습니다(신 18:15). 모세가 말하는 '나와 같은 선지자'는 여호수아를 말합니다. 그리고 하나님이 보내시는 선지자들을 의미합니다. 또한 예수님이 승천하신 후에는 사도들을 말하고 오늘날 목사를 말합니다. 목사는 성령님이 감독자로 세우시고, 하나님이 자기 피로 사신 교회를 보살피게(개역: 치게) 하신 사람입니다(행 20:28). 그러므로 목사는 자기 이익을 구하지 말고, 예수님의 양을 먹이고 보살펴야 합니다(요 21:15-17). 목사는 성도에게 생명의 말씀을 먹이며 생명의 시냇가로 인도해야 합니다.

성도들은 하나님이 보내신 목사의 보살핌을 받아야 합니다. 성도는 교회가 그리스도에게 복종하듯이 목사가 전하는 생명의 말씀을 듣고 복종해야 합니다(히 13:17). 왜냐하면 목사의 말을 듣고 순종하는 것은 하나님의 말씀을 듣고 행하는 것과 같기 때문입니다. 그렇다고 맹종을 요구하는 것이 아닙니다. 생각 없는 맹종은 죄악입니다. 무사고(無思考)의 죄는 용서받을 수 없는 큰 죄악입니다. 만일에 목사가 전하는 말씀이 성경에 어긋나고, 상식을 벗어나며, 윤리와 도덕에 맞지 않으면 순종하지 않는 것이 순종하는 것입니다. 그러나 성경에 합당하고, 상식을 벗어나지 않으며, 윤리와 도덕에 맞는 말씀은 주님께 순종하듯 순종하는 것이 복입니다. 그러므로 베뢰아에 있는 사람들처럼 간절한 마음으로 말씀을 받고 이것이 그러한가 하여 성경을 상고하는 지혜가 필요합니다(행 17:11). 듣고 믿음으로 행한 사람은 은혜를 입고, 듣지 않고 자기 마음대로 행한 사람에게는 하나님의 책망이 있습니다. 이렇게 자기가 행한 대로 칭찬을 받기도 하고 책망을 받기도 합니다. 만일에 목사가 전하는 복음의 말씀을 거역하고 듣지 않는 것은 성령을 모욕하고 성령을 거역하는 죄와 같습니다. 성령을 거역하는 죄는 사망에 이르는 죄입니다(요일 5:16). 그리고 이 세상과 오는 세상에서도 사하심을 얻지 못합니다(마 12:31-32).

사망에 이르는 성령을 거역하는 죄는 예수님의 보혈을 믿지 않는 죄입니다. 예수님을 믿지 않는 죄는 사망에 이르는 됩니다. 사망에 이르는 죄를 칼빈(Calvin)은 "어떤 부분적 계명을 범한 것이 아니라 근본적으로 하나님에게서 떠난 이단 사상'이라고 했습니다. 알포드(Alford)는 "예수가 그리스도이신 것을 부인하는 것"이라고 했습니다. 칼커(Clarke)는 '끝까지 회개하지 않는 죄'라고 했습니다. 이상근 목사님은 "회개를 거부하는 것이다."라고 하셨습니다. 이처럼 예수님을 믿지 않는 죄는 이 세상과 오는 세상에서도 용서함을 받지 못합니다. 하나님의 아들을 짓밟고, 자기를 거룩하게 한 언약의 피를 부정한 것으로 여기며 은혜의 성령을 욕되게 하는 사람이 받을 형벌의 무게는 헤아릴 수 없을 만큼 무겁습니다(히 10:29). 진리의 성령께서 오셔서 진리로 인도하시고(요 16:13) 가르치시며, 예수님이 말씀하신 모든 것을 생각나게 하시는 데(요 14:26) 그 진리 가운데로 오지 않고 거역하는 죄는 용서함을 받지 못합니다. 그런 죄는 결국 영원히 꺼지지 않는 불못, 곧 지옥에 이르게 됩니다.

사하심을 얻지 못하는 성령을 거역하는 죄는 곧 하나님의 말씀을 듣지 않는 죄입니다. 이 사하심을 얻지 못하는 죄에 대해 이상근 목사님은 "구체적인 죄의 행동이 아니라 성령에 반항하기로 작정한 고집스러운 마음의 상태를 뜻한다."라고 했습니다. 설교를 정신 차려서 듣지 않고서는, 선지자들이 예언한 말씀과 구주께서 사도들을 통해 명하신 것을 기억할 수 없습니다(벧후 3:2). 바른 믿음을 가질 수 없습니다. 따라서 성령의 열매를 맺지 못합니다. 그러니 상급을 받을 수 없습니다. 심판의 날에 상을 받기 위해 눈물을 흘리며 구하여도 상을 준비할 기회도 얻지 못합니다(히 12:17). 이렇게 하나님의 말씀을 듣지 않는 죄는 이 세상과 오는 세상에서도 용서함을 받지 못합니다. 그러므로 오는 세상에서도 사하심을 얻지 못하는 것은 상이 없는 구원을 받는 것을 의미합니다.

오늘 선포되는 하나님의 말씀을 잘 들어야 합니다. 어제 들은 것으로 만족하거나, 내일 듣겠다고 미루는 것은 어리석은 일입니다. 물론 어제 없이 오늘이 없고, 오늘 없이 내일도 없습니다. 그러나 어제는 이미 지나간 시간, 다시 오지 않는 과거일 뿐입니다. 내일은 미래에 주어진 시간이지, 나에게 보장된 시간이 아닙니다. 나에게 내일이 반드시 온다는 보장은 없습니다. 그러므로 현재가 가장 중요합니다. 지금이 이 순간이 바로 나에게 주어진 시간입니다. 지금 잘 듣고 내일을 준비해야 합니다. 또한 후손들에게 말씀을 잘 들려주어야 합니다. 왜냐하면 인생의 최고 기준은 하나님의 말씀이기 때문입니다. 하나님의 말씀이 우리 자녀들을 이끌어가는 능력입니다. 만일 우리 자녀들이 하나님 말씀을 듣지 않는다면, 세상을 이기고 승리할 힘을 얻지 못할 것입니다.

예수님은 제자들을 전도하러 보내시면서 "너희 말을 듣는 자는 곧 내 말을 듣는 것이요 너희를 저버리는 자는 곧 나를 저버리는 것이요 나를 저버리는 자는 나 보내신 이를 저버리는 것이라."라고 말씀하셨습니다(눅 10:16). 그러므로 복음을 들은 사람이 그 복음을 믿음과 결부시키지 않으면 천국에 들어가지 못합니다. 즉 복음을 듣고도 믿지 않으면 천국에 들어가지 못합니다(히 4:1-2, 6-7).

우리가 전하는 복음을 듣지 않고 거부하는 죄가 얼마나 무서운 죄인지 우리는 잘 압니다. 그런데 목사가 선포하는 하나님의 말씀을 듣지 않는 것이 얼마나 무서운 죄인지는 잘 알지 못합니다. 목사가 전하는 하나님 말씀을 듣지 않는 것은 하나님께 속하지 않았기 때문이라는 사실을 알지 못합니다(요일 4:6). 목사가 전하는 말씀을 듣지 않을 때 하나님이 마음 아파하십니다. 하나님 말씀을 잘 듣지 않으면 하나님을 만나지 못합니다(요삼 1:9-11). 하나님의 말씀을 듣지 않는 자들에게는 하나님의 진노가 임합니다. 하나님은 "누구든지 내 이름으로 전하는 내 말을 듣지 아니하는 자는 내게 벌을 받을 것이요."(신 18:19)라고 말씀하셨습니다. 바울 사도는 "누구든지 그 선지자의 말을 듣지 아니하는 자는 백성 중에서 멸망 받으리라."(행 3:22-23)라고 말했습니다. 그러므로 성도는 겸손히 말씀을 듣는 자리에 앉아야 합니다. 목사가 전하는 하나님 말씀을 잘 듣고 순종하는 삶을 살아야 합니다. 지금 목사가 전하는 말씀을 잘 듣지 않으면 예수님이 오셔서 말씀하셔도 듣지 않습니다(눅 16:19-31). 왜냐하면 말씀을 듣는 습관이 되어 있지 않으니 예수님이 오셔서 말씀하셔도 듣는 법을 모르기 때문입니다. 그러므로 지금 듣는 습관을 가지는 것이 아주 중요합니다.

목사는 누구보다 잘 들어야 합니다

하나님의 백성을 인도하는 것은 목사가 아니라 하나님의 말씀입니다. 목사는 하나님이 필요하실 때 세움을 받은 사람일 뿐입니다. 그러므로 목사는 세움을 받은 동안 오직 하나님의 말씀으로 성도를 인도해야 합니다. 자기 신념을 이루려고 잔꾀를 부리지 말고, 하나님의 말씀으로 성도들을 올바르게 인도해야 합니다. 하나님의 말씀이 목회의 핵심이 되어야 합니다. 유능한 설교자가 되려고 하지 말고 하나님 말씀으로 감동을 주고 생명을 살려야 합니다. 백석대학교 장종현 총장은 "설교는 성경으로 시작해서 성경으로 끝내야 합니다. 우리나라 초창기 목사님들은 성경을 쪼갠다고 했습니다. 그런데 1980년경부터 신학교가 유능한 설교자로 만들기 시작했습니다. 그때부터 한국 교회는 어둠이 들기 시작했습니다. 설교는 잘하는데 생명이 없습니다."라고 말했습니다.

하나님의 말씀으로 성도를 인도하려면, 목사는 먼저 하나님의 말씀을 잘 들어야 합니다. 듣는 만큼 하나님을 알 수 있고, 하나님을 아는 만큼 성도를 하나님께 인도할 수 있기 때문입니다. 목사가 말씀을 들어야 믿을 수 있고, 믿는 만큼 행할 수 있습니다. 또한 목사가 말씀을 들어야 삶의 본을 보여줄 수 있습니다. 만약 목사가 하나님의 말씀을 듣지 않는다면, 하나님의 마음을 알 수 없습니다. 하나님 마음을 알지 못하면 하나님의 말씀을 전하지 않고 하나님의 말씀을 인용하여 자기 신념을 이루려는 실수를 합니다(겔 13:2). 안타깝게도 목사는 하나님의 말씀을 가장 안 듣는 사람 중 하나일 때가 많습니다. 목사의 설교가 성도를 향한 말씀일 뿐, 정작 자기 자신과는 상관없는 말로 여기는 경우가 많기 때문입니다. 사정이 이렇다 보니 사랑을 외치면서도 정작 사랑하지 못하고, 용서를 강조하면서도 선뜻 용서하기 어려운 모습이 나타납니다.

하나님의 영광이라는 이름으로 포장하여 자기 신념을 이루기 위해 악을 행하면서도 부끄러운 줄 모릅니다. 그러므로 목사는 성도에게만 설교하지 말고 목사 자신에게도 설교해야 합니다. 즉 내가 하는 설교가 내 삶이 되어야 합니다. 만일에 목사가 설교만 하고 자기는 듣지 않으면 진리의 장사꾼일 뿐입니다. 자칫 외식하는 사람이 될 수 있고, 삯꾼 목자가 될 수도 있습니다. 천국에서 지극히 작다 일컬음을 받을 것입니다. 그러므로 목사는 누구보다 잘 들어야 합니다.

광야 생활을 하는 이스라엘 백성이 르비딤에서 마실 물이 없어서 모세를 원망합니다. 하나님은 모세에게 "지팡이로 **반석을 치라.**"고 말씀하셨습니다(출 17:1-7). 모세는 하나님의 말씀대로 지팡이로 반석을 쳤습니다. 그리고 하나님은 반석에서 물을 내셔서 이스라엘 백성이 마시게 하셨습니다. 시간이 흘러서 광야 생활을 한 지 38년이 되는 해에 신 광야 가데스에 왔을 때도 물이 없었습니다. 그들은 어김없이 모세를 원망합니다. 원망은 이스라엘 백성의 습관이 되었습니다. 그때 하나님이 모세에게 "지팡이를 가지고 네 형 아론과 함께 회중을 모으고 그들의 목전에서 너희는 **반석에게 명령하여 물을 내라 하라.**"고 말씀하셨습니다. 모세와 아론은 회중을 반석 앞에 모읍니다. 그리고 모세는 "반역한 너희여 들으라 우리가 너희를 위하여 이 반석에서 물을 내랴." 하며 지팡이로 반석을 두 번 쳤습니다. 그러자 반석에서 물이 솟아 나와서 회중과 짐승이 마셨습니다. 그런데 여호와 하나님께서 모세와 아론에게 "너희가 나를 믿지 아니하고 이스라엘 자손의 목전에서 내 거룩함을 나타내지 아니한 고로 너희는 이 회중을 내가 그들에게 준 땅으로 인도하여 들이지 못하리라."라고 말씀하셨습니다(민 20:1-13; 신 32:51-52).

사실 모세는 지면의 모든 사람보다 더 온유한 사람입니다(민 12:3). 그런데도 사사건건 원망을 입에 달고 사는 백성들을 보니 화가 나서 반석을 두 번 쳤을 수도 있습니다. 어쩌면 하나님을 대신하여 화를 냈다고 볼 수도 있습니다. 그런데 성경을 자세히 보면, 모세가 하나님의 말씀을 잘 듣지 않은 결과가 아닐까요? 즉 모세는 백성들이 원망하는 소리를 들으니 너무 속상해서 "반석에게 명령하여 물을 내라."고 하시는 하나님의 말씀을 귀담아듣지 않았을 것입니다. 그래서 지난번에 "반석을 치라."고 말씀하셨으니, 이번에도 "반석을 치라."고 하셨을 것으로 지레짐작하고 반석을 두 번 쳤을 것 같습니다.

하나님의 말씀을 귀담아듣지 않으면 자기 생각과 전에 경험했던 대로 행합니다. 결국 돌이킬 수 없는 엄청난 결과를 가져옵니다. 그 일로 모세는 가나안 땅을 바라보기만 하고 들어가지는 못하고 모압 땅에서 죽었습니다(신 34:1-7). 이처럼 목사도 모세와 같이 하나님의 말씀을 귀담아 듣지 않으면, 돌이킬 수 없는 엄청난 결과를 초래할 수 있습니다. 때로는 남에게 전파한 후에 나 자신은 도리어 버림을 당할 수도 있고, 상을 받지 못하는 구원을 얻게 될 수도 있습니다. 그러므로 목사는 더욱 삼가고 조심하여 하나님의 말씀을 잘 들어야 합니다.

하나님의 말씀을 들으면 생명을 얻습니다

사람이 떡으로만 사는 것이 아닙니다. 하나님의 입으로부터 나오는 모든 말씀으로 삽니다(마 4:4). 하나님의 말씀은 생명의 말씀이며(행 5:20) 영생의 말씀입니다(요 6:68). 하나님의 말씀은 신령한 음식입니다. 생명의 말씀은 하늘 양식입니다. 하나님 말씀은 살아 있고 항상 있는 말씀입니다(벧전 1:23). 하나님 말씀은 일용할 양식이며 영생하도록 있는 말씀입니다. 그러므로 하나님의 말씀을 먹어야 합니다. 하나님의 천사가 요한 사도에게 "작은 두루마리를 갖다 먹어 버리라."라고 말합니다. 요한 사도는 천사의 손에서 작은 두루마리를 갖다 먹으니 입에는 꿀 같이 다나 먹은 후에 배에서는 쓰게 되었습니다(계 10:9-10). 이렇게 하나님의 말씀을 듣는 것을 먹는 것으로 표현합니다.

태초에 말씀이 하나님과 함께 계셨고 이 말씀이 곧 하나님이십니다. 태초부터 계신 생명의 말씀이 우리에게 나타나셨습니다(요일 1:1-2). 말씀이 육신이 되어 오셔서 우리 가운데 거하시는 분은 예수 그리스도이십니다. 영생의 말씀이 주께 있습니다. 그러므로 예수님은 생명이십니다(요 14:4). 예수님은 생명의 떡입니다(요 6:48). 예수님의 살은 참된 양식이요 피는 참된 음료입니다. 예수님의 살을 먹고 피를 마셔야 합니다. 예수님의 살을 먹고 피를 마시는 것은 예수님을 믿고 예수님을 영접하는 것입니다. 예수님을 믿고 따르면, 생명을 얻고 더 얻어서 풍성한 삶을 삽니다. 이렇게 하나님의 말씀을 들으면 마음이 평안하고 샘솟는 기쁨이 넘칩니다.

생명의 말씀을 듣지 못하면 가슴이 답답하고 우울증 증세가 나타납니다. 십자가 복음을 듣지 못하면 허기(虛飢)가 져서 기력이 없고 정신이 혼미해집니다. 그러면 눈물이 음식이 되고, 온몸의 뼈가 떨리는 고통만 남습니다. 밤마다 탄식하며 눈물로 침상을 적시고, 주의 말씀을 사모하며 헐떡이며 밤을 지새웁니다. 이처럼 십자가 복음을 듣지 못한 고통은 음식을 먹지 못한 고통과는 비교할 수 없을 만큼 큽니다. 그러므로 목사는 하나님의 자녀들이 영적 기갈 속에 죽어가지 않도록 생명의 떡을 먹여야 합니다. 목사는 예수 그리스도를 선포하고 십자가 복음을 전해야 합니다. 목사는 하나님의 말씀을 인용하여 전하는 것이 아니라 하나님 말씀을 전해야 합니다. 만일에 하나님 말씀을 인용하여 전하면 성도들은 배고픔과 목마름에 비틀거리며 헤매다 은혜에서 멀어져갑니다. 은혜의 감격이 없는 종교적인 삶을 삽니다. 그러면 믿음이 자라지 못하고 하나님의 큰 근심거리가 됩니다.

성도는 하나님 말씀을 듣기를 즐거워해야 합니다. 만약 하나님의 말씀을 잘 듣지 않는다면, 하나님의 마음을 알지 못하게 되고 하나님을 위한 일을 한다며 오히려 하나님을 대적하는 일을 하게 됩니다. 그러면서도 하나님의 뜻이나 하나님의 영광을 운운합니다. 입으로는 하나님을 가까이하며 입술로는 하나님을 공경하지만, 마음은 하나님에게서 멀리 떠나 있습니다. 이처럼 하나님의 말씀을 잘 듣지 않으면, 상 받을 믿음 생활을 할 수 없습니다. 그래서 사탄은 우리 귀를 막아서 하나님의 말씀을 듣지 못하게 하여 믿음을 가지지 못하도록 합니다. 따라서 하나님의 말씀을 듣지 않는 것은 환경 때문이 아니라 사탄의 유혹에 빠진 결과입니다. 이는 곧 하나님의 자녀가 사탄에게 매여 종이 된 상태임을 의미합니다.

예수님을 판 가룟 유다를 보십시오. 마귀가 이미 가룟 유다의 마음에 예수를 팔 생각을 넣어두었습니다(요 13:2). 그래서 가룟 유다는 대제사장들에게 가서 은 삼십을 받고 예수님을 넘겨줄 약속을 합니다. 그런 뒤, 아무 일도 없었던 것처럼 예수님께 "랍비여 주를 팔 사람이 나는 아니지요?"라고 천연덕스럽게 말합니다. 그때 예수님께서는 그에게 떡 조각을 주셨고, 유다가 그 떡 조각을 받은 후 사탄이 그 속에 들어갔습니다(요 13:27). 가룟 유다는 예수님께 떡 조각을 받고 밖으로 나가 예수님을 넘겨줄 대제사장들을 찾아갑니다. 그는 칼과 몽치를 든 군인들과 함께 예수님을 잡으려고 겟세마네 동산으로 찾아왔습니다. 그리고 가룟 유다는 "선생님, 안녕하십니까?"라며 천연덕스럽게 예수님에게 입을 맞춥니다(마 26:49). 가룟 유다는 욕심에 사로

잡혀 양심의 소리를 작동하지 못했습니다. 그 속에 말씀이 없으니 패역(悖逆)하고 강퍅(剛愎)해졌습니다. 하나님의 말씀을 들을 생각을 하지 않았습니다. 그러니 사탄의 유혹에 빠지고 사탄에게 매여 사탄의 종이 되었습니다. 결국 그의 삶은, 예수님을 은 삼십에 팔고 난 후에 목을 매어 자살하는 비극으로 끝이 나고 말았습니다.

성도가 사탄의 유혹에 빠져 사탄에게 사로잡히면, 자기 욕심에 따라 행하면서도 그것이 하나님의 뜻을 이루는 일인 줄 착각하게 됩니다. 자기 신념을 이루기 위한 일을 하면서도, 하나님의 영광을 위한 일이라고 서슴없이 말합니다. 그러나 우리는 욕심과 신념을 구별할 줄 알아야 합니다. 믿음과 욕심을, 하나님의 영광과 나의 욕심을 분명히 구별할 줄 알아야 합니다. 하나님 말씀을 듣지 않으면, 결국 스스로 멸망의 지름길을 가게 됩니다. 그러므로 목사는 성도에게 하나님의 말씀을 먹여야 하고, 성도 또한 하나님의 말씀을 잘 먹고 힘써 순종해야 합니다.

잘 듣지 않으면 바른 지식을 가질 수 없습니다

바른 지식은 하나님을 아는 지식입니다(호 4:1). 하나님을 아는 지식을 가진 사람은 생명 나무와 같으며(잠 3:18), 그 지식은 계속 자라나야 합니다(골 1:10). 만일 바른 지식이 없다면 바른 믿음 생활을 할 수 없습니다. 왜냐하면 지식이 생각을 지배하고, 생각은 행동을 지배하며, 행동은 습관을 만들고, 습관은 인격을 형성하기 때문입니다. 결국 바른 인격을 가지지 못한 사람은 바른 지식을 가지지 못한 사람입니다.

예수님을 믿어도 삶이 변하지 않는 이유는 바른 진리 지식을 가지지 않았기 때문입니다. 세상의 지혜와 지식이 아무리 많아도, 그것으로는 구부러진 것을 곧게 할 수 없고, 모자란 것을 채울 수도 없습니다(전 1:15). 지식이 온전하지 못하면 진리가 무엇인지도 알 수 없습니다. 온전하신 하나님을 찾지도 않습니다(시 14:2-3). 온전한 지식을 가지지 않고서는 무엇이 하나님을 기쁘시게 하는 일인지, 무엇이 하나님을 기쁘게 하지 못하는 일인지를 구별하지 못합니다. 그러니 아름다운 성도의 인격을 만들지 못합니다. 결국 상급을 받을 수 없습니다. 이처럼 바른 지식 없이 행하는 모든 일은 헛된 것이며, 마치 바람을 잡으려는 것과 같습니다. 그러므로 바른 지식을 가지는 것은 매우 중요합니다. 그리고 바른 지식을 가지려면, 하나님의 말씀을 잘 들어야 합니다.

하나님을 아는 바른 지식이 없으면 보배로운 믿음을 가질 수 없습니다. 생수의 근원되시는 하나님을 버리고 물을 가두지 못할 터진 웅덩이를 스스로 파게 됩니다(렘 2:13). 이처럼 하나님을 아는 지식을 버리면, 하나님께서도 우리를 버리십니다. 그러면 결국 망하는 일만 남고, 상 받지 못하는 구원만 남게 됩니다. 그러므로 하나님의 말씀을 잘 들어야 합니다. 하나님의 은혜를 누리고 영광스러운 상급을 받을 준비를 온전히 하려면 마음을 다하고 뜻을 다하여 여호와의 말씀을 청종해야 합니다. 하나님의 말씀을 경청하는 것은 하나님의 목소리에 귀를 기울여 자세히 듣는 것입니다.

경청은 귀를 기울여 하나님의 말씀을 들으며 하나님의 말씀에 마음을 두는 것입니다(잠 22:17). 교만한 마음을 비우고 겸손한 마음으로 하나님의 마음에 공감하면서 듣는 것입니다. 한눈팔지 않고 집중해서 하나님의 말씀을 듣는 것이 성도가 온전히 자라는 핵심 키워드입니다. 그러므로 참 성도는 하나님의 말씀에 귀를 기울이는지 자기 자신을 돌아보아야 합니다.

　　말씀을 잘 듣는 사람은 설교를 들을 때 마음에 찔림을 받고 가슴을 치며 "내가 어찌할꼬?"라고 고백합니다(행 2:37). 그런 사람은 마음을 찢고 여호와 하나님께 돌아옵니다(욜 2:13). 하지만 말씀을 잘 듣지 않는 사람은 설교를 들을 때 도리어 마음이 찔려 이를 갑니다. 그리고 귀를 막고 돌로 치는 악을 행합니다. 그러므로 귀는 들음으로 복이 있습니다(마 13:16). 잘 듣는 성도는 믿음으로 보배롭고 지극히 큰 약속을 누릴 수 있습니다. 하나님의 말씀을 듣는 사람은 평안히 살며, 재앙의 두려움이 없이 안전합니다(잠 1:33).

　　말씀을 잘 들을 때, 하나님 나라의 상급을 많이 준비하는 지혜로운 성도가 됩니다. 잘 들을 때 하나님이 예비하신 영광스러운 기업을 풍성하게 누릴 수 있는 준비를 할 수 있습니다. 그러므로 잘 듣는 사람이 곧 지혜 있는 사람입니다. 구원의 근거이며 하나님 나라 상급의 기초가 되는 믿음은 들음에서 출발합니다. 그러니 지금부터라도 정신을 차리고 말씀을 듣는 일에 전심을 다해야 합니다. 만일 잘 듣지 않는다면, 면류관을 얻지 못할 뿐만 아니라 다른 사람에게 해를 끼치게 됩니다.

9장

바리새인보다 나은 '의'가 있어야 합니다

The heavenly reward given by God

"그러므로 누구든지 이 계명 중의 지극히 작은 것 하나라도 버리고 또 그같이 사람을 가르치는 자는 천국에서 지극히 작다 일컬음을 받을 것이요 누구든지 이를 행하며 가르치는 자는 천국에서 크다 일컬음을 받으리라 내가 너희에게 이르노니 너희 의가 서기관과 바리새인보다 더 낫지 못하면 결코 천국에 들어가지 못하리라"(마태복음 5장 19-20절).

"너는 여호와 네 하나님의 성민이라 네 하나님 여호와께서 지상 만민 중에서 너를 자기 기업의 백성으로 택하셨나니 여호와께서 너희를 기뻐하시고 너희를 택하심은 너희가 다른 민족보다 수효가 많기 때문이 아니니라 너희는 오히려 모든 민족 중에 가장 적으니라 여호와께서 다만 너희를 사랑하심으로 말미암아, 또는 너희의 조상들에게 하신 맹세를 지키려 하심으로 말미암아 자기의 권능의 손으로 너희를 인도하여 내시되 너희를 그 종 되었던 집에서 애굽 왕 바로의 손에서 속량하셨나니"(신명기 7장 6-8절).

유대인들은 예수님이 전하시는 말씀을 듣지 않고, 거부하며 끊임없이 반박하고 대적했습니다. 그들은 예수님의 말씀을 듣지 않을 뿐만 아니라 예수님이 "하나님을 모독하는 말을 한다."라고 오해하며 그릇된 생각을 품었습니다. 그래서 예수님을 미워하고, 예수님을 죽일 기회만 노렸습니다. 결국 그들은 예수님을 십자가에 못 박아 죽이는 역사상 가장 엄청난 악을 저질렀습니다. 여기서 한 가지 생각해 볼 것은 바리새인들이나 서기관들은 무식한 사람들이 아니라는 것입니다. 그들은 율법을 잘 아는 사람들이며, 스스로 율법을 잘 지킨다고 자부하던 사람들이었습니다.

바리새인은 예수님 당시 가장 큰 유대교 종파로 '바리새'라는 말은 '구별되다.'라는 말에서 유래되었습니다. 바리새인은 유대교의 경건주의자들로 종교적 경건과 율법 준수에 철저히 구별된 생활을 하므로 백성들에게 존경을 받았습니다. 대부분의 바리새인들은 반 그리스도적 성향을 보였으며, 유대 기독교인들을 회당과 유대 사회에서 추방하였습니다. 그뿐만 아니라 예수님을 따르는 사람들을 적극적으로 제지하였습니다. 예수님께서는 그런 바리새인들을 향해, 하나님을 사랑하지 않으면서 율법 지키기에만 열심을 내는 외식자라고 책망하셨습니다. 성경은 바리새인들은 돈을 좋아하는 자들이라고 기록하고 있습니다(눅 16:14).

서기관은 기록된 율법을 보존하고 구전으로 내려오는 법을 관리하며 백성에게 가르치는 사람들로 율법사라고도 했습니다. 서기관들은 하나님 말씀을 학문적으로 연구하고 발전시켰습니다. 그들은 형식을 지키는 것을 매우 중요하게 여기며, 높은 자리에 앉고 대접받기를 좋아했습니다. 결국 마음이 없는 형식을 존중하는 데 그치면서, 외식하는 사람이 되고 말았습니다.

사두개인은 성전을 중심으로 활동하던 제사장 등 귀족층을 일컫습니다. '사독'에서 유래되었고, 성전의 모든 행사를 통해서 돈을 벌어들였습니다. 그들은 로마와 결탁하여 정치적인 힘도 가지고 있었습니다. 사두개인들은 바리새인들과 달리 부활을 믿지 않았습니다. 그들의 위선적인 태도 때문에 예수님으로부터 책망을 받았습니다. 바리새인, 서기관, 사두개인 모두 형식에 빠진 위선적 외식주의자들이었습니다.

이스라엘 백성은 하나님의 '성민(聖民)'입니다

'성민'이라는 말은 '여호와께서 지상 만민 중에서 자기 기업의 백성으로 택하신 거룩한 백성'이라는 의미입니다. 여호와께서 이스라엘 백성을 기뻐하시고 성민으로 택하신 것은 다른 민족보다 수효가 많기 때문이 아닙니다. 다른 민족보다 뛰어나거나 특별한 의로움이 있어서도 아닙니다. 오히려 이스라엘 백성은 모든 민족 중에 그 숫자가 가장 적었습니다. 다만, 하나님이 그들을 사랑하심으로 하나님의 기업, 백성으로 택하신 것입니다.

이스라엘을 택하신 여호와는 신실하신 하나님이십니다. 하나님은 하나님을 사랑하고 그의 계명을 지키는 자에게 천 대까지 하나님이 약속하신 언약을 이행하시며 인애를 베풀어 주십니다. 그러나 하나님을 미워하는 자에게는 징벌을 늦추지 않으시는 분이십니다(신 7:6-10).

하나님의 성민은 하나님을 경외해야 합니다. 하나님을 경외한다는 것은 마음을 다하고 뜻을 다하고 힘을 다하여 여호와를 사랑하는 것입니다(신 6:5-9). 또한 악을 미워하는 것입니다(잠 8:13). 하나님이 말씀하신 명령과 규례와 법도를 지켜 행하는 것입니다(신 7:11). 하나님께서 성민에게 요구하시는 것은 하나님을 경외하며 하나님을 사랑하며 마음을 다하고 뜻을 다하여 하나님을 섬기는 삶입니다. 이는 또한 하나님께서 성민의 행복을 위해 명하신 명령과 규례를 지키는 삶이기도 합니다(신 10:12-13). 그런데 유대인들은 하나님의 말씀에 순종하지도 않고 "우리가 아브라함의 자손이다."(요 8:33), "우리 아버지는 아브라함이다."(요 8:39)라고 자랑만했습니다. 그러자 예수님은 "나도 너희가 아브라함의 자손인 줄 안다."(요 8:37)라고 하시면서 "너희가 아브라함의 자손이면 아브라함이 행한 일을 할 것이다. 아브라함은 이렇게 하지 아니하였다."(요 8:39-40)라고 말씀하셨습니다.

유대인들은 또 "우리 아버지는 한 분 곧 하나님이시다."라고 자랑했습니다. 그러자 예수님이 "하나님이 너희 아버지였으면 너희가 나를 사랑하였으리라."라고 하시면서, "너희는 너희 아비 마귀에게서 났으니 너희 아비의 욕심대로 너희도 행하고자 한다."라고 호되게 책망하셨습니다(요 8:41-44). 즉 하나님을 아버지라고 부르는 유대인들이 하나님의 말씀에 순종하지 않고 예수님을 죽이려고만 합니다. 그들은 하나님의 아들이신 예수님을 '어떻게 죽일까?' 의논하고(막 3:6), '무슨 방도로 죽일까?' 궁리하며(눅 22:2) 죽일 방도만을 찾았습니다(막 14:1). 그 이유는 그들 안에 주의 말씀이 없기 때문입니다(요 8:37). 이렇듯 유대인들은 성민으로서 책임과 의무를 다하기보다는 성민이라는 특권의식만 자랑했습니다.

결국 유대인들은 빌라도가 "나는 그에게서 죽일 죄를 찾지 못하였으니 때려서 놓으리라."(눅 23:22)라고 말할 때, "예수를 십자가에 못 박으소서. 예수를 십자가에 못 박으소서."(요 19:6)라고 큰소리로 윽박질러 빌라도를 이겼습니다(눅 23:23). 끝내 예수님을 십자가에 못 박아 죽이고 말았습니다(마 27:35). 유대인들은 스스로를 하나님의 자녀라 자랑했지만, 사실은 마귀의 자녀로 살았습니다. 마귀의 욕심대로 행하며 예수님을 죽인 것입니다. 또한 유대인들은 성민이라는 겉치레를 자랑하며 교만했지만, 정작 하나님의 계명은 지키지 않았습니다. 그래서 예수님께서 유대인들을 책망하신 것입니다.

죄에서 구원받은 하나님의 자녀는 성도입니다

성도는 '거룩한 자, 구별된 자'라는 뜻으로 하나님의 택하심과 부르심을 입은 사람입니다. 하나님의 사랑으로 멸망 받을 악한 세상에서 성도로 불러내셨습니다. 성도를 그리스도인이라고 합니다(행 11:26). 그리스도인이란 그리스도 안에 있는 사람, 그리스도에게 속해 있는 사람이라는 뜻입니다. 우리나라에 복음이 전해진 초창기에 사람들은 성도들을 '예수쟁이'라고 불렀습니다. 예수쟁이는 '예수에게 미친 사람'이라는 뜻으로, 예수밖에 모르고 예수가 전부인 사람을 가리킵니다. 어쩌면 이것이 믿음을 고백한 성도에게 가장 합당한 표현일지도 모릅니다. 우리는 하나님의 사랑을 받고 성도로 부르심을 받은 사람들입니다(롬 1:7). 그리스도 예수 안에서 거룩하여지고 성도로 부르심을 받았습니다(고전 1:2). 성도는 예수 그리스도의 소유로 부르심을 받은 자들입니다(롬 1:6). 즉 하나님을 거역하는 악한 세상 가운데서 죄악을 행하는 이들과 달리, 의와 거룩함으로 하나님을 영화롭게 하는 삶을 살도록 부름받은 사람들이 바로 성도입니다. 그러므로 성도의 삶은 예수 그리스도 안에 있습니다.

성도로 부름받은 우리는 예수 그리스도의 소유물입니다. 하나님이 끝까지 사랑하시고 보호하셔서 영광의 자리로 우리를 이끌어 올리실 예수 그리스도의 소유물입니다. 우리에게 존귀함과 영광을 주시려고 부르신, 바로 그 예수 그리스도의 소유물인 것입니다. 하나님은 그리스도의 소유인 우리를 아들과 같이 대우하십니다(히 12:7). 성도라 불리는 자들은 그리스도 예수 안에서 하나님의 아들이 되었습니다(갈 3:26). 성도가 하나님의 자녀인 것을 성령님이 친히 증언합니다(롬 8:16).

하나님의 아들은 하나님으로 말미암아 유업을 받을 사람입니다(갈 4:7). 하나님의 자녀인 우리는 그리스도와 함께한 상속자입니다(롬 8:17). 그리스도의 것으로 약속대로 유업을 이을 사람입니다(갈 3:29). 우리가 이을 유업은 썩지 않고 더럽지 않고 쇠하지 아니하는 것입니다(벧전 1:4). 우리는 믿음으로 의의 상속자가 되었습니다(히

11:7). 그러므로 땅에 있는 성도들은 참으로 존귀한 사람입니다. 하나님의 모든 즐거움이 성도에게 있습니다(시 16:3). 우리는 하나님의 큰 사랑을 입고 사는 성도입니다.

하나님은 우리가 다른 사람보다 의로워서 성도로 부르신 것이 아닙니다. 우리에게 거룩함이 있어서 예수님의 소유로 부르신 것이 아닙니다. 그렇다고 순종을 잘해서 하나님이 자녀로 부르신 것이 아닙니다. 남다른 특별한 능력이 있어서 하나님의 유업을 이을 사람으로 부르신 것도 아닙니다.

우리는 허물과 죄로 죽었던 사람이었습니다. 세상의 풍조를 따르고, 공중의 권세 잡은 자를 좇던 사람이었습니다. 본질상 진노의 자녀였고, 그리스도 밖에 있었으며, 하나님 약속의 언약들에 대해서는 외인이었습니다. 세상에서 소망도 없고, 하나님도 없는 사람이었습니다(엡 2:1-12). 하나님을 대적하고 하나님과 원수 되었던 자였으며(롬 5:10), 끊임없이 하나님을 거역하던 사람이었습니다. 하지만 긍휼이 풍성하신 하나님이 그 크신 사랑으로 우리를 살려주셨습니다(엡 2:4-5). 하나님과 원수 된 우리를 예수님이 십자가로 구속해 주시고, 하나님과 화목하게 하셨습니다(엡 2:16). 그리스도 예수 안에서 그 피로 말미암아 하나님과 가까워졌습니다(엡 2:13). 하나님은 그 크신 사랑으로 우리를 자녀 삼아주셨습니다(엡 1:5). 이제 우리는 더 이상 외인도 아니요, 나그네도 아닙니다. 천국 시민이요, 하나님의 권속이 되었습니다.

예수님이 모퉁잇돌이 되시는 사도들과 선지자들의 터 위에 세움 받은 사람입니다. 예수님 안에서 서로 연결하여 성전이 되어 가고, 그리스도 예수 안에서 함께 지어져 가야 합니다(엡 2:19-22). 온몸이 각 마디를 통하여 도움을 받아 자라듯이, 예수님의 지체로 서로 도움을 받음으로 연결되고 결합 되어 예수님을 닮아야 합니다. 예수님의 사랑 안에서 서로 사랑함으로 범사에 예수님에게까지 자라야 합니다(엡 4:15-16). 만일에 그렇지 않다면 유대인들처럼 하나님의 자녀라고 자랑하면서 실제로는 마귀의 자녀로 살 수 있습니다. 마귀의 욕심대로 행하여 예수님을 죽이려고 할 수도 있습니다. 유대인들처럼 성민인 것을 자랑하며 교만을 떨면서 정작 하나님의 계명은 지키지 않을 수 있습니다. 그러다 예수님께 엄한 책망을 듣게 될 것입니다.

예수 그리스도를 믿음으로 성도가 됩니다

예수님 당시 유대인들은 율법을 잘 지켜야 의롭게 된다고 믿었습니다. 그들은 하나님이 주신 율법을 준수하는 것이 하나님의 성민으로서 마땅한 일이라고 여겼습니다. 그래서 서기관과 바리새인은 율법을 매우 잘 알았고, 그 율법을 지키기 위해 613개의 조문을 만들어 철저히 준수하려고 했습니다. 그러나 그 어떤 사람도 율법을 완벽히 지켜 행할 수 없었습니다. 왜냐하면 모든 사람이 죄를 범하였기 때문입니다(롬 3:10-12). 그렇기 때문에 그 어떤 사람도 율법으로 의롭게 될 수 없습니다(갈 3:11). 즉 율법을 잘 지키는 행위로 의로워지는 것은 불가능다는 뜻입니다. 율법의 행위로 의롭다 함을 받을 육체는 전혀 없습니다. 율법은 아무것도 온전하게 하지 못합니다(히 7:19).

사람이 의롭게 되는 것은 율법의 행위로 말미암음이 아닙니다(갈 2:16). 율법은 모형과 그림자입니다. 율법은 장차 올 좋은 일의 그림자입니다(히 10:1). 율법의 행위가 우리를 의롭게 하는 것이 아니라 율법은 죄를 깨닫게 할 뿐입니다(롬 3:20). 우리는 율법으로 말미암지 않고는 죄가 무엇인지 알지 못합니다(롬 7:7). 율법은 사람이 죄를 깨닫도록 주신 것으로 약속하신 자손이 오실 때까지 있습니다(갈 3:19). 하나님이 약속하신 때가 차매 그 아들을 보내셔서 여자에게서 나게 하시고 율법 아래에 나게 하셨습니다(갈 4:4). 하나님은 자기 아들을 죄 있는 육신의 모양으로 보내어 영을 따라 행하는 우리에게 율법의 요구가 이루어지게 하셨습니다(롬 8:3-4). 즉 예수 그리스도께서 우리를 위하여 십자가에서 저주를 받으시고, 율법의 저주에서 우리를 속량하셨습니다(갈 3:13).

우리는 예수님의 피로 의롭다 함을 받았습니다. 예수님이 자기 몸을 단번에 드리심으로 우리가 거룩함을 얻었습니다. 예수님이 십자가에 죽으심으로 율법 아래에 있는 자들을 속량하시고, 아들의 명분을 얻게 하셨습니다(갈 4:5). 예수 그리스도의 피를 힘입어 성소에 들어갈 담력을 얻게 되었습니다. 죄인인 우리가 대속함을 받은 것은 오직 흠 없고 점 없는 어린 양 같은 그리스도의 보배로운 피로 이루어진 일입니다. 왜냐하면 예수님은 새 언약의 중보자이시기 때문입니다(히 9:15). 그러므로 예수 그리스도는 더 좋은 약속으로 세우신 더 좋은 언약의 중보자이십니다. 율법은 '나는 죄인'이라는 사실을 깨닫게 할 뿐만 아니라 우리를 예수 그리스도께로 인도하여 믿음으로 의롭다 함을 얻게 합니다(갈 3:24).

율법은 모세로 말미암아 주어진 것입니다. 그러나 은혜와 진리는 예수 그리스도로 말미암아 온 것입니다(요 1:17). 그러므로 더 좋은 언약의 보증이 되시는 예수님은 자기를 힘입어 하나님께 나아가는 자들을 온전히 구원하십니다(히 7:22-25). 우리는 오직 주 예수 그리스도로 구원을 받습니다. 사람이 의롭다 함을 얻는 것은 율법의 행위에 있지 않고 예수 그리스도를 믿음으로 됩니다(롬 3:28). 예수님을 믿는 자마다 의롭다 함을 얻습니다. 그러므로 우리의 의는 오직 예수 그리스도를 믿음으로 말미암아 하나님께로부터 난 의입니다(빌 3:9). 예수님 외에 우리를 의롭다 할 자가 없고, 우리를 구원할 자도 없습니다. 오직 우리 주 예수 그리스도로 영생에 이르게 됩니다(롬 5:21). 그러므로 우리는 율법적 행위로 의롭다 함을 받으려고 하지 말고, 오직 예수 그리스도를 믿어야 합니다. 예수님을 믿는 것 외에 구원받을 길이 전혀 없습니다. 왜냐하면 예수님 외에 천하 사람 중에 구원을 받을 만한 다른 이름을 우리에게 주신 일이 없기 때문입니다. 성도가 되는 구원의 터는 예수 그리스도입니다. 그러므로 성도의 삶의 터도 예수 그리스도입니다. 성도는 예수 그리스도 안에서 살아야 합니다.

바리새인들은 외식하는 자가 되었습니다

바리새인들은 율법을 지킴으로 의롭다 함을 얻으려 했습니다. 그러나 실제로는 율법을 지키지 않으면서도 지키는 척하며 자기 의를 자랑하는 사람이 되었습니다. 그들은 율법을 자랑했지만, 정작 율법을 범하여 하나님을 욕되게 하였습니다(롬 2:23). 성민이라 불리던 유대인들은 마음이 없는 형식에 빠져 속절없이 외식하는 자가 되었습니다. 외식은 하나님을 경외함이 아니라 사람들에게 보이려고 자기 의를 자랑하는 것입니다. 즉 입으로는 하나님을 가까이하고 입술로는 하나님을 공경하지만, 마음으로는 하나님을 멀리 떠난 사람입니다(막 7:6). 외식하는 사람은 사람의 계명으로 교훈을 삼아 헛되이 하나님을 경외합니다.

예수님은 외식하는 바리새인들과 서기관들에게 '화 있을진저 눈먼 인도자여'(마 23:16). '화 있을진저 외식하는 서기관들과 바리새인들이여'(마 23:23). '화 있을진저 너희 지금 배부른 자여'(눅 6:25). '화 있을진저 너희 율법 교사여'(눅 11:46)라며 책망하셨습니다. 예수님이 강하게 책망하신 바리새인과 서기관들은 천국 문을 사람들 앞에서 닫고 자기도 들어가지 않고 들어가려 하는 사람도 들어가지 못하게 하는 사람입니다. 그들은 교인 한 사람을 얻기 위하여 바다와 육지를 두루 다니다가 얻으면 자기들보다 배나 더 지옥 자식이 되게 하는 사람들입니다. 그들은 하나님보다 세상의 물질을 더 사랑하는 사람들입니다(마 23:13-16). 그러니 박하와 회향과 근채의 십일조는 드리나 율법의 더 중한 정의와 긍휼과 믿음과 하나님께 대한 사랑은 버린 사람들입니다. 그들은 회칠한 무덤같이 겉으로는 아름답게 보이나 그 안에는 모든 더러운 것이 가득한 사람들입니다(마 23:23-27). 그들은 회당의 높은 자리와 시장에서 문안받는 것을 기뻐했으며, 사람들에게 지기 힘든 어려운 짐을 지우고 자기들은 한 손가락도 대지 않는 사람들이었습니다(눅 11:43-46). 이렇게 외식하는 서기관들이 지금은 배부르나 곧 주릴 때가 올 것입니다. 그리고 지금은 웃고 있으나 애통하며 울 때가 곧 다가올 것입니다(눅 6:25).

외식하는 바리새인들을 보면서 '혹시 나도 예수님께 책망을 들을 외식하는 자는 아닐까?' 하고 심각하게 자신을 돌아봐야 합니다. 다른 사람을 판단할 것이 없이 먼저 나 자신을 시험하고 나 자신을 확증해야 합니다. 혹시 예수님을 문밖에 세워두고 있지는 않는지? 십자가를 외면하고 십자가의 길 가기를 싫어하지는 않는지? 하나님의 영광을 말하면서 나의 신념을 이루려고 동분서주하고 있는 것은 아닌지? 하나님보다 세상을 더 사랑하는 것은 아닌지? 교회 의식은 중요하게 여기면서 긍휼과 하나님께 대한 사랑은 버린 것은 아닌지? 겉으로는 거룩한 척하면서 속에는 탐욕과 더러움으로 가득한 사람은 아닌지? 나는 하지 않으면서 성도들에게 무거운 짐을 지우고 협박하는 것은 아닌지? 만일 그렇다면 지금은 대접받고 권세를 누릴지라도 곧 피눈물을 흘릴 때가 올 것입니다. 지금은 세상의 영광에 취해 있지만, 머지않아 애통하며 울 때가 반드시 올 것입니다. 그러니 이제라도 진리의 말씀을 옳게 분별하고, 나 자신을 하나님 앞에 온전히 드리기를 힘써야 할 것입니다. 하나님을 경외하며 육과 영의 온갖 더러운 것에서 나 자신을 깨끗하게 해야 합니다. 철저히 자신을 살펴보고 시험을 받을까 두려워하며 모든 일을 조심해야 합니다. 그렇지 않으면 책망을 듣고 후회의 고통이 뒤를 따르는 날이 아주 속히 다가올 것입니다.

구원받은 성도는 바리새인보다 나은 의가 있어야 합니다

예수님은 "너희 의가 서기관과 바리새인보다 더 낫지 못하면 결코 천국에 들어가지 못하리라."(마 5:20)라고 분명히 말씀하셨습니다. 바리새인보다 나은 의란, 사람들에게 보이려고 자기 의를 자랑하는 것이 아닙니다. 외식하지 않는 것입니다. 형식적으로만 행동하지 않는 것입니다. 즉 말과 혀로만 떠드는 것이 아니라 행함과 진실함으로 하나님 앞에서 살아가는 것입니다. 마음을 다하고 뜻을 다하여 하나님을 사랑하는 것입니다. 하나님의 말씀을 마음에 새기고, 묵상하며, 읊조리면서 말씀대로 사는 것입니다. '새긴다.'라는 말은 '수를 놓는다.'라는 말에서 왔습니다. 말씀을 마음에 새긴다는 것은 하나님의 말씀을 수를 놓듯이 마음에 새기는 것을 의미합니다. 그러므로 오직 하나님의 말씀으로 인하여 살고, 말씀으로 말미암아 살고, 말씀 안에서 사는 것이 바리새인보다 나은 의입니다.

　하나님의 말씀으로 살아야 하는 이유는, 우리가 살아 있고 항상 있는 하나님의 말씀으로 거듭났기 때문입니다. 하나님의 말씀은 곧 예수 그리스도를 뜻합니다. 그러므로 하나님의 말씀으로 사는 것은 곧 예수님으로 사는 것입니다. 따라서 바리새인보다 더 나은 의란, 하나님의 말씀을 삶의 터로 삼고 사는 것입니다. 즉 예수님을 내 삶의 터로 삼고 사는 것입니다. 이제 내가 사는 것이 아니라 내 안에 그리스도께서 사시는 삶을 사는 것입니다. 우리를 부르신 거룩한 하나님처럼 모든 행실에 거룩한 자가 되는 것입니다. 그러니 이제라도 외식하는 삶을 멈추어야 합니다. 예수님은 외식하는 사람에게 "사람에게 보이려고 그들 앞에서 너희 의를 행하지 않도록 주의하라 그리하지 아니하면 하늘에 계신 너희 아버지께 상을 받지 못하느니라."라고 경고하셨습니다(마 6:1). 그리고 "외식하는 자여 먼저 네 눈 속에서 들보를 빼어라 그 후에야 밝히 보고 형제의 눈 속에서 티를 빼리라."라고 말씀하셨습니다(마 7:5). 외식하는 삶을 멈추고 말씀으로 진실하게 살 때 예수님께 칭찬을 듣고 상을 받습니다.

　우리 하나님 아버지는 사람이 행하는 외모를 보고 판단하시는 분이 아닙니다. 각 사람의 행위대로 심판하시는 분이십니다(벧전 1:17). 즉 하나님은 결과만 보시는 것이 아니라 일이 시작된 동기와 원인, 과정과 결과를 모두 살펴보십니다. 한마디로 하나님은 그 사람의 중심 곧 마음을 보십니다(삼상 16:7). 마음이 생명의 근원입니다(잠 4:23). 사람의 됨됨이는 외모에 있지 않고 그 마음에 있습니다(잠

23:7). 진실한 믿음으로 시작하고, 말씀대로 진행하고, 말씀의 열매를 맺어야 합니다. 그 말씀의 열매는 하나님을 닮는 것이며, 하나님의 형상인 예수님을 닮는 것입니다. 하나님 앞에서는 율법을 듣는 사람이 의인이 아닙니다. 율법을 행하는 자라야 의롭다 하심을 얻습니다(롬 2:13). 정한 마음이 없는 형식을 자랑하는 외식하는 자가 되지 말아야 합니다.

아는 것을 자랑하지 말고 내 안에 계신 예수 그리스도로 온전히 행하여야 합니다. 내 몸에 예수 그리스도의 흔적을 지닌 성도로(갈 6:17), 예수 그리스도의 십자가만 자랑하며, 십자가의 삶을 살아야 합니다(갈 6:14). 예수님의 마음을 품은 하나님의 아들로서 믿음으로 온전히 행하는 의가 있어야 합니다(빌 2:5). 하나님의 아들을 믿는 믿음 안에서 살아야 합니다. 자기를 부인하고 자기 십자가를 지고 주님이 가신 십자가의 길을 올곧게 따라가야 합니다. 구원받은 성도인 것을 자랑하는 것이 아니라 성도답게 살아야 합니다. 점점 예수님을 닮아가야 합니다. 이것이 바리새인과 서기관보다 나은 의입니다. 만일에 크고 위대한 일을 하고, 큰 능력을 행했을지라도 그리스도의 형상을 닮지 못했다면 바리새인과 같은 사람입니다. 그러므로 천국에서 '크다.'라는 칭찬을 듣지 못하고, '작다.'라는 말을 들을 것입니다.

바리새인보다 나은 의를 가지려면 좁은 문으로 들어가야 합니다

좁은 문은 길이 협착하여 찾는 사람이 적습니다. 그러니 우리는 좁은 문으로 들어가기를 힘써야 합니다. 왜냐하면 생명으로 인도하는 문은 좁은 문이기 때문입니다(마 7:13-14). 생명으로 인도하는 문은 오직 예수님입니다(요 10:7). 좁은 문으로 들어가는 것은 예수님을 믿는 것입니다. 거듭해서 말하지만, 구원을 얻는 문은 오직 예수님뿐입니다. 예수님을 믿는 것 외에 다른 방법도, 다른 길도 없습니다. 그런데 예수님을 믿는 일이 쉽지만 않습니다. 몹시 어렵습니다. 왜냐하면 누구든지 원한다고 해서 믿을 수 있는 것이 아니기 때문입니다. 원히여도 믿지 못하는 사람이 많습니다. 그 이유는 하나님께로부터 난 사람만 예수님을 믿을 수 있기 때문입니다(요 6:65). 예수님께 속한 사람만 예수님을 믿을 수 있습니다. 하나님이 은혜를 주신 사람만 예수님을 믿을 수 있습니다. 하나님의 기업으로 선택된 사람만 믿을 수 있습니다. 하나님이 창세 전에 미리 아시고, 미리 정하시고, 부르신 사람만 예수님을 믿을 수 있습니다. 그러므로 구원의 문은 좁은 문이고, 구원의 길은 좁은 길입니다.

좁은 문으로 들어가는 것은 예수님을 따르는 삶입니다. 예수님을 따르는 길은 아주 좁고 험합니다. 예수님을 따르는 길은 십자가의 길입니다. 그래서 찾는 사람이 적습니다. 생각해 보십시오. 모든 생각과 계획이 항상 악한 사람들과 같이 살면서 노아처럼 하나님과 동행하는 게 쉽겠습니까? 많은 사람이 비웃고 조롱하는데도 엘리사처럼 끝까지 하나님을 따르기가 쉽겠습니까? 대적들이 두 눈을 부릅뜨고 해할 근거를 찾고 있는데 다니엘처럼 한결같이 하나님을 경외할 수 있겠습니까? 모두 바빠 제 갈 길을 가는데 선한 목자이신 예수님의 음성을 듣고 돌이키기가 쉽겠습니까? 하나님과 어린 양에게 속한 자들처럼 어디로 인도하든지 순종하기가 쉽겠습니까? 생명을 위협받는 자리에서 변함없이 믿음을 지킨다는 게 쉽겠습니까? 자기를 부인하고 자기 십자가를 지고 예수님을 따르기가 쉽겠습니까? 예수님을 따르는 길은 그야말로 어려운 길입니다. 어쩌면 세상에서 가장 힘든 일이 예수님을 따르는 것이 아닐까 생각됩니다. 하지만 그렇다고 해서 전혀 불가능한 일은 아닙니다. 사람으로는 할 수 없으나 하나님으로서는 다 하실 수 있습니다. 우리가 우리 길을 여호와께 맡기고 성도의 길을 믿음으로 걸어가면, 하나님이 이루시고, 우리 의를 빛 같이 나타내시며, 우리 공의를 정오의 빛같이 빛나게 하실 것입니다(시 37:5-6).

하나님의 은혜로 구원을 얻은 성도는 예수님을 따르기를 힘써야 합니다. 예수님을 따르려면, 여호와를 힘써 알아야 하며(호 6:3), 부르심과 택하심을 굳게 지켜야 합니다(벧후 1:10). 또한 무거운 것과 얽매이기 쉬운 죄를 벗어버려야 합니다. 육신과 죄와 피 흘리기까지 싸워야 합니다. 내가 귀하게 여기던 모든 것을 배설물같이 여기고 과감히 버려야 합니다. 그리고 성령님의 이끄심을 따라 믿음의 도를 위하여 힘써 싸워야 합니다(유 1:3). 마음을 힘써 지켜, 홍해를 가르신 하나님, 요단 강을 건너게 하신 하나님, 물 위로 걸어오신 예수님이 행하신 놀라운 일들을 잊지 말아야 합니다. 주를 만나는 그날까지 그 일들을 마음에 깊이 새기고 잊지 않도록 조심하며, 자녀들과 손자들에게 부지런히 전수해야 합니다(신 4:9).

이 땅에 살아 숨쉬는 동안 나를 구원하신 은혜를 마음에서 떠나지 않도록 하는 것이 좁은 문으로 들어가는 것입니다. 세상의 유혹에 넘어가지 않고 죄와 타협하지 않으며 성도의 길을 가는 것이 좁은 문으로 들어가는 것입니다. 나를 구원해 주신 하나님의 은혜와 예수님 십자가의 사랑을 대대손손 알게 하는 것도 좁은 문으로 들어가는 것입니다. 결코 쉬운 일이 아닙니다. 사람의 힘으로는 이룰 수 없습니다. 그래서 가려는 사람이 적습니다. 그러나 하나님의 은혜로 구원받은 성도는 선한 목자이신 예수님이 어디로 인도하든지 순종하는 삶을 살아야 합니다. 날마다 자기 십자가를 지고 예수님을 따라야 합니다. 왜냐하면 좁은 문으로 들어가기를 힘쓰는 사람만이 바리새인보다 나은 의의 삶을 살 수 있기 때문입니다.

문이 닫히기 전에 좁은 문으로 들어가기를 힘써야 합니다

천국 문은 종일토록 닫히지 않습니다(계 21:25). 그러므로 성경에서 '문이 닫힌다.'는 표현은 '천국 문 자체가 닫힌다.'라는 의미가 아닌 것은 분명합니다. 그렇다면 문이 닫히는 것은 내게 주어진 기회가 지나가는 것이고, 내 인생의 마지막 종착역에 도착하는 것이며, 예수님이 재림하시는 것입니다. 그런데 문이 닫히는 순간은 우리가 생각하는 것보다 훨씬 빨리, 그리고 아주 신속하게 찾아옵니다. 예수님은 속히 오십니다. 그러므로 깨어서 정신을 차리고 우리 날의 수를 계수하며 살아야 합니다. 무엇보다 문이 닫힌다는 사실을 잊지 말고 나는 무엇을 위해서 살며, 무엇을 위해서 열심히 사는지 생각하며 살아야 합니다.

믿음과 욕심을 구분하며 살고, 하나님의 영광과 내 욕심을 혼동하지 말고 살아야 합니다. 아무리 힘들더라도 믿음 위에 굳게 서서 끝까지 좁은 문으로 들어가기를 힘써야 합니다. 어제 힘써 준비했던 것을 자랑하지 말고, 또 내일 준비하면 되겠지 하고 미루지 말고 지금 준비해야 합니다. 만약 지금 좁은 문으로 들어가기를 힘쓰지 않으면 늦습니다. 아니 영원히 좁은 문으로 들어갈 기회를 잃게 될지도 모릅니다.

이런 경우를 생각해 봅니다. 좁은 문으로 들어가려니 힘이 들고 알아주는 사람도 없습니다. 그래서 '내가 굳이 이 좁은 길을 가야 하나?' 하는 생각이 들어 넓은 문으로 들어갔습니다. 넓은 문으로 들어가니 길도 편하고 위대한 일도 이루었습니다. 사람들의 존경도 받았고, 대접도 받으며 살았습니다. 그렇게 이 세상에서 많은 영광을 누리며 가다 보니 어느새 문이 닫혔습니다. 그날이 이렇게 빨리 올 줄 몰랐습니다. 하나님의 심판대 앞에 서서 그동안 이룬 큰일들로 인해 칭찬받을 것을 기대했습니다. "주여, 주여. 우리가 주의 이름으로 선지자 노릇 하며, 주의 이름으로 귀신을 쫓아내며, 주의 이름으로 많은 권능을 행하였습니다."라고 자랑하며 칭찬을 기대했습니다. 그런데 심판장이신 예수님은 "내가 너를 도무지 알지 못하니 불법을 행하는 자야 내게서 떠나가라."라고 말씀하십니다(마 7:21-23). 너무 놀라고 당황스러워 다급하게 "저는 주 앞에서 먹고 마셨습니다. 주님은 저를 길거리에서 가르치셨잖습니까?"라고 부르짖습니다. 그런데도 예수님은 "나는 네가 어디에서 왔는지 알지 못한다. 행악하는 자야 나를 떠나가라."라고 단호하게 말씀하십니다(눅 13:25-27). 만약 심판장이신 예수님에게 "내가 너를 알지 못한다."라고 하시는 말씀을 듣는다면 내 인생은 완전히 실패한 인생입니다. 그동안 살아온 인생 자체가 무너지는 것입니다. 이것은 비극 중의 비극입니다. 하나님이 인정하지 않으시는 삶을 산 사람은 가장 불쌍한 사람입니다. 하나님이 나를 기억하지 못하시는 것이 가장 처참한 최고의 형벌입니다.

힘들다고 좁은 문을 포기하고 쉽고 편한 넓은 길로 가면 후회할 날이 곧 옵니다. 넓은 문으로 들어간 사람이 누린 세상에서의 웃음과 영광은 결국 비극으로 끝날 것입니다. 반면, 좁은 문으로 들어가기를 힘쓴 사람은 멸시와 조롱, 고통과 눈물이 끝난 후에 하나님의 위로와 천국의 영광을 맛볼 것입니다.

사람은 누구나 잘못할 수 있고, 실수할 수도 있으나 하나님의 말씀을 듣기만 하고 행하지 않는 잘못은 하지 말아야 합니다. 십자가를 자랑하면서 십자가의 길을 가지 않는 어리석음은 피해야 합니다. 하나님의 말씀을 아는 것을 자랑하며 행하지 않으면서 가르치는 일에만 열정을 쏟는 잘못은 하지 말아야 합니다. 내가 먼저 하나님 말씀대로 행하여 바리새인보다 나은 의를 가져야 합니다. 오직 십자가의 길로 행하므로 예수님을 닮아서 바리새인보다 나은 의를 가져야 합니다. 그렇게 할 때 천국에서 크다는 칭찬을 듣습니다. 그렇지 않으면 천국에서 '지극히 작다.'는 책망을 들을 수밖에 없습니다. 예수님은 "누구든지 이 계명 중의 지극히 작은 것 하나라도 버리고 또 그같이 사람을 가르치는 자는 천국에서 지극히 작다 일컬음을 받을 것이요 누구든지 이를 행하며 가르치는 자는 천국에서 크다 일컬음을 받으리라."라고 분명하게 말씀하셨습니다.

10장

나를 비우고 예수님으로 채워야 합니다

The heavenly reward given by God

"우리 주 예수 그리스도의 은혜를 너희가 알거니와 부요하신 이로서 너희를 위하여 가난하게 되심은 그의 가난함으로 말미암아 너희를 부요하게 하려 하심이라"(고린도후서 8장 9절).

"그는 근본 하나님의 본체시나 하나님과 동등됨을 취할 것으로 여기지 아니하시고 오히려 자기를 비워 종의 형체를 가지사 사람들과 같이 되셨고"(빌립보서 2장 6-7절).

세상에 아름다운 꽃들이 많지만, 그중에서도 민들레꽃이 나의 마음을 사로잡습니다. 민들레는 꽃이 피기 전까지 거의 땅에 바짝 붙어 있다가, 씨를 맺게 되면 키가 자라기 시작하면서 옆의 식물보다 조금 더 높이 올라섭니다. 민들레꽃의 색깔은 노란색이거나 하얀 우윳빛입니다. 노란 꽃은 강렬한 매력으로 눈길을 사로잡고, 하얀 꽃은 부드러운 미소와 우윳빛 투명한 아름다움으로 마음을 끌어당깁니다. 그런데 씨앗이 맺히면, 이 두 꽃 모두 투명한 흰 빛깔로 변신합니다.

민들레는 바람에 의해 수정된 후 흰 깃털을 달고 하늘을 날아가는데 길게는 1km 이상을 날아가기도 합니다. 우리가 흔히 쓰는 '민들레 홀씨'라는 말에서, 여기서의 '홀씨'는 민들레 씨앗을 뜻하는 것이 아닙니다. '홀로 떠난다'는 의미를 담은 접미적 수사로, 씨앗이 바람을 타고 혼자서 멀리 날아가 외로운 자리에 뿌리내리는 모습을 표현한 말입니다. 즉 '민들레 홀씨'는 홀로 떠나 외로이 자리를 잡게 되는 씨앗을 의미합니다.

멀리 날아가려면 될수록 가벼워야 합니다. 그래서일까요? 민들레 홀씨는 비우고 또 비워냈기에 속이 텅 비어 훤히 들여다보입니다. 어쩌면 비우지 않고는 날 수 없다는 것을 민들레는 숙명처럼 알고 있는 것만 같습니다. 화려했던 지난날의 영광을 미련이 없이 모두 버리고, 하얀 색깔의 둥그런 구형을 이룬 민들레 씨앗은 참 사랑스럽습니다. 모든 아름다움을 아낌없이 비워내고, 숨길 것 없이 당당한 그 모습이 마음을 사로잡습니다. 젊은 날의 화려했던 흔적을 미련 없이 떨쳐내고, 정수리가 보이는 하얀 머리가락처럼 변신한 민들레 홀씨가 예쁩니다. 강렬하고 우아했던 사랑의 빛깔마저도 비워내고, 속이 훤히 비치도록 수수하게 변신한 그 모습에 절로 경탄이 나옵니다. 떠남을 위해 젊은 날의 아름다움을 고집하지 않고, 바람에 흔들리는 민들레 꽃씨를 바라보며 새삼 마음이 숙연해집니다.

남김없이 비워낸 민들레 홀씨는 바람이 이끄는 대로 어디로든 날아갑니다. 그리고 그 날아간 곳에서 조용히, 그러나 힘차게 생명의 싹을 틔워냅니다. 이렇듯 바람을 타고 떠난 낯선 곳에서 외롭게 뿌리내리는 민들레 씨앗의 도전 속에서 삶의 의미를 되새겨 봅니다. 우리도 마찬가지입니다. 민들레 홀씨처럼 나를 비우고 버릴 때, 비로소 새로운 세계를 창조할 수 있는 사람이 됩니다. 생명을 살리고 또 생명을 창조하는 놀라운 기적을 만들어 냅니다. 그렇습니다. 하나님 자녀다운 아름다운 삶을 연주하려면 스스로 자랑하던 것들을 모두 버리고 또 비워야 합니다. 화려했던 명예도 버려야 하고, 수치스러운 자존심도 내려놓아야 합니다. 아름답던 영광은 물론이고, 초라하고 비참했던 모습까지도 비워내야 합니다. 나를 억누르고 괴롭히는 실패의 기억마저도 지워야 합니다. 사실, 지난날의 화려했던 영광은 쉽게 버릴 수 없습니다. 그러나 천국 백성이라면, 이 땅에서 진정으로 자유롭게 살아가기 위해서라면 그 모든 것을 비워내야 합니다. 우리가 쥐고 있는 것을 내려놓이 않으면, 우리가 할 수 있는 일은 생각보다 많지 않습니다. 욕망에 사로잡힌 마음은 사물을 있는 그대로 객관적으로 볼 수 없게 만들기 때문입니다. 하지만 타락한 내 마음을 비우기 시작하면, 그때 비로소 '나'가 아닌 '다른 사람'이 보이기 시작합니다. 그 텅 빈 마음은 성령으로 채워지고, 낮은 마음으로 이웃을 향해 살아가게 됩니다.

만약 나를 위한 삶만을 살다 보면, 그 일이 끝나는 순간 내 인생도 함께 끝납니다. 평생직장을 위해 쉼없이 달려온 사람도 은퇴하는 그 순간 삶의 방향을 잃고 맙니다. 왜냐하면 그동안의 삶이 오직 '자기 목적'만을 향해 있었기 때문입니다. 사실 대부분의 사람은 자신의 목표를 이루기 위해 열심히 살아갑니다. 하지만 하나님이 주신 은혜를 깊이 깨닫고, 삶의 연륜이 쌓여 칠십이 넘는 나이가 되면 그토록 이루려 했던 그 일이 사실은 별것 아니었음을 깨닫게 됩니다. 그리고 그때에야 비로소 나에게 남은 것이 무엇인지 깊이 돌아보게 됩니다.

인생을 살아가면서 내게 남는 것은 단 두 가지뿐입니다. 믿음으로 행한 일과 다른 사람에게 선을 행한 일입니다. 오직 이 두 가지 일만이 하나님 나라에까지 함께 가지고 갈 수 있습니다. 그것이야말로 내가 후손들에게 남겨줄 수 있는 가장 값지고 소중한 유산이기도 합니다. 그러므로 그 길이 아무리 힘들고 험난해도 우리는 즐거운 마음으로 걸어가야 합니다. 마음을 비우는 일은 주님을 사랑하고 십자가로 나아가는 출입구입니다. 이 사실을 온 몸으로 받아들였던 바울 사도는 오직 예수님을 얻고, 예수님 안에서 발견되기 위해 이전에 귀하게 여기던 모든 것을 배설물처럼 여기고 버렸습니다. 우리 또한 모든 것을 비우고, 그 빈 곳에 예수님으로 채워야 합니다. 텅 빈 마음은 예수 그리스도의 사랑으로 가득 채워질 때 비로소 온전해집니다. 그렇게 할때, 우리는 해바라기처럼 오직 주님만 바라보며, 주님이 사랑하는 사람들을 사랑하며 살아갈 수 있습니다.

　　민들레 홀씨는 내 마음을 비우고 새로운 삶에 도전해 보고 싶은 매력에 빠지게 합니다. 나를 비우고, 그 비운 마음에 예수님으로 가득히 채우고 싶은 간절한 소망을 불러 일으킵니다. 나를 비우고 주님께로 더 가까이 다가가고픈 간절한 바람이 민들레 홀씨에 내 마음이 빼앗깁니다.

　　사람은 누구나 더 가지려고 하는 마음이 있습니다. 실제로 사람의 욕심은 끝이 없습니다. 그렇다 보니 만족하기보다 항상 모자람의 허기를 느끼고 더 채우려고 욕심을 부립니다. 사나운 짐승도 배가 부르면 더는 사냥을 하지 않는다고 합니다. 그런데 사람은 배가 불러도 욕심을 냅니다. 욕심 많은 사람은 단지에 물건을 가득히 채우고도 꾹꾹 눌러서 더 채울 궁리를 합니다. 단지가 더 이상 무게를 감당하지 못해 서서히 금이 가고 있는데도 '괜찮겠지.' 하며 멈추지 않고 욕심을 부립니다. 결국 단지는 깨지고, 그 안에 있는 모든 것이 밖으로 쏟아져 지금까지 해온 모든 수고가 헛수고가 됩니다.

　　지나친 욕심이 큰 화를 불러오는 경우가 많이 있습니다. 지나친 욕심이 때문에 지금까지 소유했던 모든 것을 잃고, 수치를 당하는 일도 종종 일어납니다. 지나친 욕심이 그동안 쌓아올린 명예를 잃게 만들고 부끄러운 일을 당하게 만듭니다. 그런데도 우리는 좀처럼 비우려고 하지 않습니다. 도리어 비우려는 마음을 가진 사람을 의욕 없는 사람, 비전 없는 사람이라고 치부하며 비난하기도 합니다. 가끔 '비움'을 말하는 사람을 대단한 인격자로 추켜세우면서도 정작 자신은 비우려고 하지 않습니다. 그런데 비움과 채움의 비밀을 알아야 인생을 값지고 행복하게 살 수 있습니다. 민들레 홀씨처럼 온전히 비워야 아름다운 하늘의 영광을 맛보는 멋진 인생을 살 수 있습니다.

　　인생이란 그릇에 물을 채워야 할 때가 있고 물을 비워야 할 때가 있습니다. 인생은 단순히 흘러가는 것이 아니라 채우고 비우며, 비우고 채우는 과정의 연속이라 할 수 있습니다. 하버드 대학교의 학교발전계획 책임자인 메릴 미도우(Merrill Meadow)와 기업가인 에릭 시노웨이(Eric Sinoway)는 '하워드의 선물'(인생의 전환점에서 만난 필생의 가르침)이라는 책에서 "인생은 흘러가는 것이 아니라 채우고 또 비우는 과정의 연속이다. 무엇을 채우느냐에 따라 결과는 달라지며, 무엇을 비우느냐에 따라 가치는 달라진다. 인생이란 그렇게 채우고 또 비우며 자신에게 가장 소중한 것을 찾아가는 길이다."라고 했습니다. 그렇습니다. 인생은 단순히 비우고 채우는 것을 반복하는 것이 아니라, 그 과정에서 발전하고 완성되어 가는 것입니다. 비우고 채우는 반복을 통해 정체성을 찾고, 인격이 깊어지고, 안목이 넓어지고, 꿈이 더 높아집니다. 이 과정은 세상 만물을 더 깊이 이해하게 하고, 사람을 더 깊이 사랑하게 만듭니다.

　　비우고 채우는 반복에서 중요한 것은 '비우는 것'이 먼저라는 점입니다. 농사를 지어보지 않은 사람은 논에 물이 항상 가득 차 있으면 벼가 잘 자라는 줄 알지만, 사실은 그렇지 않습니다. 논에 물이 늘 가득 차 있으면 벼가 약해져 병충해에 취약해지고, 작은 바람에도 쉽게 쓰러지게 됩니다. 그래서 때에 맞게 논의 물을 빼주어야 벼가 튼튼하게 자라며, 그래야 알곡이 알차게 열리고 가을에 풍성하게 익어갑니다.

우리의 구원자되시는 예수님은 온전히 자기를 비우셨습니다

예수님은 하나님의 본체이십니다(빌 2:6). 예수님은 완전한 하나님으로서 성부 하나님과 동등하신 분이십니다. 그럼에도 예수님은 우리를 위해 하나님과 동등됨을 취할 것으로 여기지 않으셨습니다. 오히려 자기를 완전히 비우시고 종의 모습으로 오셨습니다. 예수님은 하나님과 동등한 주권과 능력, 영광과 권능을 가지고 계셨지만, 그 모든 권리를 기쁘게 내려놓으셨습니다. '예수님이 내려 놓으셨다.'라고 해서 하나님의 주권이나 능력, 영광이 사라진 것이 아닙니다. 예수님이 자기의 권능을 감추시고, 능력을 드러내지 않으시며, 자기의 영광을 숨기신 것을 '자기를 비우셨다.'고 표현한 것입니다. 이처럼 예수님은 참된 신성을 가지셨기에 하나님의 형체(모르페)이시고, 참된 인성을 가지셨기에 종의 형체(모르페)를 취하셨습니다. 또한 인성의 가변적 외부적 특성을 가지셨기에 사람의 모양(스케마)으로 나타나셨습니다(빌 2:7).

예수님이 이 땅에 오신 '성육신의 사건'은 그야말로 비움의 생애였습니다. 예수님의 비우심은 다른 사람을 위한 비움이었습니다. 죄인들을 위하여 전부를 쏟아부어 주셨습니다. 자기를 비워 종으로 오셔서 모든 사람을 위한 대속물이 되셨습니다. 우리 죄를 대신해 목숨을 버리셨습니다. 예수님의 비우심은 창조주 하나님이 피조물을 살리시고 부요하게 하시기 위한 비우심입니다. 예수님이 십자가에서 피 흘려 죽으신 것은 비움의 절정이라 할 수 있습니다. 그러므로 예수님의 비우심은 한량없는 자비로운 사랑이며 참된 비움입니다(빌 2:5-8). 예수님은 버릴 권세도 있고, 다시 얻을 권세도 있으십니다(요 10:18).

예수님은 자기를 비워 종의 형체를 가지셨습니다(빌 2:7). '자기를 비어'라는 말은 종의 모양을 취하신 것을 의미합니다. 예수님은 단순히 종의 겉모습만 취하거나, 종으로 가장하신 것이 아닙니다. 종의 본질적인 속성을 취하셨습니다. 예수님은 온전히 종이 되셨고, 종으로 섬기셨습니다. 만주의 주님이신(계 17:14) 하나님이 모든 사람의 종이 되셨습니다(마 20:27-28). 만왕의 왕이신(계 17:14) 하나님이 모든 사람을 섬기는 종이 되신 것입니다. 만물의 주권자이신 주님이 죄인들을 위하여 종이 되셨습니다.

예수님은 자기의 유익을 생각하지 않으시고, 오로지 하나님의 뜻에 복종하셔서 사람을 섬기려고 오셨습니다. 종의 형제를 가지신 예수님은 사람과 같이 되셨습니다. 예수님은 사람처럼 보이신 것이 아닙니다. 예수님은 모든 면에서 사람과 똑같으신 분입니다. 예수님은 100% 사람이십니다. 그런데 죄는 전혀 없으십니다(히 4:15). 완전한 사람이신 예수님을 성경은 "그는 주 앞에서 자라나기를 연한 순 같고 마른 땅에서 나온 뿌리 같아서 고운 모양도 없고 풍채도 없은즉 우리가 보기에 흠모할 만한 아름다운 것이 없도다. 그는 멸시를 받아 사람들에게 버림받았으며 간고를 많이 겪었으며 질고를 아는 자라 마치 사람들이 그에게서 얼굴을 가리는 것 같이 멸시를 당하였고 우리도 그를 귀히 여기지 아니하였도다."(사 53:2-3)라고 말합니다.

사람으로 오신 예수님은 죽기까지 복종하셨습니다(빌 2:8). 예수님은 하나님의 아들이시면서도 고난을 통해 순종을 배우셨습니다(히 5:8). 예수님은 십자가에 죽으심으로 하나님께 완전한 복종을 이루셨습니다. 예수님이 십자가에서 죽으신 것은 고통과 수치, 저주의 극치였습니다(신 21:22). 즉 십자가의 죽음은 하나님과 동등하신 분이 가장 극악한 죄수의 죽음으로 자신을 낮추셨음을 적나라하게 보여준 사건입니다. 하나님이신 예수님은 인간으로 낮아지셨고, 그중에서도 종의 형체로, 더 나아가 종보다 더 낮은 극형 죄수로 죽는 자리까지 낮아지셨습니다.

예수님의 자기 비움은 우리를 부요하게 하시기 위한 것입니다. 예수님은 모든 것을 소유하신 분이십니다. 은도 하나님의 것이요, 금도 하나님의 것입니다(학 2:8). 만물이 주의 뜻대로 창조되었고, 주를 위해 존재합니다. 천지에 있는 모든 것이 다 주의 것입니다. 예수님은 만물의 주권자이시며, 참된 주인이십니다. 만물이 주께로 나오고, 주로 말미암고, 주께로 돌아갑니다(롬 11:36). 예수님은 아무것도 부족함이 없으신 분이십니다. 그런 분이 하늘 보좌에서 내려와 죄인을 구원하여 부한 사람이 되게 하시려고 이 땅에 오셨습니다. 이 땅에 오신 예수님은 아무것도 소유하지 않으셨고, 머리 둘 곳도 없는 청빈한 삶을 사셨습니다(마 8:20). 부요하신 예수님이 우리를 위하여 가난하게 되신 것은, 그분의 가난함으로 말미암아 우리를 부요하게 하시기 위함입니다. 곧, 예수님은 우리를 천국을 소유한 백성으로 삼으시고 부요하게 하시기 위해서 스스로 가난함을 선택하신 것입니다.

예수님은 우리를 풍성하게 하시는 분이십니다. 은혜에 풍성하게 하시고, 영광의 풍성함을 누리게 하십니다. 측량할 수 없는 그리스도의 풍성함을 경험하게 하시며, 하나님의 사랑을 모든 지식과 총명으로 점점 더 풍성히 알아가게 하십니다. 예수님은 우리를 영적으로 부요하게 하실 뿐만 아니라 우리의 육신 또한 하나님의 풍성함을 누리도록 하십니다. 우리의 소득이 풍부하게 하시고, 먹을 양식을 넉넉히 주십니다. 하나님의 복을 받은 사람으로 살게 하시며, 계속해서 복을 받는 삶을 누리게 하십니다. 우리가 사는 동안 모든 것이 합력하여 선을 이루게 하시고, 어디로 가든지 형통하게 하시는 분이 바로 예수님이십니다.

자기를 비우심으로 우리를 부요하게 하신 예수님에 대해서 바울 사도는 "우리 주 예수 그리스도의 은혜를 너희가 알거니와 부요하신 이로서 너희를 위하여 가난하게 되심은 그의 가난함으로 말미암아 너희를 부요하게 하려 하심이라."(고후 8:9)라고 말합니다. 이처럼 예수님이 우리를 부요하게 하기 위해 모든 것을 비워주셨으므로 우리는 예수님을 통해서 풍성하게 채워주심을 경험할 수가 있습니다. 이것이 구원의 은혜요, 구원의 신비입니다.

예수님이 공급하시는 풍성함을 누리려면, 먼저 나를 비우고 하나님의 임재로 가득 채워야 합니다. 나의 생각과 욕심, 자아를 비우고, 예수님으로 채워야 합니다. 우리 생명이시며 영광의 소망이신 예수님을 내 안에 모셔야 합니다. 내가 사는 것이 아니라 내 안에 그리스도가 사셔야 합니다. 하나님의 임재로 채운다는 것은 하나님을 내 안에 모시고, 내 삶 속에 거하시는 하나님으로 살아간다는 의미입니다. 하나님만을 바라고, 하나님만을 기다리는 삶, 곧 하나님이 나의 전부가 되는 삶입니다. 다윗은 불안하고 두렵고 흔들리는 최악의 상황에서도 '하나님만이······'라고 반복하며 고백했습니다(시 62편).

모든 것이 흔들리는 상황 속에서 하나님만 붙들고 하나님만으로 채워졌을 때, 그 모든 상황을 뛰어넘을 수 있는 놀라운 평안을 경험하게 됩니다. 하나님의 임재하심만이 우리에게 위대한 축복과 부요함이 될 수 있습니다. 나를 비우고 하나님만으로 채울 때, 하나님만으로 만족하고 하나님 외에 더 바랄 것이 없게 됩니다. 하나님보다 더 좋아하는 것이 없고, 하나님보다 더 기대하는 것이 없습니다. 그럴 때, 하나님은 "그가 나를 사랑한즉 내가 그를 건지리라 그가 내 이름을 안즉 내가 그를 높이리라 그가 내게 간구하리니 내가 그에게 응답하리라 그들이 환난당할 때에 내가 그와 함께 하여 그를 건지고 영화롭게 하리라 내가 그를 장수하게 함으로 그를 만족하게 하며 나의 구원을 그에게 보이리라."(시 91:14-16)라고 말씀하셨습니다. 그러므로 오직 하나님만으로 만족하는 성도가 가장 존귀한 성도입니다.

아빌라의 테레사는 '십자가의 성 요한'을 제자로 길렀던 유명한 여인입니다. 수도원 원장이었던 아빌라의 테레사가 어느 날 기도하다가 하나님의 강력한 임재가 부어지는 놀라운 경험을 하게 되었습니다. 손에 예수님의 고통을 경험하고 은혜가 부어지는데 그 중간에 테레사는 자기도 의도하지 않았던 놀라운 고백을 합니다. "하나님 그만 주세요. 하나님이면 되었어요. 하나님만으로 저는 만족해요." 하나님 한 분만으로 채워졌을 때, 성도가 누리는 기쁨은 최고 절정에 이르게 됩니다. 하나님의 임재로 채워지고, 성령의 충만함으로 채워지고, 성령의 열매로 채워질 때만이 성도는 풍성함을 누리는 것입니다. 성령의 열매는 사랑과 희락과 화평과 오래 참음과 자비와 양선과 충성과 온유와 절제입니다. 그러므로 미움을 버리려고 애쓰지 말고 사랑으로 채우면 됩니다. 슬픔을 버리려고 애쓰지 말고 기쁨으로 채우면 됩니다.

예수님을 본받아 자기 자신을 완전히 비우신 분이 바울 사도입니다. 바울 사도는 자기에게 유익하던 모든 것을 해로운 것으로 여기고 배설물로 여겼습니다. 왜냐하면 주 예수 그리스도 예수를 얻고 그 안에서 살기 위해서입니다(빌 3:5-9). 바울 사도는 "그 안에는 신성의 모든 충만이 육체로 거하시고 너희도 그 안에서 충만하여졌으니 그는 모든 통치자와 권세의 머리시라."라고 말했습니다(골 2:9-10). 나를 비울 때 신성의 모든 충만이 육체로 거하시는 예수님의 충만함으로 채워집니다. 따라서 나를 비우고 예수님으로 채울 때 참 행복을 누립니다. 앤드류 머레이는 "주여, 저를 빈 그릇으로 주께 드리오니 성령으로 채워주소서."라고 기도하라고 합니다. 그리고 주님께 나아가서 "음식물을 담기 위해 깨끗하게 비워진 그릇처럼 저도 이제부터는 성령을 담을 수 있는 그릇이 되기를 원합니다. 저를 드리오니 신령한 사람이 되게 하소서."라고 기도하라고 합니다(앤드류 머레이, 『나를 버려야 예수가 산다』. 30p-31p).

나를 비우고 나 자신을 부인하는 삶이 성도의 삶이며 제자의 삶입니다. 하나님의 자녀인 우리는 나를 부인하고 나의 십자가를 지고 주님을 따라야 합니다. 머레이는 '파멸의 주범은 자아'이며, '자아는 이 세상이 멸망뿐 아니라 죄와 어둠과 가련함과 비참함에 속한 모든 것을 가져왔다.'라고 말합니다. 그리고 자아의 일은 자기 고집(self-will), 자기 과신(self-confidence), 자기 높임(self-exaltation)이라며 고집스럽게 자기 자신의 기쁨을 추구하는 것은 인간의 큰 죄악이라고 합니다. 그러므로 나의 뜻을 꺾지 않고 나 자신을 기쁘게 하려고 발버둥 치는 것은 그리스도를 부인하는 것입니다.

성도들이 하나님의 뜻대로 살기를 열망하면서도 자기 자신을 믿기 때문에 실패합니다. 성도의 삶에서 모든 실패의 원인은 예수님을 의지하지 않고, 자기 자신을 의지했기 때문입니다. 그래서 예수님은 자기를 부인하라고 말씀하셨습니다. 자기를 높이는 교만은 아주 악한 죄입니다. 실제로 많은 성도들이 자기를 높이려고 노심초사합니다. 이런 자기중심적인 삶에서 벗어나려면 자기 자신을 부인하고 예수님을 나의 생명으로 받아들여야 합니다. 시퍼런 자아가 펄펄 살아 있으면 내 안에 예수님이 거하실 수 없습니다. 하지만 자아가 죽으면 예수님이 일을 시작하십니다.

우리는 마음을 다해 예수님을 따르고, 예수님의 가르치심에 귀를 기울이며 나 자신을 예수님께 온전히 드려 예수님이 나의 전부가 되시게 해야 합니다. 성도 중 누구도 "내게는 부인할 자아가 더 이상 없다.'라고 말할 수는 없습니다. 예수 그리스도의 십자가에 동참하려면, 우리는 끊임없이 자아를 부인해야 합니다. 문제는 자아를 부인하는 일이 쉽지 않다는 것입니다. 우리 안에는 여전히 자신을 주장하려는 본성과 하나님보다 자신을 앞세우려는 욕망이 깊이 자리하고 있기 때문입니다. 그러므로 예수님이 십자가에 죽으신 것처럼, 우리도 자아를 십자가에 내어주어야 합니다. 왜냐하면 예수님의 십자가만이 우리의 자아를 진정으로 비우고 다스릴 수 있기 때문입니다. 우리는 예수님과 함께 자아를 십자가에 못 박아야 합니다. 자아를 부인하고 자기 십자가를 지고 예수 그리스도와 함께 죽어야 합니다(앤드류 머레이, 위의 책, 39p-50p).

예수님은 성도가 본받아야 할 삶을 사셨습니다. 또한 우리가 예수님을 본받아 살기를 원하셨습니다. 예수님은 우리를 위하여 고난을 받으셨고, 우리가 그분의 발자취를 따라오도록 본을 남기셨습니다(벧전 2:21). 예수님은 주와 선생이 되시나 제자들의 발을 씻어 주셨습니다. 그리고 "내가 너희에게 행한 것 같이 너희도 행하게 하려 하여 본을 보였었으니 너희도 서로 발을 씻어 주는 것이 옳다."라고 말씀하셨습니다(요 13:14-15).

예수님은 우리 생명이십니다. 예수님을 내 안에 모시면 우리 안에 생명이 있게 됩니다. 예수님의 생명은 하나님께로부터 받은 생명이며, 우리의 생명 또한 하나님께서 예수님을 통해 주신 생명입니다(요 6:57-58). 그러므로 우리 안에 있는 하나님의 생명은 오직 하나님에 의해 유지되어야 합니다. 우리는 우리 안에 계신 예수님, 곧 우리의 생명이신 그분을 담아야 하며, 예수님처럼 사는 법을 배워야 합니다. 우리의 생명이신 예수님을 모시면 내가 사는 것이 아닙니다. 오직 내 안에 그리스도께서 사시는 삶을 삽니다(갈 2:20). 왜냐하면 우리에게 생명을 주신 분은 예수님이시기 때문입니다. 예수님만 우리 생명을 지켜주실 수 있기 때문입니다. 그러므로 "나는 아무것도 아닙니다. 나는 아무것도 할 수 없습니다. 하나님이 나의 전부이십니다."라고 고백하는 겁니다. 그리고 예수님으로 살기를 힘씁니다. 그런데 예수님으로 사는 것이 쉽지 않습니다. 내가 죽어야 합니다. 내가 죽어야 예수님이 살고, 내가 죽어야 내가 삽니다. 내가 죽어야 교회가 살고, 내가 죽어야 우리 가정이 삽니다. 그러므로 예수님이 십자가에 죽으신 것처럼 내가 죽어야 예수님을 본받아 살 수 있습니다.

예수님은 하나님의 뜻을 이루려고 오셨습니다(히 10:9). 십자가에 죽기까지 복종하셨습니다. 우리도 예수님을 본받아 살기를 원하고, 예수님이 내 안에 거하시기를 원한다면, 예수님을 온전히 모셔 들여야 합니다. 모든 것을 예수님께 맡기고 예수님만 의지해야 합니다. 예수님이 원하시는 대로 순종해야 합니다. 예수님이 십자가에 죽기까지 복종하신 것처럼 우리도 죽기까지 복종하여야 합니다. 그러기 위해서 나는 날마다 죽어야 합니다. 성도의 영광은 죽음으로 준비되는 것입니다. 죽지 않고는 칭찬과 영광을 준비할 수 없습니다(위의 책, 102p-116p).

우리가 예수님이 앞에 설 때 영광스러운 상급을 받기 위한 준비는 먼저 나를 비우고 예수님으로 채우는 것입니다. 그런데 만약 나를 비우기만 하고 예수님으로 채우지 않는다면, 큰 위험에 빠질 수 있습니다. 예수님으로 채워지지 않으면, 하나님의 사랑과 은혜의 풍성함을 누리기보다 오히려 사탄이 우리 안에 들어와 지배할 수도 있습니다. 아무리 아름다운 집도 사람이 살지 않고 비워두면 폐가가 되어 허물어지듯이 우리 역시 예수님으로 채워지지 않으면 무너지고 말 것입니다. 비우기만 하고 예수님으로 채우지 못할 때의 위험을 예수님은 "더러운 귀신이 사람에게서 나갔을 때에 물 없는 곳으로 다니며 쉬기를 구하되 얻지 못하고 이에 이르되 내가 나온 내 집으로 돌아가리라 하고 가서 보니 그 집이 청소되고 수리되었거늘 이에 가서 저보다 더 악한 귀신 일곱을 데리고 들어가서 거하니 그 사람의 나중 형편이 전보다 더 심하게 되느니라."(눅 11:24-26)라고 말씀하셨습니다. 우리가 비우고 깨끗이 청소했어도 예수님으로 채우지 않으면 더 악한 귀신이 들어와 거할 수 있습니다. 반드시 기억해야 할 것은, 진리를 알고도 죄를 범하면 다시 속죄할 제사가 없으며, 오직 심판과 맹렬한 불만 있을 뿐이라는 사실입니다(히 10:26-27). 그러므로 비움을 자랑하지 말고 예수님으로 채워져야 합니다. 예수님으로 가득 차 있을 때만이 참된 평안과 생명이 넘칩니다.

하나님은 가인에게 "선을 행하지 아니하면 죄가 문에 엎드려 있느니라 죄가 너를 원하나 너는 죄를 다스릴지니라."라고 말씀하셨습니다(창 4:7). 우리가 선을 행하지 아니하면 죄는 항상 우리 앞에 웅크리고 앉아 있습니다. 그 죄는 나를 노리고 있습니다. 그래서 우리는 단칼에 죄를 다스려야 합니다. 만약 죄를 다스리지 못하면, 죄가 내 안에 들어와 나를 지배하게 되고 나는 서서히 죄의 권세 아래 놓이게 됩니다. 죄를 다스리는 비결은 적극적으로 선을 행하는 데 있습니다. 그리고 그 '적극적인 선'은 오직 예수님으로 말미암아 행할 때 가능합니다. 만약 예수님으로 행하지 않으면, 우리는 죄의 종이 되어 죄의 지배를 받게 될 것입니다. 그러므로 내 안에 예수님을 주인으로 모시고, 악을 악으로 갚지 말고 모든 사람 앞에서 선한 일을 도모해야 합니다. 악에게 지지 말고 선으로 악을 이겨야 합니다. 그런데 가인은 죄를 다스리지 못하고, 그만 그의 아우 아벨을 쳐죽이고 말았습니다(창 4:7-8).

천성을 향해 가는 성도는 나를 비우고 오직 예수님으로 채워야 합니다. 비움을 자랑하지 말고, 예수님으로 채움을 기뻐하며 자랑해야 합니다. 그리고 예수님으로 행해야 합니다. 예수님으로 가득 채워진 성도는 열매가 탐스럽게 익어 예수의 향기를 발합니다. 보배로운 구원을 얻은 성도는 주님께 받은 보배롭고 지극히 큰 약속의 열매가 시간이 지날수록 아름답게 익어갑니다. 신비한 구원을 얻은 성도는 성령의 열매가 아름답게 맺혀갑니다. 그리하여 예수님 앞에 서서 영광스러운 면류관을 받을 그날을 기다리며 묵묵히 주님과 동행합니다. 나를 비우고 하나님과 주 예수로 채우는 일에 힘쓰니, 영광스러운 상급이 아름답게 준비됩니다.

우리는 옛사람을 벗어버리고 새 사람을 입은 사람입니다. 나를 창조하신 형상을 따라 지식에까지 새롭게 하심을 입은 사람입니다. 그러므로 오직 예수 그리스도 안에서만 충만함으로 채움을 받을 수 있습니다. 성도로 부름받은 우리는 평생 동안 붙들고 씨름해야 할 과제가 있습니다. 그 하나는 나의 모든 것을 내려놓고 완전히 비우는 것입니다. 그리고 다른 하나는 그 빈자리에 예수님으로 채움 받는 것입니다. 나를 비우고 하나님의 임재로 채워진다면 우리의 삶은 가치 있는 삶이고 아름다운 삶이 될 것입니다. 사실 하나님이 반드시 채우실 것이고, 우리는 지금도 그 채우심을 경험하고 있습니다.

푯대를 향해 달려가려면 자신을 비워야 합니다. 비워야 멀리 갈 수 있습니다. 성경은 "무거운 짐과 모든 무거운 것과 얽매이기 쉬운 죄를 벗어 버리고 인내로써 우리 앞에 당한 경주를 하라."라고 권면합니다(히 12:1). 그러니 무거운 짐과 모든 무거운 것, 그리고 얽매이기 쉬운 죄를 벗어버리고 상을 받기 위해 달음질해야 합니다. 나를 비우고 인내로써 우리 앞에 당한 경주에 승리자가 되도록 힘써야 합니다. 나를 비우고 예수님으로 채울 때, 향방 없는 달음질이나 허공을 치는 싸움을 하지 않게 됩니다. 그리하여 마침내 칭찬과 함께 영광스러운 면류관을 받을 것입니다.

예수님으로부터 주어지는 상급은 나를 비울 때부터 비로소 준비됩니다. 예수님으로부터 존귀하고 영광스러운 상급을 받으려면, 먼저 나를 비우고 예수님으로 채워야 합니다. 내가 사는 것이 아니라 내 안에 예수님이 살아야 합니다. 그때 비로소 참된 상급과 영광이 우리에게 임합니다.

11장

가나안 땅을
정복해야 합니다

The heavenly reward given by God

"이것은 아브라함과 맺은 언약이고 이삭에게 하신 맹세이며 야곱에게 세우신 율례 곧 이스라엘에게 하신 영원한 언약이라 이르시기를 내가 가나안 땅을 네게 주어 너희에게 할당된 소유가 되게 하리라 하셨도다"(시편 105편 9-11절).

"여호와께서 우리를 기뻐하시면 우리를 그 땅으로 인도하여 들이시고 그 땅을 우리에게 주시리라 이는 과연 젖과 꿀이 흐르는 땅이니라 다만 여호와를 거역하지는 말라 또 그 땅 백성을 두려워하지 말라 그들은 우리의 먹이라 그들의 보호자는 그들에게서 떠났고 여호와는 우리와 함께 하시느니라 그들을 두려워하지 말라 하나"(민수기 14장 8-9절).

아브라함이 하나님께 제물을 드릴 때, 새를 쪼개지 아니한 죄로 인해 그의 후손이 사백 년 동안 이방 땅에서 나그네로 살며 그들을 섬기고 괴롭힘을 당하는 벌을 받게 됩니다(창 15:9-16). 하나님의 진노는 야곱의 가족 칠십 명이 애굽으로 들어감으로 시작되었습니다(창 46:7, 27). 이스라엘 백성이 애굽에 거주한 지 사백 삼십 년이 끝나는 날, 하나님의 인도하심으로 애굽 땅에서 나왔습니다(출 12:41-42). 하나님은 이스라엘 백성을 사랑하시고, 그들 조상들과 하신 약속을 지키시기 위해 애굽 왕 바로의 손에서 그들을 속량하여 인도해 내셨습니다(신 7:8). 하나님께서 친히 이스라엘 백성을 애굽 땅에서 끌어내셨습니다(암 2:10).

야곱의 가족 칠십 명이 애굽에 들어갔는데, 나올 때에는 유아를 제외한 장정만 육십만에 달하였고, 그 외에도 수많은 잡족이 그들과 함께 나왔습니다(출 12:37-38). 하나님의 말씀은 하나도 땅에 떨어지지 않습니다(삼상 3:19). 하나님은 "내가 생각한 것이 반드시 되며 내가 경영한 것을 반드시 이루리라."라고 맹세하셨습니다(사 14:24). 예수님도 "천지가 없어지기 전에는 율법의 일점일획도 결코 없어지지 아니하고 다 이루리라."(마 5:18). "율법의 한 획이 떨어짐보다 천지가 없어짐이 쉬우리라."(눅 16:17)라고 말씀하셨습니다. 하나님의 말씀은 반드시 이루어집니다(렘 44:29). 그러므로 성도는 하나님의 말씀을 결코 가볍게 여겨서는 안 됩니다.

　　'**애굽**'은 공중권세 잡은 자가 다스리는 죄악된 세상을 의미합니다. 그러므로 우리는 이스라엘 백성이 애굽에서 나온 것처럼, 죄악된 세상을 떠나야 합니다. 성도는 이 땅에 발을 딛고 살아가지만, 천국 시민으로서 세상의 가치관이 아니라 하나님 나라의 가치관으로 살아야 합니다. '**홍해**'를 건너는 것은 중생을 의미합니다. 하나님께서 이스라엘 백성을 애굽에서 이끌어내신 것처럼, 우리의 구원도 하나님께서 계획하시고, 이루시며, 완성하십니다. 우리가 거듭난 것은 하나님의 주권적인 은혜로 말미암아 이루어진 것입니다. '**광야**'는 교회 생활로(행 7:38), 곧 우리의 삶입니다. 광야 생활은 구름 기둥과 불기둥으로 인도를 받고, 만나를 거두어 먹는 삶입니다. 또한 성막을 중심으로 사는 삶이며, 끊임없는 전쟁을 피할 수 없는 삶이기도 합니다. '**요단강**'은 죽음을 의미합니다. 이는 단순히 육신의 죽음을 뜻하는 것이 아니라 그리스도와 함께 죽고, 그리스도와 함께 사는 삶을 의미합니다. 또한 요단강을 건너는 것은 오순절을 통과하는 것을 의미하기도 합니다. 곧 성령의 충만함을 받아 성령의 이끌림을 따라 살아가는 삶입니다. '**가나안**'은 젖과 꿀이 흐르는 아름다운 땅으로, 영적인 천국을 의미하지만 곧바로 천국의 삶을 뜻하는 것은 아닙니다.

　　이스라엘 백성은 가나안 땅에서 살고 있는 일곱 족속을 쫓아내기 위해 힘든 전쟁을 치러야 합니다. 만약 그들을 쫓아내지 못하면 가나안에서 누릴 수 있는 복을 얻을 수 없습니다. 이것은 곧, 천국을 소유했을지라도 가나안 일곱 족속을 쫓아내지 못하면 이 땅에서 살아가는 동안 천국의 영광을 누릴 수 없다는 것을 의미합니다.

가나안을 정복하는 것은 하나님의 강권적인 사랑을 힘입어 내 속에 있는 죄의 근성을 뽑아내고, 예수 그리스도를 닮아가는 것을 의미합니다. 예수님을 나의 주인으로 모시고, 오직 예수 그리스도로 사는 삶을 뜻합니다. 이처럼 가나안 족속과 싸우는 것은 구원받은 성도가 반드시 싸워야 할 영적 전쟁을 의미합니다. 즉 가나안을 정복하고 기업으로 받는 것은 우리가 행한 대로 받을 상급을 뜻하기도 합니다. 따라서 우리가 싸워야 할 영적 전쟁인 사탄과 싸움에서 반드시 승리해야 합니다.

가나안 땅은 약속의 땅입니다

가나안은 하나님께서 아브라함에게 약속하신 땅입니다(창 12:1, 5). 또한 이삭과 야곱에게도 변함없이 약속하신 땅입니다(창 28:13). 즉 하나님이 "가나안 땅을 네 소유가 되게 하겠다."라고 하신 언약은 아브라함과 맺은 언약이며, 이삭에게 하신 맹세이고, 야곱에게 세워주신 율례입니다(시 105:8-11). 야곱은 가나안에 대한 약속을 잊지 않고 외삼촌 집에서 돌아와 가나안 땅에서 살았습니다(창 37:1). 그뿐만 아니라 애굽에 들어가 십칠 년을 살면서도 가나안에 대한 하나님의 언약을 기억하며 살았습니다(창 47:28). 야곱은 죽을 날이 가까워지자 요셉에게 "나는 죽으나 하나님이 너희를 인도하여 너희 조상의 땅으로 들어가게 하실 것이다."라고 하나님의 언약을 일깨워주고(창 48:21-22), "나를 애굽 땅에 장사하지 말고 가나안에 장사하라."라고 유언하고 눈을 감았습니다(창 47:29-31). 요셉은 야곱이 유언한 대로 아버지 야곱을 가나안 땅, 아브라함이 헷 족속 에브론에게 산 막벨라 굴에 장사하였습니다(창 50:13). 요셉 역시 죽음을 앞 두고 형제들에게 가나안에 대한 하나님의 언약을 일깨워주고, 이스라엘 자손에게 "여기서 내 해골을 가지고 나가라."라고 맹세하게 하였습니다(창 50:24-25). 세월이 흘리 이스리엘 백성이 출애굽 할 때, 요셉의 유골을 가지고 나왔습니다(출 13:19). 이처럼 가나안 땅은 하나님이 이스라엘 백성의 조상들에게 주리라고 맹세하신 땅이었습니다(신 31:7). 그래서 이스라엘 백성은 어디에 가든지 가나안 땅에 대한 하나님의 약속을 기억하고 그 약속을 바라보고 살았습니다. 마침내 하나님은 이스라엘 백성을 가나안 땅으로 인도하여 데리고 가십니다. 가나안 땅의 복을 누리게 하십니다.

하나님이 약속하신 가나안 땅은 길이가 500리, 넓이가 200리밖에 안 되는 땅입니다. 이 땅에는 헷 족속, 가나안 족속, 블레셋 족속, 히위 족속, 여부스 족속, 브리스 족속, 기르가스 족속 등 일곱 족속이 살았습니다(수 3:10). 이들은 남부에 일곱 왕, 북부에 스물네 왕, 모두 서른 한 왕이 다스렸습니다(수 12:24). 그 땅의 거주민은 강하고 성읍은 견고하며 매우 컸습니다(민 13:28-29). 그들 중에는 네피림 후손인 아낙 자손, 즉 거인들도 있었습니다. 그래서 가나안 땅을 정탐하고 돌아온 정탐꾼들은 "그들에 비하면 우리는 메뚜기와 같다."라고 표현한 것입니다(민 13:32-33). 정탐꾼들의 말을 들은 이스라엘 백성은 가나안 백성을 두려워하며, 그들을 쫓아내지 못할 것이라고 스스로 자포자기하고 말았습니다.

실제로 광야 1세대가 모두 죽고 난 후, 광야 2세대는 여호수아의 지도 아래 가나안 땅에 거주하는 서른한 명의 왕과 싸워야 했습니다. 가나안의 군대는 철 병거를 보유하고 있었습니다(수 17:16). 특히 북부의 하솔 왕 야빈은 스물네 왕과 연합군을 형성하여, 해변의 수많은 모래 같은 병사들과 심히 많은 말과 병거도 이끌고 왔습니다(수 11:1, 4). 고고학 자료에 따르면 애굽에도 구원을 요청하였다고 하니, 애굽의 도움도 받았을 것입니다. 여호수아는 약 칠 년 동안 쉼 없이 전쟁터를 누벼야 했습니다(수 11:18). 그러니 가나안 족속과 싸우는 것이 얼마나 힘든 전쟁이었는지 상상이 되지 않습니까? 그럼에도 싸움을 멈출 수 없었던 이유는 가나안 땅은 하나님께서 이스라엘 백성에게 약속하신 땅이었기 때문입니다. 그래서 여호와 하나님께서 이스라엘 백성과 언제나 함께하셨습니다.

전능하신 하나님은 반드시 가나안 일곱 족속을 쫓아내 주실 것입니다. 하나님께서 그 땅을 주실 것입니다. 그러므로 가나안 족속을 두려워하지 말고 여호와 하나님을 거역하지 말아야 합니다(민 14:8-9). 하나님이 진멸하라고 명하신 가나안 일곱 족속을 불쌍히 여기지 말고 반드시 몰아내야 합니다(신 7:1-2). 결국 이스라엘 백성은 칠 년 동안 힘든 전쟁을 치루며 가나안 족속을 모두 몰아냈습니다. 하나님께서 약속하신 땅을 기업으로 차지한 것입니다(행 13:18-19).

그런데 이스라엘 백성은 가나안 족속을 완전히 쫓아내지 않고 종으로 삼기도 했습니다. 시간이 지나면서 남은 가나안 족속들이 이스라엘 백성을 괴롭히기 시작했습니다. 어쩌면 우리도 이스라엘 백성처럼 가나안 족속을 완전히 쫓아내지 못하는 경우가 많습니다. 도리어 죄와 함께 즐기는 것을 더 좋아합니다. 그러다 죄와 하나가 되어 죄에게 완전히 점령당하고, 결국 죄의 종이 됩니다. 이제라도 우리 지체를 죄의 종으로 드리지 말고, 의의 종으로 하나님께 드려야 합니다.

가나안 일곱 족속은 무엇을 의미하는 것일까요?

1950년대에 사용되던 '박 군의 마음'이라는 전도지가 있습니다. 그림은 다소 무섭고 촌스러워 보일 수 있지만, 매우 복음적이고 영적인 내용의 전도지입니다. 그 전도지에서는 우리 마음을 공작, 염소, 돼지, 두꺼비, 뱀, 호랑이, 거북이 등 일곱 가지 짐승으로 표현했습니다. 이 짐승들은 우리 마음속에 있는 일곱 가지 악한 죄의 성향을 비유한 것입니다.

일곱 짐승은 우리 마음의 주인이 되어 자기 마음대로 우리를 조종합니다. 전도지에 나오는 짐승들의 특징을 살펴보면, **공작**은 교만을 의미합니다. 교만한 마음은 하나님을 찾지 않기에, 하나님은 교만한 사람을 미워하십니다. **염소**는 추잡하고 더러운 것을 뜻하는데, 특히 성적으로 더러운 정욕을 말합니다. **돼지**는 욕심을 의미합니다. 욕심이 잉태하면 죄를 낳고, 죄는 끊임없이 자라 결국 그 욕망으로 인해 멸망합니다. **두꺼비**는 음탕함을 뜻합니다. 음탕함은 음욕을 품고 추잡하고 더러운 죄악을 행하는 것입니다. **뱀**은 간교한 짐승으로 시기와 질투를 의미합니다. 간사한 혀로 서로 이간질하며, 사랑하지 못하게 하고, 불신을 조장하고 서로 미워하게 만듭니다. **호랑이**는 찢고 싸우는 것을 뜻합니다. 서로 찢고 싸움으로 하나님의 의를 이루지 못하게 합니다. **거북이**는 게으른 것을 의미합니다. 안일하고 나태한 사람은 무슨 일이든 다음으로 미루며 일하는 것을 싫어합니다. 이런 사람은 그리스도와 함께 고난을 감당할 수 없기에 '악하고 게으른 종'이라는 책망을 듣게 됩니다.

하나님 나라를 유업으로 받지 못하는 육체의 일은 일곱 짐승의 특징과 같습니다. 육체의 일에는 음행과 더러운 것과 호색과 우상숭배와 주술과 원수 맺는 것과 분쟁과 시기와 분냄과 당 짓는 것과 분열함과 이단과 투기와 술 취함과 방탕함입니다. 이런 일을 행하는 자들은 하나님의 나라를 유업으로 받지 못합니다(갈 5:19-21). 음행하는 자나 더러운 자나 탐하는 자 곧 우상 숭배자는 다 그리스도와 하나님의 나라에서 기업을 얻지 못합니다(엡 5:5). 그러므로 가나안의 일곱 족속을 몰아내듯이 우리 속에 있는 육체의 일을 몰아내야 합니다. 그래야 사랑과 희락과 화평과 오래 참음과 자비와 양선과 충성과 온유와 절제 등 성령의 열매를 맺을 수 있습니다(갈 5:22-23). 성령의 열매를 맺으면 예수님께 칭찬과 상을 받게 됩니다.

가나안의 일곱 족속은 우리 앞에 놓인 물질주의, 인본주의 사상과 철학, 세상 가치관에 따른 삶의 방식, 문화, 풍속, 이단, 이기주의 등을 의미합니다. 현대인의 이기주의는 매우 강해서 한 치의 양보도 없습니다. 자신이 좋아하는 우상을 강력하게 세우고 섬길 뿐만 아니라 타인에게도 그것을 섬기도록 강요합니다. 그리고 자기 생각과 다르면, 하나님의 말씀도 멀리하며 고집을 부립니다(행 12:22-23).

하나님을 알지 못하는 사람도 선하다고 인정받는 삶을 살 수 있습니다. 그러나 하나님이 보실 때는 그것이 악한 일입니다. 왜냐하면 믿음으로 행하지 않은 것 자체가 악한 일이기 때문입니다(롬 14:23). 하나님의 말씀에 따라 행하지 않은 것은 악한 일입니다. '일'이 먼저가 아니라 하나님과의 관계가 선의 기준입니다. 즉 예수 그리스도를 믿는 것이 선한 일이며 선의 기준입니다(요 6:28-29). 그러므로 하나님이 보시기에 선을 행하는 자가 하나도 없습니다(시 14:2-3). 하나님께서 땅 위에 사람을 지으신 것을 한탄하시고 마음에 근심하실 정도로, 사람의 마음으로 생각하는 모든 계획이 항상 악할 뿐입니다(창 6:5-6).

믿음을 따르지 않고도 주의 이름으로 선지자 노릇 하고, 주의 이름으로 귀신을 쫓아내며, 주의 이름으로 많은 권능을 행할 수 있습니다. 그러나 그것은 선을 행하는 것이 아니라 악을 행하는 일입니다. 왜냐하면 내 마음에 있는 일곱 짐승의 지배를 받는 삶이기 때문입니다. 그러므로 우리는 먼저 우리 마음을 점령하고 있는 마귀를 몰아내야 합니다. 그 일곱 짐승을 내쫓는 방법은 예수님을 나의 주인으로 모시는 것입니다. 예수님을 주님으로 모시면 마귀는 저절로 도망을 갑니다(막 5:7-8). 그러나 예수님을 주인으로 모시지 않고 마귀의 종이 되어 사는 사람은 절대로 일곱 짐승을 몰아낼 수 없습니다. 그들이 비록 예배를 드리고 주님을 위해 헌신할지라도, 자기 욕심으로 행합니다. 하나님의 영광을 말하면서 간교하게 행하고, 찢고 싸우는 버릇을 버리지 못합니다. 이런 삶은 예수의 이름을 부르면서도 마귀에게 매여 사는 삶입니다. 예수님을 주인으로 모시지 않고서는 절대로 성도다운 성도로 살 수 없습니다.

예수 그리스도를 믿고 중생한 성도 중에도 일곱 짐승을 모시고 사는 사람이 많이 있습니다. 이들은 하나님의 지식에 따른 삶이 아니라 자기 의를 세우려는 열정으로 행합니다. 하나님의 말씀에 순종하는 것이 아니라 하나님의 말씀에 근거해서 자기 마음대로 삽니다(롬 10:2-3). 그 결과 열매 없는 무화과나무 같은 신앙생활을 하게 됩니다. 더 나아가 나쁜 열매를 맺기도 합니다. 일반적으로 교회에서 문제를 일으키는 사람들은 대부분 열정이 과한 성도들, 특히 중직자들입니다. 그들도 처음에는 겸손했고 순종하며, 남을 자신보다 낫게 여겼습니다. 그러나 직분을 받고 영향력이 커지면서 점점 세상의 영광을 맛보게 되었습니다. 목사, 장로, 권사, 집사의 직분을 맡고 나니 뭔가 된 듯한 느낌이 들었습니다. 그러면서 업적을 남기고 싶어졌고, 열심히 일했지만 그것은 하나님의 뜻에 따른 열심이 아니라 자기 욕심을 따른 열심이었습니다. 더욱이 자기 욕심을 하나님의 뜻으로 포장하는 일이 벌어졌습니다.

하나님의 영광이라는 명분으로 자기 신념을 이루기 위해서 열심을 냅니다. 그러다 자기와 생각이 다르다는 이유만으로 성도를 원망하고 비난하는 데 주저하지 않습니다. 목적을 이루기 위해서라면 세상적인 방법도 서슴치 않고 사용합니다. 이런 삶의 방식이 바로 가나안 일곱 족속의 종으로 살아가는 것입니다. 그래서는 안 됩니다. 우리 속에 있는 가나안 일곱 족속 같은 육체의 일을 반드시 쫓아내야 합니다. 육체의 일을 몰아내고 성령의 열매를 맺는 것이 곧 가나안을 정복하는 것입니다. 옛사람을 몰아내고 새 사람을 입어 예수님을 닮아가는 것이 가나안을 정복하는 것입니다. 하나님의 말씀에 근거해서 살던 자기중심적인 삶을 버리고, 하나님의 말씀 그 차제로 살아가며 말씀의 열매를 맺는 삶이 가나안을 정복하는 삶입니다. 분명한 것은, 육체와 함께 그 정욕과 탐심을 십자가에 못 박은 예수의 사람들은 성령의 능력으로 반드시 성령의 열매를 맺는다는 사실입니다. 내 속에 있는 죄악이 아무리 강해도, 성령 안에서 반드시 마귀의 세력을 몰아내고 가나안을 정복하게 될 것입니다(갈 6:23-24).

가나안 일곱 족속 같은 죄의 법은 무엇을 의미합니까?

우리는 영원히 꺼지지 않는 불못인 지옥에서 구원받은 천국 시민입니다. 죄의 종에서 의의 종이 되었고, 마귀의 종에서 하나님의 자녀가 되는 축복을 받았습니다. 진노의 자식에서 하나님의 사랑을 입은 아들이 되었으며, 하나님의 기업을 이룰 상속자가 되었습니다. 성령께서 우리 안에 거하시며, 성령의 인도함을 받는 사람입니다. 이처럼 놀라운 하나님의 은혜를 받은 사실을 깨달은 바울 사도는 예수 그리스도를 위하여 모든 사도보다 더 많이 수고했음에도 불구하고 "내 육신에 선한 것이 거하지 아니하는 줄을 안다."라고 고백했습니다. 그리고 "내가 원하는 선은 행하지 아니하고 도리어 원하지 아니하는 악을 행한다. 만일 내가 원하지 아니하는 악을 행하는 자는 내가 아니요 내 속에 거하는 죄다. 이렇게 내 지체 속에서 마음의 법과 다른 법이 싸워 죄의 법으로 나를 사로잡는다. 이 사망의 몸에서 누가 나를 건져내랴."라고 탄식했습니다. 또한 "내 자신이 마음으로는 하나님의 법을 육신으로는 죄의 법을 섬긴다."라고 고백했습니다(롬 7:16-25).

마음의 법과 다른 법

'**마음의 법**'은 선을 행하기 원하는 마음입니다. 즉 거듭난 속사람이 즐거워하는 하나님의 법을 말합니다. 마음의 법은 하나님의 형상을 따라 새롭게 하심을 입은 새 사람의 지식을 말합니다. 또한 마음의 법은 하나님께서 큰 사랑으로 살리신 후에 주신 언약의 법입니다. 예수 그리스도로 거듭난 사람은 하나님의 법을 즐거워하며 선을 행하기 원합니다.

'**다른 법**'은 지체 속에 있는 죄의 법을 말합니다. 즉 거듭나기 전에 공중 권세 잡은 자를 따르며 행하던 죄의 법입니다. 다른 법은 죄와 허물로 죽어 있었을 때, 불순종의 아들로 살아가며 따랐던 죄의 법입니다. 죄의 법은 선을 행하지 않고 도리어 선을 미워합니다. 죄의 법은 마음의 법과 끊임없이 싸우며, 속사람이 원하는 선을 행하지 못하게 하고 오히려 악을 행하게 합니다.

거듭나지 않은 사람은 오직 죄의 법으로만 행합니다. 육신에 사로잡혀 살고 있으니, 당연히 악을 행할 수밖에 없습니다. 그러나 중생한 성도는 한 지체안에 두 법, 즉 속사람과 육신이 있습니다. 속사람은 하나님의 법을 즐거워하고, 육신은 죄의 법을 즐거워합니다. 하나님의 법은 선을 행하려 하고, 죄의 법은 하나님의 법을 미워하며 그것을 거스릅니다. 이처럼 거듭난 사람은 선을 행하고자 하는 속사람과 악을 행하고자 하는 육신이 항상 싸웁니다. 속사람이 이기면 선을 행하게 되고, 육신이 이기면 악을 행하게 됩니다. 성경은 "너희 지체를 불의의 무기로 죄에게 내주지 말고 오직 너희 자신을 죽은 자 가운데서 다시 살아난 자 같이 하나님께 드리며 너희 지체를 의의 무기로 하나님께 드리라."라고 말합니다(롬 6:13). 하지만 죄의 법은 매우 강력하게 공격해 오며, 선을 행하는 것보다 악을 행할 때가 더 많은 것이 현실입니다. 그래서 바울 사도도 "이 사망의 몸에서 누가 나를 건져내랴."라고 탄식하며 부르짖은 것입니다.

생명의 성령의 법, 죄와 사망의 법

'마음의 법'을 **생명의 성령의 법**이라고 합니다. 생명의 성령의 법은 곧 **영의 생각**이라고도 합니다. 영의 생각은 성령께서 주시는 지식을 말합니다. 영을 따르는 사람은 영의 일을 생각합니다. 영의 일을 생각하는 사람은 하나님 나라를 바라보고 기뻐합니다. 영을 따르는 사람은 하나님을 기쁘시게 합니다. 영의 생각은 생명과 평안입니다.

'다른 법'은 곧 **죄와 사망의 법**이라고 합니다. 죄와 사망의 법은 **육신의 생각**이라고도 합니다. 육신을 따르는 사람은 육신의 일을 생각합니다. 그런데 육신의 생각은 하나님과 원수가 되며, 하나님의 법에 굴복하지 않습니다. 육신에 있는 사람은 하나님을 기쁘시게 할 수 없습니다. 육신의 생각은 사망입니다(롬 8:5-8).

그리스도 예수 안에 있는 생명의 성령의 법이 죄와 사망의 법에서 우리를 해방하였습니다(롬 8:2). 우리 속에 하나님의 영이 거하시면, 우리는 더 이상 육신에 있지 아니하고 영에 있는 자입니다. 그러나 그리스도의 영이 없으면, 그는 그리스도의 사람이 아닙니다(롬 8:9). 다시 말해, 그리스도가 그 안에 계시지 않으면 그는 버림을 받은 사람입니다(고후 13:5).

하나님의 자녀 된 성도는 육신에게 져서 육신대로 살아서는 안 됩니다. 영의 생각을 하고 영으로 살아야 합니다. 성도는 하나님의 영으로 인도함을 받는 하나님의 아들입니다. 하나님은 우리를 '하나님의 아들들'이라고 부르십니다(시 82:6). 그러므로 영으로써 몸의 행실을 죽이면 살게 될 것입니다. 그러나 육신대로 살면 반드시 죽임을 당하게 될 것입니다(롬 8:12-14).

영의 생각과 육신의 생각

　영의 생각을 **성령의 소욕**이라 합니다. 영의 생각은 곧 성령께서 원하시는 것을 행하게 합니다. 반면에 육신의 생각은 **육체의 소욕**, **육체의 욕심**이라고 합니다. 육신의 생각은 육체가 원하는 것을 따라 행합니다. 성령의 소욕은 육체를 거스르고, 육체의 소욕은 성령을 거스릅니다. 이 두 소욕은 서로 대적하여 끊임없이 싸웁니다. 육체의 소욕은 우리가 원하는 선을 행하지 못하게 방해합니다(롬 7:19). 성도가 원하는 선은 하나님의 법을 즐거워하며 하나님이 우리를 부르신 목적을 이루는 것입니다. 하나님이 우리를 부르신 목적은 하나님의 아들이신 예수님의 형상을 본받는 데 있습니다(롬 8:29). 그러므로 예수님의 형상을 이루는 삶이 곧 선을 행하는 삶입니다.

　육체의 소욕은 예수님의 형상을 이루지 못하게 할 뿐 아니라 악을 행하게 하여 하나님이 기뻐하시는 일을 방해합니다. 결국 이는 사망으로 이르게 합니다. 그런데 구원받은 성도가 육체의 소욕으로 행한다고 해서 구원이 취소되는 것이 아닙니다. 다만, 면류관을 받지 못하는 부끄러운 구원을 얻게 됩니다. 이렇게 육체의 소욕에 지배당하는 삶은 하나님께 칭찬을 받지 못하고 책망을 받게 합니다.

　주목할 것은 '생각'과 '일'을 같은 의미로 사용했다는 것입니다. 즉 '영의 생각'과 '영의 일', '육신의 생각'과 '육신의 일'을 동일하게 표현한 이유는 생각이 행동보다 먼저이기 때문입니다. 사람은 마음에 품고 생각하는 대로 행동합니다. 따라서 어떤 생각을 가지고 살아가느냐에 따라 그 사람의 삶과 운명이 결정됩니다. 성경은 "모든 지킬 만한 것 중에 더욱 네 마음을 지키라 생명의 근원이 이에서 남이니라."

라고 말합니다(잠 4:23). 이처럼 중요한 '생각'을 지배하는 것이 '지식'입니다. 따라서 바른 지식을 가져야 바른 생각을 할 수 있습니다. 만약 잘못된 지식으로 잘못된 생각을 하게 되면, 잘못된 행동으로 이어지고 결국 사망에 이르게 될 것입니다. 구원받은 성도는 하나님의 형상을 따라 지식에까지 새롭게 하심을 입은 사람입니다. 그러므로 새로워진 지식으로 바르게 생각하고 바르게 행동하는 삶을 살아야 합니다.

새사람과 옛사람

성령의 소욕으로 사는 사람이 **새사람**입니다. 성도는 옛사람과 그 행위를 벗어버리고 새사람을 입은 자입니다. 새사람은 심령이 새롭게 되어 하나님의 형상을 따라 의와 진리의 거룩함으로 지음을 받은 사람입니다(엡 4:23-24). 또한 새사람은 하나님의 형상을 회복하고 지식에까지 새롭게 됨을 입은 사람입니다(골 3:9-10). 새사람은 하나님을 따라 성령의 지혜로 사는 사람입니다. 새사람은 그리스도로 옷 입은 사람입니다(갈 3:27). 즉 예수님이 나의 주인이시고 전부가 되신 사람입니다. 그러므로 주 예수 그리스도로 옷 입은 새사람은 정욕을 위하여 육신의 일을 도모하지 않고 오직 선을 행해야 합니다(롬 13:14).

육체의 소욕에 따라 사는 사람이 바로 **옛사람**입니다. 옛사람은 육체의 욕심을 좇아 썩어져 가는 구습을 따라서 사는 자입니다(엡 4:22). 옛사람은 알지 못하고 따르던 사욕을 본받아 행하는 사람입니다(벧전 1:14). 옛사람은 이성 없는 짐승처럼 본능으로 행하는 사람입니다(유 1:10). 옛사람은 육체를 따라 더러운 정욕 가운데서 행합니다(벧후 2:10). 그런 까닭에 옛사람은 선을 행하지 않습니다. 만약 성도가 하나님의 말씀대로 살지 않고 자기 마음대로 산다면, 그는 여전히 옛사람으로 사는 것입니다. 옛사람으로 산다는 것은 죄의 법 아래 사는 것이며, 곧 죄를 짓는 삶을 의미합니다. 죄를 짓는 자는 마귀에게 속한 자이며(요일 3:8), 마귀의 자녀입니다(요일 3:10). 그러므로 구원받은 성도라도 하나님 말씀대로 살지 않는다면, 하나님의 자녀이긴 하나 여전히 마귀의 종으로 사는 것과 다름없습니다.

우리가 믿음으로 행하려고 할 때, 이를 방해하는 옛사람의 지식은 세상이 주는 지식입니다. 또한 성령의 소욕으로 살려고 할 때 방해하는 육체의 소욕은 세상의 가치관입니다. 예를 들면, "예수 믿는 것도 좋지만 세상에서 오직 믿음으로만 살 수 있겠느냐? 세상을 등지고 살 수 있겠는가?" 하는 의심과 고민이 바로 그것입니다. 이처럼 육체의 소욕은 예수님이 우리의 전부가 되지 못하게 하며, 단지 삶의 한 부분으로만 머무르게 만듭니다. 이러한 옛사람과 새사람 사이의 싸움은 상상을 초월할 정도로 치열한 싸움입니다. 그래서 바울 사도는 "누가 나를 이 사망에서 구원해 내랴."라고 부르짖었습니다.

새사람과 옛사람의 싸움은 구원받은 성도 안에서 끊임없이 계속됩니다. 새사람이 이길 때, 우리는 가나안을 정복하고 그 영광과 풍성함을 누리게 됩니다. 새사람으로 살아갈 때, 세상이 감당하지 못하는 믿음을 가지고 예수님의 인격을 닮아가는 참된 제자가 됩니다. 또한 새사람으로 살면 성령의 아홉 가지 열매를 풍성하게 맺는 귀한 성도가 됩니다. 이것이 바로 가나안을 정복하는 것입니다. 젖과 꿀이 흐르는 가나안의 풍성함을 이 땅에서부터 누리며, 천국의 영광을 미리 경험합니다. 마침내 예수님 앞에 설 때에는, 주님께로부터 칭찬과 영광의 면류관을 받고 존귀와 영광을 누리는 하나님의 참 자녀가 되는 축복을 얻게 됩니다. 그러나 옛사람이 이기면 가나안을 정복하지 못하고 가나안의 복을 누릴 수 없습니다. 옛사람으로 살면 시간이 지날수록 처음보다 더 비참하게 됩니다. 이는 옛사람이 내 속에 있는 육체의 일을 몰아내지 못하기 때문입니다. 육체의 일은 아주 교묘한 말과 세상의 보이는 영광으로 우리를 끊임없이 유혹합니다. 옛사람으로 살면 결국 자신을 죄에게 내어주어 죄의 종으로 살아가게 됩니다. 예수님을 믿는다 하면서도 옛사람의 삶을 벗어나지 못하면, 육체의 열매를 맺는 비참한 인격자가 될 뿐입니다. 옛사람으로 살면 세상 쾌락에 빠져 그 안에서 만족하며 살아갑니다. 신앙생활을 더 많이 할수록 오히려 더 악해지고, 맛을 잃은 소금처럼 되어 결국에는 밖에 버려져 사람들에게 짓밟히게 됩니다. 상급을 받을 생각조차 하지 않으며, 자연스럽게 예수님께서 주시는 칭찬과 상급에서 멀어져 버립니다.

가나안을 정복하려면 하나님만 믿는 믿음이 있어야 합니다

여호수아는 가나안을 정복하기 위해 칠 년 동안 가나안의 서른한 명의 왕들과 단 한 번도 싸움이 멈추지 않았습니다. 그는 이 전쟁이 자신에게 속한 것이 아니라 하나님께 속한 것임을 확신하고 있었습니다. 여호수아는 말과 병거의 힘을 의지하지 않고 오직 하나님만을 의지하는 믿음으로 싸웠습니다(수 11:6). 하나님이 말씀하신 대로 말의 뒷발 힘줄을 모두 끊고 병거를 불살랐습니다. 가나안 일곱 족속을 쫓아내기 위한 생사를 건 싸움은 온전히 믿음으로 싸운 싸움입니다. 여호수아는 오직 하나님의 언약을 따라 믿음으로 칠 년 동안 싸웠고, 그 결과 가나안 연합군의 대장인 하솔 뿐만 아니라 서른한 명의 왕을 모두 무찔렀습니다(수 11:9-10).

오늘을 살아가는 우리 역시 오직 하나님만 믿는 믿음으로 죄와 싸워야 합니다. 미련한 이스라엘 백성처럼 하나님과 바알, 둘 사이에 머뭇머뭇하지 말고, 오직 하나님만 믿고 따라갈 때 비로소 가나안 일곱 족속을 쫓아낼 수 있습니다. 성도는 생명의 주 되시는 예수 그리스도를 죽은 자 가운데서 살리시고 부활의 영광을 주신 하나님을 믿는 사람입니다. 우리의 믿음과 소망이 하나님께 있습니다. 그러므로 하나님을 믿는 믿음 위에 굳게 서서 남자답게 강건하게 살아가야 합니다. 믿음이 없이는 하나님을 기쁘시게 할 수 없습니다. 믿음이 없이는 세상을 이길 수도 없습니다. 하나님이 나의 하나님 되심을 분명히 믿어야 합니다. 예수님이 하나님의 독생자이심을 믿어야 합니다. 예수님이 우리를 죄와 사망을 대신해 십자가에서 죽으신 것을 믿어야 합니다. 또한 예수님께서 무덤에서 사흘 만에 부활하셨음을 믿어야 합니다. 부활하신 예수님이 하늘로 승천하셔서 하나님 우편에 앉아 계시다가 다시 심판하러 오실 것을 굳게 믿어야 합니다. 이 믿음 안에 거하며, 복음의 소망에서 흔들리지 않는 굳건한 신앙을 가져야 합니다.

어떤 사람은 "왜 예수님만 믿어야 하느냐? 세상에 많은 종교가 있는데, 종교는 다 같은 것이 아니냐?"고 묻습니다. 실제로 세상에는 다양한 종교가 존재합니다. 그러나 참된 종교라면 반드시 '죽음'과 '죄'의 문제를 해결해야 합니다. 안타깝게도 세상의 어떤 종교도 이 두 문제를 완전히 해결한 종교가 없습니다. 오직 예수님만이 죽음과 죄의 문제를 해결하신 유일한 분이십니다. 예수님은 사망의 권세를 깨뜨리시고 부활하셨으며, 십자가의 보혈로 우리 죄를 온전히 속량하셨습니다. 그러므로 구원은 오직 예수님을 믿음으로만 얻을 수 있습니다. 예수님이 나의 구주가 되심을 굳게 믿어야 합니다. 만약 예수님을 믿지 않는다면, 영원히 꺼지지 않는 불못, 지옥에 떨어지게 됩니다.

가끔 예수를 믿는다고 하면서도 예수님을 내 삶의 '전부'로 여기 않고, 단지 '일부분'으로만 생각하는 사람들을 봅니다. 하지만 엄밀히 말해, 그런 신앙은 참된 신앙이라 할 수 없습니다. 예수님은 반드시 나의 전부가 되어야 합니다. 즉 나의 존재 가치가 예수님이어야 합니다. 예수님 때문에 살고, 예수님으로 살아야 합니다. 세상의 모든 것을 잃어도 예수님을 얻으면 모든 것을 얻은 것이 되고, 반대로 세상의 모든 것을 얻어도 예수님을 잃으면 모두 잃은 것임을 반드시 깨달아야 합니다. 그 이유는 우리가 예수님의 보혈로 속죄함을 받은 사람이기 때문이며, 하나님께서 독생자의 피로 우리를 자녀 삼아 주셨기 때문입니다. 착각하지 마십시오. 우리에게 뭔가 뛰어난 자격이나 가치가 있어서 하나님이 독생자를 화목제물로 보내셔서 우리를 죄에서 구원하신 것이 아닙니다. 우리에게 기대할 만한 무언가가 있어서 독생자를 십자가에 내어주시고 그 피로 우리를 지옥에서 구원하여 아들로 삼으신 것도 아닙니다. 그렇다면 우리가 정말로 하나님의 기업을 이을 후사로서 가치가 있는 사람일까요? 아닙니다. 그렇다면 왜 하나님께서 기꺼이 독생자를 십자가에 내어주시면서까지 우리를 아들 삼아 주셨을까요? 그것은 하나님이 우리 아버지이기 때문입니다. 아버지 되시는 하나님께서는 쓸모없고 가치 없던 우리를 사랑하시고 구원하시기 위해 독생자를 내어주셨습니다. 그 은혜로 우리는 아들이 되었고, 하나님을 아버지라고 부를 수 있게 되었습니다. 그러니 예수님이 나의 전부가 되어야 하지 않겠습니까? 예수님을 얻고 그 안에서 발견되기 위해 나의 모든 것을 버려야 하지 않겠습니까? 십자가의 은혜로 구원받았으니, 그 은혜에 합당한 가치 있는 삶을 살아야 하지 않겠습니까? 오직 예수님으로 사는 삶만이 하나님의 기쁨이 되고, 하나님의 영광이 되며, 하늘의 면류관이 됩니다. 성도는 내 힘으로 사는 사람이 아닙니다. 하나님의 은혜로 사는 사람입니다. 그런데도 여전히 자신의 힘으로 사는 줄로 아는 사람은 스스로를 속이는 것입니다. 오직 믿음으로만 가나안 일곱 족속을 몰아내고 가나안 땅을 정복할 수 있습니다. 믿음은 능력입니다. 믿음은 하나님의 약속을 현실로 끌어오는 통로입니다. 믿음은 이 세상 어떤 것보다 귀한 보배입니다. 그러므로 오직 믿음으로 살며, 오직 예수님으로 사는 것이 성도의 참된 길입니다.

가나안을 정복하려면 하나님의 말씀을 순종해야 합니다

하나님은 여리고 성과 큰 싸움을 앞두고 있는 이스라엘 백성에게 "할례를 행하라. 유월절을 지키라."라고 말씀하셨습니다(수 5:2-12). 또 여리고 성에 도착해서는 "아무 말도 하지 말고 조용히 하루 한 바퀴씩 돌아라."라고 명령하셨습니다(수 6:3-4). 참으로 어이없는 말씀입니다. 도무지 이해되지 않는 명령이고, 받아들이기 어려운 작전입니다. 하지만 이스라엘 백성은 그 이유를 묻지도 않았고, 이해되도록 설명해 달라고 요구하지도 않았습니다. 자기들의 생각을 말하지도 않았고, 못하겠다고 투정부리지도 않았습니다. 여호수아가 명령한 대로 즉시 순종했습니다(수 6:8-16). 모세 때 이스라엘 백성의 모습과 완전히 다릅니다. 우리도 마찬가지입니다. 우리 속에 있는 죄악을 쫓아내고 천국의 평안을 누리려면 하나님의 말씀을 온전히 순종해야 합니다. "세계가 다 내게 속하였나니 너희가 내 말을 잘 듣고 내 언약을 지키면 너희는 모든 민족 중에서 내 소유가 되겠고 너희가 내게 대하여 제사장 나라가 되며 거룩한 백성이 되리라."(출 19:5-6). 때로는 하니님의 말씀을 들을 때 기분이 니쁠 수도 있고, 자존심이 상할 수도 있으며, 도무지 이해되지 않거나 내 생각과 맞지 않을 수도 있습니다. 그런데 그럴 때 꼭 한마디씩 하는 사람이 있습니다. 그러나 그러면 안 됩니다. 내 생각이 중요한 것이 아닙니다. 중요한 것은 하나님의 말씀에 의지하여 믿음으로 순종하는 것입니다. 이것이 바로 예수 그리스도 안의 삶입니다. 예수님을 주인으로 모신 사람의 삶입니다.

오직 순종만이 우리 속에 있는 옛사람을 쫓아내고 새사람으로 살아 예수 그리스도의 형상을 이룰 수 있습니다. 하나님이 우리에게 요구하시는 것은 번제와 속죄제가 아닙니다(시 40:6). 오직 하나님 아버지의 말씀에 순종하고 믿음으로 따르는 것입니다(신 10:12-13; 렘 11:4). 예수님은 "네가 생명에 들어가려면 계명들을 지키라."라고 정확히 말씀하셨습니다(마 19:16-17).

가나안 땅에 들어가려면 여리고를 통과해야 합니다. 여리고는 요단 강에서 서쪽으로 8km, 예루살렘에서 북동쪽으로 약 29km, 사해에서는 북서쪽으로 약 11km 떨어진 지점, 유대 광야에 위치한 성읍입니다. 즉 가나안 정복을 위해 반드시 점령해야 할 핵심 요충지였습니다. 여리고는 역사상 가장 오래된 도시로 알려져 있습니다. 신석기 시대가 시작된 주전 7,000년경부터 사람들이 모여 살았다는 흔적은 메소포타미아 지역의 여러 곳에서 발견되었지만, 성벽을 쌓고 살았던

곳은 여리고가 유일합니다. 이는 여리고가 단순한 거주지를 넘어 방어와 전략이 요구되는 도시였음을 보여줍니다. 또한 여리고는 지구상에서 가장 낮은 곳에 위치한 도시로, 해수면보다 약 260m 낮은 사해 근처에 자리 잡고 있습니다. 이런 위치적 특성 덕분에 여리고는 예루살렘과 암만을 오가는 상인들에게 매우 중요한 통로이자 전략적 거점이었습니다. 경제적으로도 풍요로운 도시였습니다. 물이 풍부하여 과일 농사가 발달했고, 로마인들에게는 매우 귀하게 여겨진 발삼 향의 원료가 나는 곳이기도 했습니다. 기후 역시 특징적이어서, 여름에는 매우 더웠지만 겨울에는 온화하여, 예루살렘의 춥고 습한 겨울을 피해 상류층이 휴양지로 즐겨 찾기도 했습니다. 이처럼 여리고는 지리적, 전략적, 경제적으로 매우 중요한 도시였으며, 가나안 정복의 관문으로서 반드시 점령해야 할 첫 번째 성이었습니다.

고고학자들의 연구에 따르면, 여리고 성은 당시의 군사력으로는 정복하기 거의 불가능한, 매우 견고한 구조를 가지고 있었습니다. 여리고 성벽은 2중 구조로 되어 있었는데, 성 밖에는 약 11피트(약 3.3미터) 높이의 석조 장애물이 먼저 설치되어 있었고, 그 위로는 약 35도 각도의 경사로가 본성으로 이어졌습니다. 이 경사로 위에 본성의 성벽이 또 한 겹 세워져 있었으며, 그 성벽 위에는 사람들이 실제로 거주하는 집들이 자리하고 있었습니다. 이처럼 여리고는 철통같은 방어력을 갖춘 '난공불락의 요새'였습니다. 그러나 이 견고한 성은, 이스라엘 백성이 화살 하나 쏘지 않고 무너뜨렸습니다. 전적으로 하나님의 말씀에 순종했기 때문입니다. 하나님의 명령에 따라 여호수아와 이스라엘 백성은 여섯 날 동안 하루에 한 바퀴씩 성을 돌았고, 일곱째 날에는 일곱 바퀴를 돌았습니다. 마지막 바퀴를 돈 후 제사장들이 양각 나팔을 길게 불었고, 백성들이 큰 소리로 외쳤을 때, 여리고 성은 순식간에 무너졌습니다. 무너진 성을 통해 이스라엘 백성은 들어가 성을 점령하게 됩니다(수 6:20). 특이한 점은, 이 명령을 수행한 이들이 단지 군사들만이 아니라는 것입니다. 어린아이부터 노년에 이르기까지 백성 전체가 여리고 성을 돌았습니다(수 6:10, 20). 이처럼 온 백성이 한 마음으로 참여한 사건은 또 있습니다. 이스라엘 백성이 포로로 잡혀갔던 바벨론에서 돌아와 수문 앞 광장에서 하나님의 말씀을 들을 때입니다. 하나님의 말씀을 듣기 위해 남자나 여자나 알아들을 만한 모든 사람이 모였습니다(느 8:3). 어린아이부터 노년까지 모두 참여한 것은 아주 중요한 의미가 있습니다. 즉 예수 그리스도의 십자가 보혈의 은혜는 어른들에게만 필요한 것이 아니라 유아와 어린아이들까지 전부 필요한 것임을 의미합니다. 또한 하나님의 말씀에 순종하는 것은 어른만 하는 것이 아니라 어린아이도 온전히 순종해야 함을 알려줍니다.

여리고 성이 무너질 때, 외부 성의 파괴가 더 심했고 성벽 안쪽으로 경사를 이루며 무너졌다고 합니다. 즉 밖에서 안으로 진입해 들어가기 쉽게 무너진 것입니다. 고고학자들에 의하면, 성벽이 이렇게 무너지는 것은 성의 구조상 있을 수 없는 일이라고 합니다. 그렇다면 여리고 성이 무너진 것은 기적입니다. 전쟁은 하나님께 속한 것입니다. 전쟁의 승패는 하나님 손안에 있습니다. 우리가 하나님의 말씀을 순종할 때 기적을 봅니다. 하나님을 믿고 의지하는 사람을 하나님은 절대로 실망시키지 않습니다(시 18:36). 그러니 환경이나 형편을 이유로 핑계 대면 안 됩니다. 오직 순종만 하면 됩니다.

여리고 성을 돌 때 제사장이 불은 양각 나팔은 어린 양의 뿔로 만든 나팔입니다. 광야에서 백성을 모을 때, 전쟁에 나갈 때, 행군할 때는 두들겨 만든 '은 나팔'을 불었습니다(민 10:2-9). 그러나 여리고 성을 돌 때는 양각 나팔만 불었습니다. 제사장은 양각 나팔만 불고, 성도는 묵묵히 순종하는 것, 이것이 여리고를 점령하는 비결입니다. 양각 나팔은 희년과 같은 의미가 있습니다. 희년에도 양각 나팔을 불었습니다. 이처럼 양각 나팔을 부는 것은 어린양 되시는 예수 그리스도의 복음을 상징합니다. 하나님의 자녀는 오직 예수 그리스도의 복음으로만 승리하는 것을 의미합니다. 그렇다면 목사는 오직 예수 그리스도의 십자가 복음만 전해야 하고, 성도들은 목사가 전하는 하나님 말씀대로 온전히 순종해야 합니다. 목사가 하나님의 말씀으로 인도하는 대로 기쁘게 순종하는 성도는 성령의 열매를 맺고, 칭찬을 듣고, 상급을 받습니다.

가나안을 정복하려면 한마음으로 협력해야 합니다

제사장들은 양각 나팔을 불며 여호와 앞에서 나아갔습니다. 그 뒤에 여호와의 언약궤가 따랐습니다. 무장한 자들이 나팔을 부는 제사장의 앞과 언약궤 뒤를 따랐고, 언약궤 뒤에 백성들이 따랐습니다. 이렇게 성을 한 바퀴 돌고 진영으로 돌아가 잠자리에 들었습니다(수 6:8-11). 그렇게 하루 한 번씩 돌고, 일곱째 날에는 일곱 번을 돌았습니다. 제사장이 나팔을 불때, 백성들은 여호수아가 명령하자 크게 소리를 질렀습니다. 그러자 성벽이 무너졌고, 백성들은 앞으로 나아가서 여리고 성을 점령했습니다(수 6:20). 여호수아의 말에 따라 제사장과 무장한 자들과 백성들이 하나같이 일사불란(一絲不亂)하게 움직였습니다. 그중에 르우벤 지파와 갓 지파와 므낫세 반지파는 길르앗 땅에 머물기를 원했던 사람들이었습니다. 그럼에도 불구하고 그들은 "가나안을 정복할 때까지 무장하고 이스라엘 자손의 앞에서 가고 이스라엘 자손이 각기 기업을 받기까지 우리 집으로 돌아오지 아니하겠으며 요단 저쪽에서는 기업을 받지 않겠다."라고 약속했습니다(민 32:16-19). 그 약속한 대로 여리고 성을 점령할 때, 앞장 서서 순종했습니다. 이처럼 여리고 성을 정복하는 데는 제사장을 필두로 온 이스라엘 백성이 마치 한 몸처럼 움직였습니다. 그 결과 여리고 성을 무너뜨리고 정복할 수 있었습니다. 만약 한마음으로 협력하지 않았다면 실패했을 것입니다.

　　신앙의 경주를 혼자 하는 것이 아닙니다. 우리를 둘러싼 허다한 증인과 함께 하는 것입니다. 만약 성도가 한마음과 한뜻으로 협력하지 않으면, 그 사람은 다른 사람을 방해하고 있는 것입니다. 그러면 나만 망하는 것이 아니라 공동체를 망하게 하는 주범이 되고 맙니다. 이는 원수 마귀들의 사기를 높여 주는 결과가 됩니다. 가나안을 정복할 수 없고, 천국의 영광스러움을 누리지 못하게 되는 것입니다. 실제로 요단 서쪽의 아모리 족속 모든 왕과 해변의 가나안 족속의 모든 왕은 여호와께서 요단 물을 말리시고 이스라엘 자손을 건네게 하셨다는 소식을 듣고 마음이 녹았고 정신을 잃었습니다(수 5:1). 여리고 성을 정복하였을 때, 여호수아에 대한 소문이 그 온 땅에 퍼졌습니다(수 6:27). 그런데 아간 한 사람의 범죄로 말미암아 아이 성 전투에서 실패했을 때, 도리어 이스라엘 백성의 마음이 녹아서 물같이 되고 말았습니다(수 7:5). 더 큰 문제는, 요단 서쪽 산지와 평지와 대해 연안에 있는 모든 왕들이 힘을 합쳐 이스라엘을 상대로 싸우려는 용기를 제공하는 빌미가 된 것입니다(수 9:1-2). 이처럼 성도 한 사람의 실수는 원수의 사기를 높여 준다는 점에서 매우 심각한 문제임을 잊지 말아야 합니다.

바울 사도는 "내가 너희에게 가보나 떠나 있으나 너희가 한마음으로 서서 한뜻으로 복음의 신앙을 위하여 협력하는 것을 하라."고 하였습니다(빌 1:27). 교회는 어린아이로부터 장년까지, 초신자부터 장로까지 모두 하나가 되어 그리스도의 몸 된 교회를 세우는 일을 합력해야 합니다. 하나님의 일을 하는 데는 체면이나 자존심 따위는 필요하지 않습니다. 자기 자신을 비우고, 내 안에 있는 죄악을 몰아내야 합니다. 교회의 아름다운 덕을 세우는 일을 힘써야 합니다. 성도들이 합심하여 순종하는 것이 교회의 힘이며 하나님의 능력입니다. 그러므로 성도의 삶은 가나안을 정복하기 위해서 끊임없이 싸워야 하는 영적 전쟁터입니다. 가나안을 정복하면, 이 땅에 사는 동안 하나님의 사랑을 풍성하게 누리며 삽니다. 그리고 예수님 앞에 설 때 주님이 주시는 칭찬을 받고 영광의 면류관을 받아 쓰는 존귀한 성도가 될 것입니다.

12장

불에 타지 아니할 집을 지어야 합니다

The heavenly reward given by God

"내게 주신 하나님의 은혜를 따라 내가 지혜로운 건축자와 같이 터를 닦아 두매 다른 이가 그 위에 세우나 그러나 각각 어떻게 그 위에 세울까를 조심할지니라 이 닦아 둔 것 외에 능히 다른 터를 닦아 둘 자가 없으니 이 터는 곧 예수 그리스도라"(고린도전서 3장 10-11절).

"그의 안에서 건물마다 서로 연결하여 주 안에서 성전이 되어 가고 너희도 성령 안에서 하나님이 거하실 처소가 되기 위하여 그리스도 예수 안에서 함께 지어져 가느니라"(에베소서 2장 21-22절).

바울 사도는 처음에는 예수를 믿는 성도들을 비방하고 박해하며 폭행하던 사람이었습니다. 그런데 예수 믿는 사람들을 결박하여 예루살렘으로 잡아 오려고 다메섹으로 가던 길에서 예수님을 만났습니다(행 9:1-9). 그때부터 예수를 아는 지식이 가장 고상하다는 것을 알게 되었습니다. 바울은 예수 그리스도를 얻고, 오직 예수 그리스도 안에서만 자신이 발견되기를 원했습니다. 그래서 자신이 귀하게 여기던 모든 것을 배설물로 여기고 버렸습니다. 오직 예수님만 바라던 바울 사도는 하나님의 부르심의 상을 향하여 달려갔습니다(빌 3:12-14). 그는 주님을 위해 수고한 것은 모두 잊어버리고, 하나님이 준비해 놓고 기다리시는 상을 푯대로 삼아 달려갔습니다(고전 9:24-27). 성경은 이처럼 상을 얻기 위해 달음질하는 신앙생활을 집을 짓는 일에 비유합니다.

믿음의 터는 예수 그리스도이십니다

집을 지을 때 가장 중요한 것은 터입니다. 마찬가지로 신앙생활에서 가장 중요한 것도 터입니다. 만약 터가 견고하지 못하면 온전한 믿음 생활을 할 수 없습니다. 믿음의 터는 하나님이 친히 준비하셨고, 하나님의 은혜로 받게 됩니다. 하나님이 은혜로 주신 유일한 믿음의 터는 바로 예수 그리스도입니다(고전 3:10-11). 아버지는 자기 속에 있는 생명을 아들에게 주어 그 속에 생명이 있게 하셨습니다(요 5:26). 그러므로 예수 그리스도는 우리의 생명입니다(골 3:4). 생명이신 예수님은 귀하고 견고한 기촛돌이십니다(사 28:16). 예수님은 보배로운 살아 있는 돌이며, 하나님이 택하신 보배로운 모퉁잇돌이십니다(벧전 2:6). 오직 예수님만이 교회의 기초이시며 생명의 근원이십니다. 오직 예수님만이 구원자이십니다. 왜냐하면 천하 사람 중에 구원을 받을 만한 다른 이름을 우리에게 주신 일이 없기 때문입니다(행 4:10-12). 구원의 터가 되시는 예수님은 모든 성도에게 동일하게 주어진 은혜입니다. 그 구원의 터는 견고합니다. 우리가 죄 사함을 받고 의롭다 함을 받는 유일한 길은 대속 받는 길밖에 없으며, 우리의 대속자는 오직 예수 그리스도밖에 없습니다. 예수님 외에 다른 구속자가 없습니다. 그뿐만 아니라 예수님은 우리 삶의 터입니다. 즉 성도의 삶의 원천은 예수 그리스도입니다. 그러므로 예수님이 없는 삶은 기초가 없는 삶과 같습니다. 예수님이 없으면 나의 삶도 없습니다. 우리의 가치는 오직 예수님 안에서 빛납니다.

성도의 삶은 집을 짓는 것과 같습니다

예수 그리스도의 터 위에 건축되는 집은 성도의 삶입니다. 우리의 삶 자체가 집을 짓는 것입니다. 그러므로 믿음은 삶으로 온전함을 이루어야 합니다. 우리는 그리스도 예수 안에서 선한 일을 위하여 지으심을 받은 사람입니다(엡 2:10). 선한 일은 예수 그리스도를 기초로 하는 삶을 말합니다. 예수 그리스도를 기초로 하지 않는 일은 선한 일이 아닙니다. 아무리 세상 사람들로부터 존경을 받고 거룩하다 인정을 받아도, 예수님을 믿지 않으면 그 사람은 하나님 앞에서 악한 사람입니다.

선한 일의 기준은 '어떤 일을 하느냐?'가 아닙니다. '어떤 사람이냐?'가 기준입니다. 즉 하나님과 관계가 먼저입니다. 기초는 은혜 약속과 관계가 있고, 건물은 행위 약속과 관계가 있습니다. 성경은 "어떻게 그 위에 세울까를 조심하라."(고전 3:10)라고 경고합니다. 그러므로 구원받은 성도의 삶은 무작정 열심히만 하면 되는 것이 아닙니다. 자칫 생명을 걸고 하는 열심도 예수 그리스도와 상관없으면 무의미한 열심이 되고 맙니다. 조심하지 않으면 평생 허공만 치다가 큰 후회를 남기는 실패자가 될 수도 있습니다. 결국 불에 타는 집을 짓게 되고, 불 가운데 받은 것 같은 구원을 받게 됩니다.

집은 설계도대로 지어야 합니다

건축가는 집을 지을 때 자기 마음대로 지을 권리(權利)가 없습니다. 건축가는 설계사가 그린 설계도대로 지어야 합니다. 만약 설계도대로 짓지 않으면 온전한 집이 되지 않습니다. 설령 집을 완공해도 준공검사를 통과하지 못합니다. 마찬가지로 성도도 자기 마음대로 살 권리가 없습니다. 오직 하나님의 설계도대로 살아야 합니다.

하나님의 설계도대로 사는 삶을 성막을 통해서 봅니다

이스라엘 백성을 애굽에서 인도하여 낸 하나님은 시내 산에서 언약을 맺으시고(출 24:12-18) 모세에게 성막 설계도를 주셨습니다(출 25:10-30:38). 성막의 설계자는 여호와 하나님이십니다(히 8:2). 하나님이 설계하셨기에 성막은 완전하고 견고할 수밖에 없습니다. 성경 어디에도 성막을 지은 후 변경하거나 무너진 일이 없고, 고친 일도 없고, 수리 한 적도 없습니다. 그러므로 모세는 하나님이 주신 설계도대로 성막을 세워야 합니다(출 26:30). 만약 설계도대로 세우지 않으면 거룩한 성막이 될 수 없고, 그곳에 하나님이 거하지도 않으십니다.

성막의 설계자가 하나님이시라는 것은 우리 구원의 설계자도 역시 하나님이시라는 뜻입니다. 성막의 설계가 완전하다는 것은 우리 구원의 완전성을 의미합니다. 이처럼 구원은 여호와 하나님으로부터 시작됩니다. 하나님이 구원을 계획하시고 이루시며 완성하십니다. 그러므로 구원은 완전하고 견고합니다. 하나님은 창세 전에 예수 그리스도 안에서 우리를 택하시고, 하나님의 기쁘신 뜻대로 예정하셔서 아들로 삼으셨습니다. 그래서 우리의 구원은 변경되거나 취소되지 않습니다. 완전한 구원이요, 변함없는 확실한 구원입니다.

성막의 설계자가 하나님이시라는 것은 믿음 생활의 원칙이 하나님의 말씀이라는 뜻입니다. 믿음 생활은 반드시 하나님의 말씀대로 행해야 합니다(히 8:10). 성도는 오직 하나님의 말씀에 인도받아 살아야 합니다. 만약 신앙생활을 말씀대로 하지 않으면, 하나님께 인정을 받을 수 없습니다. 말씀을 따르지 않는 삶은 진정한 믿음의 삶이 아니라 단지 종교적인 행위일 뿐입니다. 그런데 많은 사람이 종교적인 행위를 믿음인 줄로 착각합니다. 종교적인 행위를 하면서 믿음으로 생각하는 것은 자신을 속이는 일입니다. 기독교는 인간이 창작한 종교가 아니며, 인간의 사색으로 만들어진 종교가 아닙니다. 하나님의 계시로 비롯된 계시 종교입니다.

성막의 설계도는 모세의 손을 빌어 여호와께서 명령하신 것입니다(출 35:29). 하나님은 모세를 통해서 말씀하시고, 백성들은 모세가 말한 대로 순종했습니다. 하나님은 브살렐과 오홀리압, 그리고 지혜를 주신 사람들로 하여금 성막 기구를 만들게 하셨습니다(출 31:2, 6). 그들은 자기 재능이나 기술이 아니라 하나님이 명령하신 설계도대로 성막을 지었습니다(출 36:1). 그렇게 만든 모든 성막 기구를 모세에게 가져왔고, 모세가 살펴보니 여호와께서 명령하신 대로 되었습니다. 이에 모세는 그들을 축복해 주었습니다(출 39:42-43). 즉 하나님이 보여주신 양식대로 성막을 만든 것을 보시고 하나님이 기뻐셨습니다. 그래서 모세를 통해 하나님의 복을 그들에게 선포하신 것입니다.

하나님은 말씀을 통해서 일하십니다. 성경은 성령의 감동하심으로 하나님께 받은 사람들이 기록한 하나님 말씀입니다(벧후 1:21). 성경은 그리스도 예수 안에 있는 믿음으로 말미암아 구원에 이르는 지혜를 줍니다. 또한 성경은 하나님이 사람을 온전하게 하시고, 모든 선한 일을 행할 능력을 갖추게 합니다(딤후 3:15-17). 그러므로 성경은 우리의 신앙과 신학, 그리고 삶의 유일한 법칙입니다. 성경 외에 다른 그 어떤 것도 신앙의 표준이나 신학의 원천일 수 없습니다. 그러므로 하나님의 백성인 성도는 하나님의 말씀을 들을 때 마음을 완악하게 하지 말아야 합니다(시 95:7-8). 오직 하나님의 말씀을 내 삶의 원칙과 법칙으로 삼고 살아야 합니다.

재료도 설계도에 있는 대로 사용해야 합니다

건축 재료도 건축가 마음대로 선택할 수 있는 것이 아닙니다. 반드시 설계도에 명시된 재료를 사용해야 합니다. 만약 건축가가 자기 마음대로 재료를 선택해 집을 지으면 부실공사가 되기 쉽고, 재료를 잘못 사용한 건물은 무너지는 것이 시간문제입니다. 이 원리는 믿음 생활에도 그대로 적용됩니다. 우리의 믿음 생활도 하나님께서 말씀하신 대로 해야 합니다. 하나님이 은혜로 주신 터인 예수 그리스도 위에 집을 지을 때, 각각 어떤 재료를 사용해서 세울지를 조심해야 합니다. 많은 사람은 그저 열심히 하면 된다고 생각합니다. 결과만 좋으면 과정은 상관없다는 인식이 널리 퍼져 있습니다. 이런 세상적인 사고가 교회 안에도 들어와 결과만 좋으면 방법은 중요하지 않다고 여깁니다. 그러나 믿음 생활은 결과뿐 아니라 과정도 중요합니다. 정신을 바짝 차리고 하나님 말씀의 재료를 사용해 믿음의 집을 지어야 합니다. 하나님이 말씀하신 대로 행하는 것이 하나님 아버지께 상 받는 믿음 생활이 되는 것입니다. 성경은 이 '말씀의 재료'를 금, 은 보석, 나무, 풀, 짚으로 표현하고 있습니다(고전 3:12).

금, 은, 보석과 나무, 풀, 짚은 무엇을 의미할까?

우리는 하나님의 밭이요, 하나님의 집입니다(고전 3:9). 우리 몸은 하나님의 성전이며, 하나님의 성령이 우리 안에 거하고 계십니다(고전 3:16). 그렇다면 우리가 지을 집은 바로 우리 자신입니다. 즉 성령의 인도를 받아 예수님의 형상을 이루어가는 것이 곧 집을 짓는 것입니다. 이처럼 '집을 짓는 것'과 '하나님의 성전'이라는 말씀은 서로 밀접한 관계가 있습니다. 그래서 집을 지을 때 어떤 재료를 사용해야 하는지에 대해, 성전을 지을 때 사용한 재료에서 그 의미를 찾아보면 좋을 것 같습니다. 재료는 불에 잘 타지 않는 것과 잘 타는 것으로 나눌 수 있습니다. 금, 은, 보석은 불에 잘 타지 않는 재료입니다. 예를 들어, 순금의 녹는점은 1064.43도, 끓는점은 2807도입니다. 금, 백금, 은 이 세 가지 금속은 산화가 잘되지 않기 때문에 귀금속으로 분류됩니다. 성경에서 금은 하나님의 신성을 의미하고, 은은 구원을 의미하며, 보석은 건물로 지어진 성도의 삶을 의미하기도 합니다. 반면 나무, 풀, 짚은 불에 잘 타는 재료입니다. 여기서 '불에 잘 탄다.'는 말은 완전히 소멸된다는 의미보다는 금, 은, 보석보다 유지되는 시간이 짧다는 의미입니다. 이러한 금, 은, 보석 그리고 나무, 풀, 짚은 성도의 삶 곧 행위를 의미합니다. 즉 이것은 성도의 삶 자체를 말하는 것입니다.

  금, 은, 보석은 구하기 어렵고 귀한 것입니다. 귀금속은 사람들의 눈에 잘 띄지 않습니다. 땅속 깊이 감춰진 것을 찾아내야 하고, 그 가치를 인정받기 위해서는 잘 다듬어져야 합니다. 그렇다면 우리의 믿음이 귀금속으로 분류되기 위해서는 금과 같이 정제되어야 합니다. 우리의 믿음은 불로 연단하여도 없어질 금보다 더 귀하여 예수 그리스도께서 나타나실 때 칭찬과 영광과 존귀를 얻게 합니다(벧전 1:7). 도가니는 은을 연단하고 풀무는 금을 연단하거니와 여호와 하나님은 우리의 마음을 연단하십니다(잠 17:3). 그러므로 망령되고 허탄한 신화를 버리고 경건에 이르도록 우리 자신을 연단하여야 합니다(딤전 4:7). 하나님은 우리를 고난의 풀무 불에서 택하셨습니다(사 48:10).

고난은 우리를 금 같은 믿음으로 정제하는 풀무 불과 같습니다. 고난은 우리 안에 있는 자존심을 부서뜨려, 오직 예수 그리스도만 남게 합니다. 고난은 내가 행한 업적을 완전히 빼버리고, 오직 예수님이 하신 일만 남기게 합니다. 그리하여 마침내 "나의 나 된 것은 하나님의 은혜다.'라는 고백이 나오게 합니다. 고난은 예수 그리스도만 얻기를 원하는 금 같은 믿음으로 행하는 사람이 되게 합니다. 고난은 하나님을 뵙고 하나님을 만나게 합니다. 그러므로 성도가 고난 당하는 것은 유익입니다.

　　나무, 풀, 짚은 구하기 쉽고 잘 자랍니다. 이처럼 겉으로 드러나는 결과에 관심을 두고, 열정으로 일하며 사람들의 인정을 받는 성도들이 있습니다. 열정으로 남긴 업적 때문에 사람들에게 높임을 받고, 존경을 받기도 합니다. 그러나 문제는, 하나님의 의가 무엇인지 알려고 하지 않고 자기의 열정으로 하나님의 의를 거스르기도 한다는 것입니다. 그들의 수고는 주님을 위해 당하는 핍박이나 환난과는 거리가 멉니다. 그리하여 결국에는 곧 타버리고 말 것입니다. 무엇보다 이 세상에서 이미 자기 상을 받았기에, 주님께 받을 상이 없습니다. 예수님을 위해 흘린 눈물이 없으니, 예수님이 씻어주실 눈물 자체가 없습니다. 예수님을 위해 당한 고난이 없으니, 예수님이 주시는 위로의 풍성함도 모릅니다. 그렇습니다. 하나님의 일은 보이는 성과의 문제가 아닙니다. 얼마나 많이 했는가 하는 '양'의 문제가 아니라 어떻게 했는가 하는 '질'의 문제입니다. 사람들은 당장 눈에 보이는 화려하고 영광스러운 일에 관심을 가지지만, 주님은 십자가의 좁은 길에 관심을 가지십니다.

'금'은 하나님 중심의 삶을 말합니다

하나님 중심의 삶은 곧 말씀 중심의 삶입니다. 하나님의 말씀은 많은 금 곧 순금보다 더 귀한 것이며, 천천 금은보다 더 귀한 보배입니다. 주의 계명들은 금, 곧 순금보다 더 사랑할 만한 가치가 있는 가장 귀한 것입니다(시 119:127). 그러므로 금으로 집을 짓는다는 것은 오직 하나님의 말씀을 내 마음에 두고(시 119:11), 그 말씀을 내 발에 등, 내 길에 빛으로 삼아 살아간다는 뜻입니다(시 119:105). 하나님의 말씀을 따라 행하고(대하 35:6), 말씀만으로 살아가는 것, 이것이 바로 금 같은 믿음의 삶입니다(시 119:9).

하나님 중심의 삶은 어떤 일을 결정해야 할 때 하나님 앞에 엎드려 지혜를 구하는 것입니다. 어떤 상황에서도 "환경에 매이지 말고 하나님의 말씀대로 바르게 하자."하며, 말씀 안에서 합당한 길을 찾는 것입니다. 조롱을 당해도 주의 법을 떠나지 않고, 악인들이 멸하려고 엿볼지라도 주님의 증거들만 생각합니다. 멸시를 당하고 환난이 임해도 주의 계명을 잊지 않고, 말씀 안에서 즐거워합니다. 아무리 힘들어도 흔들리지 않고, 끝까지 십자가를 붙들고 십자가의 길을 가기 위해 힘씁니다. 이처럼, 하나님 말씀이 "가라." 하시는 곳까지 가고, 하나님 말씀이 "서라." 하시는 곳에 서며, 하나님 말씀이 "하라." 하시는 것만 하는 삶, 이것이 바로 성도가 마땅히 살아야 할 삶입니다.

금은 성막에서 아주 귀하게 사용되었습니다. 분향단은 조각목으로 만든 다음, 그 위에 금으로 입혔습니다(출 30:1-3). '조각목'은 예수님의 인성을 상징하고, '금'은 예수님의 신성을 상징합니다. 예수님은 완전한 하나님이시며, 또한 완전한 사람이십니다. 예수님은 우리의 구주이십니다. 그러므로 오직 예수님을 믿는 믿음을 지키는데 생명을 걸어야 합니다. 성막의 등잔대는 순금을 쳐서 만들었습니다(출 25:31). 즉 두들겨서 만든 것입니다. 이 등잔대를 쳐서 만든 것은 예수님께서 우리를 구원할 때 당하실 고난과 핍박을 상징합니다. 고난을 통해서 참된 교회가 되고, 참된 성도가 되는 것을 의미합니다. 즉 십자가를 통해서 참된 교회가 되고, 참된 성도가 되는 것입니다. 그런데 고난을 기뻐하기니, 고난을 하나님의 복으로 여기는 성도는 많지 않습니다. 도리어 고난이 없는 것이 하나님의 은혜요 복이라고 생각합니다. 그러다 보니, 믿음을 자랑하는 성도조차도 십자가의 길을 가려고 하지 않습니다. 심지어 십자가를 부끄러워하고, 십자가를 외면하며, 십자가를 피하려 하기도 합니다. 심지어는 아예 십자가를 내려놓고 가는 성도도 있습니다.

  성도가 십자가를 내려놓은 결과 교회의 정체성을 잃어버렸습니다. 슬그머니 들어온 비본질적인 것들이 어느새 교회를 점령하고 본질인 것처럼 목소리를 내기 시작했습니다. 그런데 문제는, 변화가 너무 조금씩 일어났기에, 대부분 눈치채지 못하고 그저 따라가기만 했다는 것입니다. 그 결과, 비본질이 본질의 자리를 차지하게 되었고, 교회가 세상과 다를 바 없어졌습니다. 예수님을 믿는 사람과 믿지 않는 사람 사이의 경계가 무너졌습니다. 사정이 이렇다 보니, 한때는 핍박을 받던 교회가 이제는 사회로부터 비난을 받는 교회가 되어 버렸습니다. 예전에는 교회에 들어가면 예수 그리스도의 향기로운 피 냄새가 났지만, 지금은 사람 썩는 냄새만 진동합니다. 오늘날 한국 교회는 말 그대로 큰 위기에 직면해 있습니다. 그러나 위기를 기회로 바꾸면 새로운 역전의 역사를 만들어 낼 수 있습니다. 위기를 기회로 바꾸면, 하나님이 기뻐하시는 위대한 성도로 다시 태어나고 위대한 교회로 새롭게 태어날 것입니다. 하지만 그 기회를 놓친다면, 우리는 참혹한 실패의 역사 앞에 서게 될 것입니다. 그러므로 지금은 위기를 딛고, 십자가 복음만이 참된 복음임을 증명해야 할 때입니다. 내가 믿는 하나님이 진짜 하나님이심을 보여줄 기회로 삼아야 합니다. 그러기 위해선 먼저 '나'부터 변화되어야 합니다. 예수 그리스도의 향기를 품고, 예수 그리스도의 피 냄새가 나는 사람이 되어야 합니다. 사람들로부터 "저 사람은 진짜 예수쟁이야."라는 말을 들어야 합니다.

십자가를 지고 가는 삶이 바로 금으로 집을 짓는 것과 같습니다. 십자가의 길만이 진정한 승리를 보장하는 영광의 길입니다. 오직 십자가의 길을 통과한 자만이 영광과 존귀의 면류관을 받을 수 있습니다. 그런데도 많은 하나님의 백성이 편안함을 위해 예수를 믿으려 하는데, 이는 위선이며 마귀의 속임수에 불과합니다. 어느 시대를 막론하고, 예수님이 먼저 가신 십자가의 길을 따라갈 때만 교회는 언제든지 새로워집니다. 하나님은 미지근한 라오디게아 교회에 "내게서 불로 연단한 금을 사서 부요하게 하라."라고 말씀하셨습니다(계 3:18). 욥은 혹독한 고난을 견뎌낸 후 "내가 주께 대하여 귀로 듣기만 하였사오나 이제는 눈으로 주를 뵈옵나이다."라고 고백합니다(욥 42:5). 고난 속에서도 흔들리지 않으려면 처음 믿음을 잃지 말고, 첫사랑을 지켜야 합니다. 변함없이 끝까지 믿음을 지키며, 주의 율례를 따르는 삶이 바로 금으로 집을 짓는 삶입니다.

예수 그리스도로 향기 나는 성도가 되기 원한다면, 나의 모든 것을 팔아서라도 예수님을 사야 합니다. 예수님처럼 내 자신을 완전히 비워야 합니다. 이 시대에 세상으로부터 인정받지 못하고, 비난과 무시를 받는 성도가 늘어가는 가운데, 나 한 사람이라도 그리스도의 향기를 진동시키는 진정한 예수쟁이가 되었으면 좋겠습니다. 십자가를 잃어버린 교회와 성도들이 무성한 시대에, 나 한 사람이라도 든든히 십자가를 부여잡고 주의 길을 걷는 성도가 되었으면 좋겠습니다. 이것이 금으로 집을 짓는 믿음 생활입니다.

'은'은 예수님의 구속적 사역을 의미합니다

은은 성막을 지을 때 성막의 기초와 기둥, 문과 성소의 둘레를 치는 울타리의 기초에 사용되었습니다. 이 은은 이스라엘 백성이 애굽에서 나올 때 가지고 온 것이며, 하나님의 백성이 생명의 구원을 받은 은혜에 감사하며 바친 것이었습니다. 20세 이상 된 사람이 자기 생명의 속전으로 반 세겔씩 바쳤습니다(출 30:11-16). 이는 생명을 대속하기 위해 바친 것입니다. 이 생명의 속전은 빈부의 차이에 상관없이 모든 사람이 똑같은 액수를 드린 것입니다.

은은 예수 그리스도께서 베푸신 구속의 은총을 상징합니다. 예수님은 단지 우리의 구원을 이루신 분이 아니라 우리 삶의 견고한 터이십니다. 그러므로 예수 그리스도를 기초로 하지 않는 삶은 허공을 치는 것과 같습니다. 예수 그리스도를 기초로 한 삶, 즉 말씀을 따라 행하는 삶이 바로 은으로 집을 짓는 것과 같습니다. 제자들이 예수님께 "우리가 어떻게 하여야 하나님의 일을 할까요?"라고 물었습니다. 그러자 예수님이 "하나님께서 보내신 이를 믿는 것이 하나님의 일이다."라고 말씀하셨습니다(요 6:28-29). 그렇습니다. 방법이 중요한 것이 아니라 기초가 올바른지가 중요합니다. 큰일을 이루었어도 믿음대로 하지 않으면 모두 죄입니다(롬 14:23). 예수님이 하신 말씀대로 행하는 사람은 그 집을 반석의 기초 위에 짓는 지혜로운 사람 같습니다. 그러나 말씀대로 행하지 않는 사람은 그 집을 모래의 기초 위에 짓는 어리석은 사람 같습니다(마 7:24-27). 그런데도 많은 성도가 하나님과 관계보다 자기의 지혜를 이용해서 무엇을 할 것인가에 더 관심이 많습니다. 믿음으로 살려는 성도가 경계해야 할 것은 '무엇을 할 것인가?'에 관심을 가지는 것입니다.

오늘날 한국 교회 안에 은밀히 들어온 자들은 '교회 성장'이라는 구호를 앞세워 교회의 본질을 흐리고 있습니다. "복음을 효과적으로 전하고 새로운 부흥을 위하여"라는 말 아래, 진정한 복음보다 '성장'이라는 세속적 목표가 우선시되고 있습니다. 그 결과, 성도들은 예수 그리스도의 복음에서 멀어지고, 십자가의 정신을 잃어버렸습니다. 십자가 없는 교회, 십자가 없는 성도가 된 지금, 교회는 핵심 가치를 상실하고 말았습니다. 처음에는 이런 일이 벌어질 줄 몰랐지만, 이제는 세상의 성공이 하나님의 복으로 둔갑하는 가증스러운 현실이 되어버렸습니다. 이 모든 책임은 교회의 지도자들, 특히 목사들에게 있습니다. 저는 가만히 들어와 한국교회를 장악하고 있는 자들에게 돌에 맞아 죽을 각오로 말해 봅니다. 어쩌면 교회 부흥에 많은 영향을 끼쳤고, 지금도 끼치고 있는데 저 같은 목사의 말에 코웃음을 치고 비웃을 것입니다. 그러나 피를 토하는 심정으로 "예수님께로 돌아오십시오. 십자가를 회복하십시오."라고 외칩니다. 이것은 교회를 비난하기 위한 말씀이 아닙니다. 교회의 가장 중요한 본질인 십자가를 회복하자는 것입니다. 그렇지 않으면 한국 교회는 이집트 교회처럼 97%의 신자가 0.5%로 줄어드는 참담한 현실을 맞이할 것입니다. 이제라도 정신을 차리고 회개하며, 십자가의 복음을 회복해야 합니다. 이 길만이 교회의 부흥과 회복을 위한 유일한 길임을 잊지 말아야 합니다.

믿음의 선배들은 십자가 복음을 지키기 위해 생명까지 바쳐 '오직 예수' '예수 천당, 불신 지옥'을 외쳤습니다. 하지만 어느 순간부터 '예수 천당, 불신 지옥'에서 '예수 축복'으로 바뀌었습니다. 그러더니 십자가에 못 박히신 예수님은 2000년 전의 예수님이고, 지금 예수님은 우리의 삶을 풍성하게 해 주는 존재로 축소되었습니다. 성도들은 하나님 나라의 영원한 가치에는 무관심해지고, 십자가 없는 영광만을 좇으며 거짓 선생들의 손에 유린당하고 말았습니다.

사실 1960-70년대에는 부흥회와 선교 단체의 전도 운동이 교회의 중심을 이루었습니다. 1980년대에는 제자 운동이 교회의 중심 프로그램이었습니다. 1990년대에는 경배와 찬양의 물결과 함께 불신자들을 교회로 초대하기 위해 세상 문화를 예배에 접목한 '열린 예배'(Seeker Service, 또는 구도자 예배)가 확산되었습니다. 하지만 열린 예배는 결국 하나님께 드리는 거룩한 예배의 본질을 흔드는 빌미가 되었고, 예배의 무너짐을 초래했습니다. 그나마 다행인 것은 지금 예배 회복을 외치는 목소리가 점점 커지고 있다는 점이며, 이 목소리가 힘을 얻어 교회가 다시 본래의 길로 돌아오길 간절히 기도합니다. 우리가 살길은 겟세마네 동산에서 기도하신 주님처럼, 오직 기도하는 것입니다. 오직 하나님의 말씀만이 우리가 생명이며, 하나님께 돌아가는 길만이 우리가 살 길입니다. 예수 그리스도의 흔적을 지닌 성도로서 십자가의 길을 함께 걸어갈 때에만, 불에 타지 않는 아름답고 견고한 집을 지을 수 있습니다.

'보석'은 성도의 삶을 의미합니다

믿음을 고백한 이들 중에서도 종종 교회 안과 교회 밖의 삶을 구분하는 경우가 많습니다. 아닙니다. 성도의 삶은 교회 안에서의 삶과 교회 밖의 삶이 모두 하나여야 합니다. 교회 안에서의 행동과 교회 밖에서의 행동이 똑같이 거룩해야 합니다. 기도할 때 진실한 것처럼, 기도가 끝난 후에도 진실해야 합니다. 성도의 삶은 신앙의 삶과 세속의 삶이 서로 분리되지 않습니다. 하나님의 일과 세상의 일로 분리되지 않습니다. 하나님의 일이 세상에서 이루어지고 세상에서의 삶이 하나님의 뜻을 이루는 것입니다.

성도의 삶은 교회 안에서의 삶과 교회 밖의 삶이 아니라, 주 안에서의 삶과 주 밖에서의 삶으로 나뉩니다. 주 안에서의 삶은 하나님과 동행하는 삶입니다. 세상의 무시와 멸시를 당해도 묵묵히 십자가의 길을 가는 삶입니다. 헐벗고 굶주림을 당하면서도 오직 예수로 사는 삶입니다. 하나님께서 나를 사랑하신 것처럼, 위로는 하나님을 사랑하고 옆으로는 이웃을 사랑하는 삶입니다. 반면 주 밖에서의 삶은 자기중심적인 삶입니다. 예수님의 이름을 부르면서도 예수님을 문밖에 세워둔 삶입니다. 십자가는 한쪽 구석에 내려놓고, 하나님의 은혜만 자랑하는 삶입니다. 문제는 주 안과 주 밖에 사는 성도 모두 하나님의 은혜를 말하고 하나님의 영광을 말합니다. 그렇다 보니, 도대체 어떤 삶이 주 안에서 사는 삶이고, 어떤 삶이 주 밖에서 사는 삶인지 분별하기가 어려워졌습니다. 그러나 분명한 것은 주 안에서 사는 삶은 상을 받고, 주 밖에서 사는 삶은 불 가운데서도 구원은 받는 '구원'과 같은 구원을 받는다는 사실입니다.

예수님은 우리에게 생명을 주시고 구원의 기초 돌이 되십니다. 그러므로 성도의 몸은 자신의 것이 아니라 하나님께서 값으로 사신 하나님의 소유입니다(고전 6:19-20). 성도는 하나님의 성전이며, 하나님의 성령께서 그 안에 거하십니다(고전 3:16). 또한 성도는 사도들과 선지자들의 터 위에 세워진 성전으로 부르심을 받았습니다. 그러므로 모퉁이 돌이신 예수님 안에서 서로 연결되어 아름다운 성전으로 자라 가야 합니다(엡 2:20-22). 보배로운 산 돌이신 예수님께 나아가 신령한 집으로 세워져야 합니다. 예수 그리스도를 통해 하나님께서 기쁘게 받으실 신령한 제사를 드리는 거룩한 제사장이 되어야 합니다(벧전 2:4-5). 거룩한 제사장은 세상과 구별되어 살아가는 것이 마땅합니다. 거룩한 제사장은 하나님과 동행하며, 예수님께서 가신 십자가의 길을 따라야 합니다. 왕 같은 제사장인 성도가 하나님께 드릴 거룩한 산 제물은 자신의 몸입니다(롬 12:1). 하나님의 거룩하심과 같이 모든 행실에 거룩한 삶을 사는 것이 자신의 몸을 산 제물을 드리는 것입니다. 또한 거룩한 산 제물이 된 성도는 불신자들을 예수님께 인도하는 사명도 함께 감당해야 합니다. 구원받은 성도는 불신자들에게 복음을 전해야 합니다. 믿지 않는 사람을 전도하여 하나님께 인도하는 일은 거룩한 산 제물을 드리는 것과 같습니다(롬 15:16). 죽은 영혼을 살려 하나님께 드리는 일은 세상의 모든 보화보다 귀한 신령한 제물입니다. 그뿐만 아니라, 우리는 구원받은 이들이 예수 그리스도의 장성한 분량에까지 자라도록 돕는 책임도 지고 있습니다(엡 4:11-13).

  모든 직분은 서로를 유익하게 하도록 하나님의 뜻에 따라 각 사람에게 나누어 주신 것입니다. 하나님께서 우리에게 다양한 직분을 주신 목적은 우리가 그리스도의 몸이요 지체임을 깨닫게 하시기 위함입니다(고전 12:4-30). 또한 하나님이 주신 모든 직분은 하나님의 아들을 믿는 것과 아는 데 하나가 되어 범사에 그리스도에게까지 자라 가게 하기 위함입니다(엡 4:15-16). 그러므로 우리는 주 안에서 받은 직분을 충실히 감당해야 하며(골 4:17), 곧 하나님의 말씀을 이루어야 합니다(골 1:25). 하나님의 말씀을 이루는 것은 하나님의 거룩한 제사장으로 범사에 그리스도에게까지 자라는 삶을 의미입니다. 다만, 가끔 성경을 올바르게 이해하지 못하고 직분을 서열로만 생각하는 사람들이 있으니 주의해야 합니다.

모든 직분은 지체의 한 부분과 같습니다. 성도들은 서로 협력하여 아름다운 성전을 지어 가야 합니다. 우리가 만나는 환경과 우리가 받은 직분은 모두 보석과 같은 귀한 재료입니다. 실패와 고난도 불에 타지 않는 집을 세우는 보석이며, 거룩한 성전으로 세워 가는 귀한 보석입니다. 그러므로 어떤 고난이 닥쳐도 하나님과 동행하며, 그리스도를 위해 고난받는 것을 기뻐하는 삶이 바로 보석으로 집을 짓는 삶입니다. 또한 다른 사람에게 좋은 영향력을 끼치는 삶 역시 보석으로 집을 짓는 삶입니다.

'나무'는 자기중심적인 삶을 말합니다

나무로 아름다운 집을 지을 수 있습니다. 아름다운 장식품을 만들 수도 있고, 가구도 만들 수 있습니다. 마찬가지로 믿음으로 살지 않아도 의롭고 정의롭게 살 수 있습니다. 자신의 잔꾀와 능력을 동원하여 얼마든지 하나님의 일을 할 수 있습니다. 그러나 나무가 불에 타듯 그 모든 것들은 인정받지 못하고 사라지고 말 것입니다.

하나님의 일을 하면서 서로 다투고 싸우는 것은 결국 자기 욕심을 이루려는 것입니다. 내 의견이 받아들여지지 않는다고 해서 화를 낼 것이 아니라, 서로 양보하고 협력하여 그리스도의 몸을 이루어야 합니다. 내 말대로 되었을 때만 하나님의 영광이고, 내 말대로 되지 않았다고 하나님 영광이 가려지는 것이 아닙니다. 서로 협력하여 하나 됨을 이루는 것이 진정한 성공이고 영광입니다. 믿음으로 행하지 않는 것은 아무리 아름답게 보여도 종교적인 행위나 윤리, 도덕에 불과하며 결국 불에 타고 말 것입니다.

 온전한 믿음은 "하나님이 명령하시면 지금이라도 목숨이라도 내놓고 불 속으로 뛰어들겠습니다."는 식의 극단적인 행동을 보여주는 것이 아닙니다. 온전한 믿음은 '하나님께서 나를 위해 무엇을 하셨는가?'를 알고 믿는 것입니다. 하나님을 하나님으로 인정하고 믿고 따르는 것입니다. 이 온전한 믿음으로 사는 삶에서 가장 중요한 일이 하나님께 예배드리는 것입니다. 예배의 대상은 사람이 아니라 하나님 아버지입니다. 예배는 사람을 기쁘게 하는 것이 아니라 하나님이 기쁘게 받으시도록 드려야 합니다. 그리고 하나님이 기쁘게 받으시는 예배는 오직 예수 그리스도를 통해 드려지는 예배입니다. 예수 그리스도를 통해 하나님 아버지께 드리는 예배는 우리의 삶으로 증명되어야 합니다. 하나님은 형식적인 예배보다 온전한 순종을 더 원하십니다(삼상 15:22).

 예배하는 성도는 말씀에 순종하는 거룩한 삶을 살아야 합니다. 우리 몸을 하나님이 기뻐하시는 거룩한 산 제물로 드려야 합니다. 범사에 하나님 앞에서 산 삶을 가지고 와서 하나님께 예배드려야 합니다. 예수님은 "하나님은 영이시니 예배하는 자가 영과 진리로 예배할지니라."라고 말씀하셨습니다(요 4:20-24). 영과 진리로 예배드리는 것은 우리가 아직 죄인이었을 때에 우리를 위하여 십자가에서 죽으신 예수님 십자가의 사랑에 매여서 그 사랑을 감사하는 예배입니다. 즉 예수 그리스도의 십자가 보혈의 공로를 의지하여 드리는 예배입니다.

그때 나를 사랑하시는 하나님의 사랑이 나를 통해 이웃에게로 흘러가는 것을 경험하게 됩니다.

　　온전한 예배와 주일을 거룩히 지키는 것을 분리해서 생각할 수 없습니다. 주일은 언약 백성의 표징입니다. 만약 주일을 거룩하게 지키지 않는다면, 언약 백성이라고 할 수 없습니다. 믿음의 선배들은 주일을 지키기 위해 직장에서 쫓겨났고, 모든 것을 버렸습니다. 주일을 지키다 감옥에 갔고, 주일을 지키다 죽임을 당했습니다. 주일성수 신앙은 성경 중심의 신앙이며, 기독교의 핵심신앙입니다. 주일성수 신앙은 순교신앙입니다. 1920년대 한국교회의 부흥을 일으킨 김익두 목사님은 "주일을 범하는 사람들은 구약시대 같으면 다 때려죽일 사람들입니다. 지금은 때려죽이지는 않지만, 죄는 죄입니다."라고 말씀하셨습니다. 순교자이신 주기철 목사님과 손양원 목사님은 감옥에서 가족들에게 편지를 보낼 때마다 '새벽기도와 주일성수 신앙을 철저히 지키라.'라고 당부하셨다고 합니다. 주일성수와 온전한 예배는 불가분의 관계입니다.

　　주일을 거룩하게 지키는 것은 예배를 온전히 드림으로 증명되어야 합니다. 주일 예배를 온전히 드리는 것이 언약 백성이고 하나님 자녀임을 증언하는 표징입니다. 그런데 느릿하게 서서히 시작된 예배 형식의 변화가 최근에 아주 급속하게 변하고 있습니다. 예배 형식의 변화로 인해 예배의 본질이 바뀌고, 예배가 세속화되는 현상이 곳곳에서 나타나고 있습니다. 예배의 내용 또한 본연의 의미를 상실하다가, 급기야 한국교회는 사탄의 미혹에 빠져서 하나님을 예배하지 않는 단계에까지 이르렀습니다. 거룩하게 주일을 지키는 것과 하나님께 온전히 예배드리는 것에 큰 위기를 맞고 있습니다. 요즘 주일 새벽에

배가 없는 교회가 많습니다. 주일 저녁 예배 대신 오후 예배로 바뀌더니 슬그머니 새벽 예배, 낮 예배, 저녁 예배의 구별이 없는 1부 예배, 2부… 예배로 바뀌었습니다. 그러다 주일 오후 예배를 드리지 않고 셀이나 알파로 모이더니 이제는 오후 예배를 아예 드리지 않는 교회가 점점 늘어갑니다. 생명을 살리는 것이 먼저라며 예배가 뒤로 밀립니다.

많은 교회가 믿음의 선배들이 하나님을 경배하였던 전통적 예배의식을 부정하고 형식에 매이지 않는 자유로운 예배를 선호합니다. 예배 시간에 찬송가가 사라져 가고 복음성가나 CCM을 즐겨 부르는 교회가 많습니다. 워십 댄스(예배 무용)가 강단을 점령하여 거룩한 예배의 개념도 없습니다. 예배를 드릴 때 '할렐루야 삼창', '주여 삼창', '하나님께 영광의 박수' 등 그럴싸한 방법으로 인간의 감정을 유발합니다. 점점 교회 구성원들이 편한 시간에 드리는 예배로 바뀌어 갑니다.

주일을 거룩하게 지키기 위해 목숨을 바친 선배들의 믿음을 잊고 주일성수를 가볍게 여기는 것은 하나님께서 피로 사신 교회를 무너뜨리고, 존귀한 성도들을 죄악으로 몰아넣는 무서운 죄를 짓는 일입니다. 믿음의 선배들이 목숨을 걸고 신앙의 지조를 지킨 역사를 잊는 교회에는 미래가 없습니다. 그러나 그 믿음의 자취를 잊지 않고, 주일을 거룩하게 지키는 것이 바로 우리가 사는 길이며, 우리의 미래를 지키는 일임을 기억해야 합니다.

예배는 어떤 일보다 '먼저'하는 것이 아니라 삶 자체이자 삶의 핵심입니다. 나는 예배드리기 위해 태어났고, 예배드리기 위해 사는 사람입니다. 그러므로 하나님이 기뻐 받으시는 예배가 아니라 내가 원하는 예배를 드리는 것은 나무로 집을 짓는 것과 같습니다. 또한, 하나님의 말씀과 상관없는 아름답고 화려한 사역들도 나무로 집을 짓는 것과 다르지 않습니다. 아무리 하나님의 영광을 위한 일이라 칭송받으며 위대한 일을 했다 할지라도, 하나님의 말씀에 합당하게 행하지 않았다면 결국 모두 불에 타고 말 것입니다.

'풀'은 교회에서 하는 사회사업이라고 할 수 있습니다

현대 교회에서 중요하게 여기는 사역 중 하나가 구제입니다. 성경에서도 구제의 중요성을 여러 차례 강조하고 있으며, 초대교회 때부터 구제는 중요한 사역 중 하나였습니다. 그래서인지 요즘 한국교회는 '이웃 사랑의 실천'이라는 명목하에 사회복지가 점점 교회의 핵심 사역처럼 되어 갑니다. 물론 교회가 지역사회를 섬기고 복지에 관심을 갖는 것은 바람직한 일입니다. 사회를 위한 선한 일임이 분명합니다(약 2:14-17). 하지만 문제는, 교회의 본질적인 사명보다 사회봉사가 교회의 중심 역할로 대체되어 가고 있다는 점에 있습니다.

교회의 본질은 십자가입니다. 오직 예수 그리스도의 십자가 복음을 선포하는 곳입니다. 그런데 교회에서 십자가는 사라지고, 대신 사회복지만 남아 버렸습니다. 이로 인해 교회가 자신의 정체성을 잃고, 본질이 무엇인지 잊어버리고 말았습니다. 오늘날 소비주의가 팽배한 각박한 시대 속에서 사회봉사가 전도에 어느 정도 유익을 줄 수 있는 것은 사실입니다. 하지만 시간이 지나면 십자가는 사라지고, 사람의 열심인 봉사만 남는 경우가 많습니다. 이렇게 교회는 서서히 더워지는 물속에서 죽는 줄도 모르고 즐겁게 헤엄치는 개구리와 같아졌습니다. 어쩌다 보니 세상과 같아졌습니다. 어느새 교회는 사회복지관, 민주화운동본부, 인권운동 사무실 같은 모습으로 변질되었습니다. 성장한 교회들은 앞다투어 노인대학을 열고, 복지관을 세우며, 카페와 서점을 운영합니다. 처음에는 이런 활동들이 복음을 위해 유익하게 쓰이는 것 같았지만, 시간이 지나면서 결국 돈만 남게 되고 돈 문제로 많은 갈등과 어려움이 발생합니다. 교회는 본질을 지키며 십자가 복음에 충실해야 히며 시회봉시도 그 복음 안에서 이루어져야 함을 잊지 말아야 할 것입니다.

　기독교 학교들이 교육에 크게 공헌해 온 것은 분명한 사실입니다. 그러나 시간이 흐르면서 학교를 세운 그 본래의 신앙적 정신은 점차 희미해지고, 이름만 '기독교 학교'로 남아가는 경우가 많아지고 있습니다. 기독교 학교가 잘못되었다는 말로 오해하지 않았으면 합니다. 다만 신학교 역시 처음에는 목회자를 양성하는 성경 중심의 교육기관이었으나, 시대적 요구에 맞추어 일반 대학처럼 다양한 학과를 개설하고, 재단이 구성되면서 사회적으로 인정받는 학위를 수여하는 학교로 변화해 왔다는 점을 말씀드리는 것입니다.

　교수의 자격을 교육법에 따른 것뿐 아니라 세례교인으로 제한하고, 학생 입학 자격 역시 목사의 추천을 받은 세례교인으로 정하는 것은 교회의 신앙 정체성을 지키기 위한 중요한 기준입니다. 그러나 시간이 지나면서 교회 안에서 거짓 추천서가 작성되고, 그로 인해 자격 없는 이들이 교수나 학생이 되는 현실도 발생하고 있습니다. 이런 문제는 단순한 과장이 아닙니다. 사회봉사가 교회의 본질이 아니라 복음, 곧 십자가 복음이 교회의 핵심임을 다시금 강조하고 싶은 마음에서 하는 말입니다. 오늘날 교회에 십자가가 점점 사라져 가는 현실이 매우 안타깝습니다. 십자가 복음, 즉 예수 그리스도의 십자가를 먼저 전해야 하며, 생명을 살리는 일이 우선입니다. 그 이후에 사회봉사가 따라야 합니다. 무엇인가를 선물로 주어 교회로 끌어들이려는 시도들이 교회를 점점 물질주의 교회로 변질시키는 위험을 내포하고 있지 않은가 하는 우려도 큽니다. 물론 "십자가 복음만 전하면 어떻게 예수님을 믿겠느냐?"라고 하겠지만, 십자가 복음을 외치는 그곳에 복음의 역사가 분명히 일어납니다. 그러니 십자가 복음이 먼저입니다. 예수 그리스도의 십자가가 먼저입니다. 예수 그리스도의 십자가 외에 복음의 능력이 일어나지 않습니다. 선행과 나눔은 매우 중요하지만, 그것이 중심이 되면 결국 나무로 집을 짓는 것과 같은 결과를 초래할 수밖에 없습니다.

'짚'은 마음이 없는 외식적인 믿음 생활을 말합니다

외식적인 믿음 생활은 마음이 없는 형식적인 행동을 말합니다. 하나님께서 보시는 것은 단지 행위 자체가 아니라 그 행위 뒤에 숨겨진 '마음', 즉 중심입니다. 사람의 행위가 자기가 보기에는 모두 깨끗하여도 여호와는 심령(마음, 잠 21:2)을 감찰하십니다(잠 16:2). 사람은 외모를 보지만 여호와 하나님은 사람의 중심을 보십니다(삼상 16:7). 하나님이 원하시는 제사는 상한 심령입니다(시 51:17). 그러므로 우리는 마음을 다하여 여호와를 신뢰하고 우리 명철을 의지하지 말아야 합니다(잠 3:5). 하나님이 기뻐하시는 삶은 동기와 방법과 목적이 모두 예수님의 말씀에 근거해야 합니다. 결과가 아무리 좋아도, 그 일을 하게 된 동기와 방법이 예수님의 말씀에 합당하지 않으면 하나님이 인정하지 않으십니다. 하나님이 인정하시는 삶은 마음으로 예수 그리스도를 믿고, 예수님을 사랑하는 마음으로 행하는 삶입니다. 즉 내 안에 예수 그리스도가 살고 계시는 삶입니다. 그런데 입술로는 믿음을 강조하고, 하나님의 은혜에 감사한다고 말하지만 마음이 하나님에게서 멀어져 있다면 그것은 외식하는 것입니다. 외식하는 사람은 예수님을 시험하는 것입니다. 마음이 없는 그 사람의 사역은 그 결과가 아무리 위대해도 예수님을 대적하고 거역하는 것입니다. 그러면 하나님의 심판만이 기다리고 있습니다. 예수님은 외식하는 서기관과 바리새인들에게 '저주를 받을 자'라고 책망하셨습니다. 그러므로 우리의 마음이 온전히 하나님께로 향하여야 합니다. 마음은 믿음의 중심입니다. 그러므로 '마음이 없다.'는 것은 '믿음이 없다.'는 뜻입니다. 믿음이 없으니 형식적으로 행동하며 사람에게 보이기 위해 외식적인 행동을 일삼게 됩니다. 외식하는 성도는 입으로는 하나님을 가까이하며 입술로는 하나님 공경을 외치지만, 마음은 멀리 떠난 사람입니다(사 29:13-14). 믿음이 없이 형식적으로 순종하니 기쁨이 없고 감사도 없습니다. 믿음이 없으니 사랑하는 듯 다정하지만, 마음으로는 미워합니다. 겸손을 말하면서도 속으로는 한껏 교만합니다. 믿음을 자랑하지만 뒤돌아서면 하나님이 계시지 않는 것처럼 염려하고 근심합니다.

　풀이 순식간에 불타버리듯, 외식으로 행한 모든 삶도 순식간에 사그라지고 맙니다. 자신은 믿음으로 행했다고 뿌듯하게 생각한 일들의 행위가 밝히 드러나는 날 아무것도 없다는 것을 밝히 알게 될 것입니다. 그때 눈물을 흘리며 구해도 회개할 기회를 얻지 못합니다. 슬피 울며 이를 가는 고통만 당할 것입니다(마 22:13). 심히 통곡하는 후회만 있을 것입니다(눅 22:62). 그러므로 이제라도 마음이 없는 형식적인 행동은 멈추고, 모든 일에 마음을 다하고 뜻을 다하고 힘을 다하여 성숙함을 드러내는 믿음의 길을 가야 합니다. 마음을 다해 성령님의 인도를 받고 예수님과 동행하는 삶을 살아야 합니다. 그렇게 할 때, 불에 타지 않는 아름다운 집이 지울 수 있으며, 상을 받는 구원을 얻게 됩니다. 만약 그렇지 않으면 불 가운데 얻는 것 같은 구원을 얻게 됩니다.

집을 짓고 나면 불로 준공검사를 합니다

집 짓는 일을 마치면, 하나님의 심판대 앞에서 준공검사를 받게 됩니다. 이 집 짓는 일이란 곧 우리 삶을 마치는 날을 의미합니다. 그때 우리는 하나님의 심판대에 앞에 서서 각자 행한 대로 상 받을 심판을 받게 됩니다. 하나님은 불로 준공검사를 하십니다. 즉 하나님의 불이 각 사람이 지은 집이 어떠한지 시험하십니다(고전 3:13). '불로 시험한다.'라는 것은 하나님의 말씀으로 심판한다는 뜻입니다. 다시 말해, 각 사람이 행한 대로 받는 심판의 기준은 하나님 말씀입니다. 그러므로 하나님 말씀은 불과 같습니다(렘 23:29). 여호와의 혀는 맹렬한 불 같습니다(사 30:27). 하나님이 불로 시험하실 때, 우리가 지은 집이 타지 않고 그대로 남아 있다면 상을 받습니다. 하나님의 말씀을 듣고 순종하는 삶을 사는 사람은 불에 타지 않습니다. 말씀대로 행한 성도는 예수님의 칭찬과 함께 상급도 받습니다. 우리가 선악 간에 행한 것을 판단하는 시금석은 바로 하나님의 말씀입니다.

예수님이 주시는 칭찬과 상은 세상의 그 무엇으로도 이해할 수 없고, 설명할 수 없는 큰 칭찬이며 영광입니다. 만물을 창조하시고 다스리시는 만왕의 왕이신 하나님의 칭찬입니다. 하지만 지은 집이 불에 타면 상을 받지 못합니다. 하나님의 말씀에 합당하지 않는 것은 모두 불에 타는 것처럼 사라지고, 하나님께 인정받지 못합니다. 말씀대로 행한 것이 없는 사람은 받을 상이 없습니다(마 5:19-20). 그런 사람은 겨우 구원받아 천국에는 들어가지만, 상은 없습니다. 이렇게 상을 받지 못하는 구원은 해를 입은 구원이요, 불 가운데 받은 것과 같은 구원입니다. 소돔과 고모라에서 구원을 받은 롯과 같습니다. 모든 것을 잃고 겨우 목숨만 건짐받는 구원을 말합니다(암 4:11). 불 가운데 받은 것과 같은 구원은 부끄러운 구원이며, 영광이 없는 구원이며, 면류관이 없는 구원입니다. 그리고 그 구원에는 영원한 후회가 따릅니다.

기억하십시오. 우리의 삶은 하나님의 심판대 앞에서 결산을 받게 됩니다. 그러므로 함부로 아무렇게나 살면 안 됩니다. 일평생 동안 하나님의 말씀이라는 규격에 맞는 집을 잘 지어야 합니다. 십자가의 길을 걸으며 예수님과 동행하기를 힘써야 합니다. 왜냐하면 내가 행한 대로 상을 주시는 예수님 앞에 반드시 서야 하기 때문입니다. 그러므로 정신을 바짝 차리고, 예수님 안에 거하면서 하나님이 위에서 부르신 부름의 상을 바라보며 힘껏 달려가야 합니다.

13장

등과 기름을 가지고 신랑을 기다려야 합니다

The heavenly reward given by God

"내가 하나님의 열심으로 너희를 위하여 열심을 내노니 내가 너희를 정결한 처녀로 한 남편인 그리스도께 드리려고 중매함이로다"(고린도후서 11장 2절).

"미련한 자들은 등을 가지되 기름을 가지지 아니하고 슬기 있는 자들은 그릇에 기름을 담아 등과 함께 가져갔더니"(마태복음 25장 3-4절).

"오호라 너희 모든 목마른 자들아 물로 나아오라 돈 없는 자도 오라 너희는 와서 사 먹되 돈 없이, 값 없이 와서 포도주와 젖을 사라"(이사야 55장 1절).

여유 있는 것과 게으른 것은 엄연히 다른 말입니다. 그런데 사람들은 종종 게으른 것을 '여유'라는 아름다운 단어로 포장을 합니다. 여유가 있는 것은 좋지만 게으른 것은 큰 죄악입니다. 게으른 사람은 가난하게 되고(잠 10:4), 게으른 사람은 부지런한 사람의 다스림을 받게 됩니다(잠 12:24). 게으른 사람은 마음으로 원하여도 얻지 못하고(잠 13:4), 게으른 사람의 욕망은 자기를 죽입니다(잠 21:25). 게으름은 사람으로 하여금 깊이 잠들게 합니다(잠 19:15). 하나님은 "악하고 게으른 종아."라고 책망하십니다(마 25:26). "부지런하여 게으르지 말고 열심을 품고 주를 섬기라."라고 말씀하십니다(롬 12:11).

여유는 아무나 누릴 수 있는 것이 아닙니다. 여유는 오직 준비한 사람만 누릴 수 있는 특권입니다. 준비하지 않은 사람은 여유를 누릴 권리조차 없습니다. 만약 준비하지 않은 사람이 여유를 부린다면, 그것은 단순히 게으름을 감추려는 위장에 불과합니다. 준비되지 않은 여유는 결국 불행의 늪으로 빠져들 준비 단계에 지나지 않습니다.

예수님과 성도의 관계를 다양하게 표현을 합니다

하나님과 성도의 관계를 아버지와 아들로 표현됩니다(롬 8:14-16). 성도는 하나님으로부터 난 존재로, 하나님 아버지의 자녀입니다(요 1:12-13). 아들에게는 아버지의 씨가 있습니다. 아버지와 아들의 관계는 생명적인 관계이며, 아들은 자연스럽게 아비지를 닮아 갑니다(벧전 1:15-16). 아들은 아버지의 능력을 이어받고, 아버지의 상속권을 가집니다(롬 8:17). 또한 아들은 아버지의 유업을 이어받을 사람입니다(갈 4:7). 아버지는 아들을 책임지는 분이십니다. 그러므로 아들은 아버지를 경외하고 공경하는 것이 마땅합니다.

예수님과 성도의 관계를 목자와 양으로 표현됩니다(요 10:1-18). 목자는 자기 생명을 걸고 양을 지킵니다. 목자는 언제나 양과 함께하며, 양의 생명을 책임지는 사람입니다. 그러므로 목자 없는 양은 존재할 수 없습니다. 양은 반드시 목자의 인도함을 받아야 합니다. 예수님은 우리를 위해 목숨을 버리신 선한 목자이십니다. 예수님은 자기 생명을 주셔서 우리를 사망에서 건져내셨습니다. 예수님은 우리를 악한 세대에서 구속하시기 위해 십자가에 죽으셨습니다(갈 1:4). 예수님은 단지 생명만 주신 것이 아니라 우리를 풍성하게 하십니다. 예수님과 우리의 관계는 생명적인 관계입니다. 예수님은 우리의 구주이시며, 우리의 주님이십니다. 우리는 예수님 안에 거하고, 예수님은 우리 안에 거하십니다(요 14:20). 목자이신 예수님을 따를 때, 우리는 구원을 받고, 예수님께서 우리의 삶을 책임져 주십니다.

예수님과 성도의 관계를 포도나무와 가지로 비유됩니다(요 15:1-8). 나무는 가지가 열매를 맺을 수 있도록 물과 영양분을 지속적으로 공급하는 역할을 합니다. 그러므로 가지는 나무에 꼭 붙어 있어야 합니다. 가지가 나무에 붙어 있기만 하면 충분히 열매를 맺을 수 있습니다. 하지만 가지가 나무에 붙어 있지 않으면 아무것도 할 수 없습니다. 그래서 예수님은 자신을 "나무'라 하시고, 우리는 그 "가지'라고 말씀하십니다. 성도의 삶의 핵심은 아름다운 열매를 맺는 것입니다. 열매를 많이 맺으면 하나님께 영광이 되고, 우리는 예수님의 제자가 됩니다. 따라서 예수님을 떠나서는 아무것도 할 수 없으며, 성도의 삶 또한 존재할 수 없습니다.

　　예수님과 성도의 관계를 친구로 표현됩니다(요 15:13-15). 친구란, 오랫동안 가까이 지내며 정이 두터운 사람을 의미합니다. 사실상 반쯤 가족과 같은 관계가 친구입니다. 친구는 허물이 없이 지내며, 때로는 말 못 할 허물까지도 품고, 생명을 아끼지 않고 도와줄 정도로 사랑하는 존재입니다. 셰익스피어는 "친구라면 친구의 결점을 참고 견뎌야 한다."고 했습니다. '친구'의 비슷한 말로 벗, 동무가 있습니다. 하나님은 아브라함을 "나의 벗'이라고 부르셨습니다(사 41:8). 예수님은 우리를 친구라고 부르셨습니다(요 15:15). 예수님은 친구인 우리의 허물을 지고, 자기의 생명을 주기까지 사랑하셨습니다(롬 5:8). 예수님은 아버지 하나님께 들은 것을 우리에게 모두 알려주셨습니다. 예수님은 감추는 것이 없이 우리에게 말씀하셨고, 지금도 말씀하십니다. 그러므로 우리도 친구를 위하여 목숨을 내놓을 준비가 되어 있어야 합니다.

예수님과 성도의 관계를 주인과 종으로 표현됩니다(마 25:14-30). 주인은 소유권을 가진 주권자입니다. 주인은 종의 생사화복(生死禍福)권을 가지고 있습니다. 그러므로 종은 오직 주인의 말씀에 순종할 뿐입니다. 예수님은 불의한 주인이 아니라 의의 주인이십니다. 의의 주인이신 예수님은 우리를 사랑하셔서 자기 피로 우리를 구속하시고, 죄에서 해방시키며 평안을 주십니다(계 1:5). 그래서 우리는 죄에서 해방되어 의의 종이 되었습니다(롬 6:18). 예수님은 우리의 구원을 위해 자기 목숨을 아끼지 않고 내어주신 분이십니다.

　　예수님과 성도의 관계를 신랑과 신부로 표현됩니다(계 19:7-8). 세례 요한은 예수님을 신랑으로, 자신은 신랑의 친구로 비유합니다(요 3:29). 마태는 성도를 신랑이신 예수님을 기다리는 신부로 묘사하며, 신랑이 올 때까지 준비하라고 경고합니다(마 25:1-13). 바울 사도는 성도를 정결한 처녀로, 예수님은 남편으로 표현했습니다(고후 11:2). 예수님을 신랑으로, 성도를 신부로 표현한 것은 깊은 영적 의미가 있습니다. 우리가 잘 아는 것처럼, 결혼은 같은 종(Species), 즉 같은 종류(kind)끼리 합니다. 사람과 사람이 결혼하고, 동물과 동물이 결혼합니다. 사람이 고양이나 강아지 같은 애완견을 사랑해서 같은 침대에서 자고 입을 맞춰도 결혼은 할 수 없습니다. 만약 결혼을 하려면 사람이 동물이 되거나, 동물이 사람이 되어야 합니다. 따라서 예수님을 신랑으로, 우리를 신부로 표현한 것은 거룩하신 하나님이 우리를 향한 최고의 사랑을 표현한 가장 아름다운 방식입니다. 왜냐하면 하나님이 우리를 신부로 맞으시기 위해 친히 사람의 몸을 입고 오셨기 때문입니다. 창조주 하나님이 피조물이 되셨습니다. 거룩하신 하나님이 죄인으로 오셨습니다. 만왕의 왕이신 하나님이 섬기는 종이 되셨습니다.

하나님이 사람이 되시는 희생은 최고의 사랑입니다. 사람으로 오신 예수님은 우리를 거룩한 사람으로 만들기 위해서 십자가에 돌아가셨습니다. 예수님이 십자가에서 흘리신 피로 우리의 죄를 용서하시고, 의롭다고 선언하셨습니다. 예수님이 우리의 신랑이 되시고, 우리를 신부로 맞이하셨습니다. 그러므로 신부인 우리는 예수님을 믿음으로 예수님의 정결한 신부가 되어야 합니다. 예수님을 닮아가고, 예수님처럼 인격을 갖추어야 합니다. 흠과 티가 없는 거룩한 신부로 빚어져야하며, 예수님께서 원하시는 모습으로 살아가야 합니다.

열 명의 처녀가 신랑을 기다리고 있습니다

약혼은 혼인이 법적으로 성립되는 첫 단계입니다. 결혼을 앞두고 신부가 의복과 보석을 준비할 수 있도록 최소한 열두 달의 준비 기간을 주었습니다. 어린 양의 신부는 혼인 예식에서 입을 깨끗한 세마포 옷을 준비해야 합니다(계 19:7-8). 신부가 의복을 준비하는 동안 신랑은 집을 마련하고 혼인 잔치를 준비합니다. 우리의 신랑 되시는 예수님은 거처를 마련하러 가셨다가, 거처가 준비되면 다시 오셔서 우리를 데려가겠다고 말씀하셨습니다(요 14:2-3).

일반적으로 유대인들의 혼례는 저녁에 치러집니다. 신부는 축제 분위기 속에서 횃불을 든 행렬에 둘러싸여 신랑 집으로 갑니다. 이때 신부는 등을 들고 신랑이 올 때까지 기다려야 합니다. 이러한 전통을 배경으로 예수님은 비유를 들어 말씀하셨습니다. 열 명의 처녀가 등을 들고 신랑을 기다리고 있었습니다. 그들이 들고 있던 등에는 모두 불이 켜져 있었습니다. 그런데 그중 다섯 처녀는 등과 함께 그릇에 기름을 담아 혹시 모를 상황을 대비했습니다. 반면 나머지 다섯 처녀는 등만 들고 기름은 준비하지 않았습니다. 성경은 기름을 준비한 사람을 슬기 있는 사람이라고 하고, 기름을 준비하지 않은 사람을 미련한 사람이라고 말합니다.

신랑이 오는 시간은 정해진 것이 아니었기 때문에, 기다리던 처녀들은 하나 둘 졸며 잠들었습니다. 그런데 한밤중에 갑자기 "신랑이 온다. 신랑을 맞으러 나오라!"라는 소리가 들렸습니다. 그때 기름을 준비한 다섯 처녀들은 얼른 등에 기름을 채우고 신랑을 맞으러 나갔습니다. 하지만 미리 기름을 준비하지 않았던 다섯 처녀는 신랑을 맞이하려 나아가는데 등불이 거의 꺼져 갔습니다. 그래서 급히 기름을 준비한 처녀들에게 "너희에게 있는 기름을 좀 나눠달라."고 부탁했습니다. 이에 슬기로운 처녀들은 "우리와 너희가 함께 쓰기에는 기름이 부족할 수 있으니, 얼른 가서 기름 파는 사람들에게 사오는 것이 좋겠다."라고 말했습니다. 미련한 처녀들이 기름을 사러 간 동안 신랑은 도착했습니다. 기름을 준비했던 다섯 처녀는 혼인 잔치에 들어가고, 문은 굳게 닫혔습니다. 얼마 후 기름을 사러 갔던 처녀들이 돌아와 "주여, 주여. 우리에게 열어주소서."라며 간절히 문을 두드렸습니다. 그러나 안에서 들려오는 대답이 매우 엄중합니다. "내가 너희를 알지 못한다"(마 25:1-12).

교훈은 여기에 있습니다. 기름을 준비한 다섯 처녀는 신랑이 늦게 오더라도 걱정하지 않았습니다. 비록 깨어 있지 못했지만, 결국에는 신랑을 맞이할 수 있었습니다. 이런 여유는 준비한 사람만이 누릴 수 있는 특권입니다. 그러나 기름을 준비하지 못한 다섯 처녀는 "신랑이 오기 전에 등불이 꺼지면 어쩌나?" 하고 불안하고 초조했을 것입니다. 그럼에도 불구하고 여전히 걱정만 하고 졸며 자고 있는, 정말 미련한 사람들의 모습을 볼 수 있습니다. 결국 기름을 준비한 처녀는 신랑을 맞이했고, 기름을 준비하지 못한 처녀들은 혼인 잔치에 참여하지 못했습니다.

열 처녀의 비유에 대한 일반적 해석(대부분의 설교나 해석)

신랑을 맞이한 슬기로운 다섯 처녀는 구원을 얻었고, 혼인 잔치에 들어가지 못한 미련한 다섯 처녀는 구원을 얻지 못했다고 합니다. 많은 목사님의 설교나 신학자들의 글을 보면, 슬기로운 처녀는 구원받은 성도이고, 미련한 처녀는 구원받지 못한 사람이라고 해석합니다. 슬기 있는 처녀는 선택받은 사람이고, 미련한 처녀는 택함을 받지 못한 사람이라고 합니다. 그래서 기름을 준비하지 않으면 구원받지 못한다고 해석되기도 합니다. 즉 믿음 생활을 제대로 하지 않으면 구원받지 못한다고 주장하는 것입니다.

기름을 준비한 처녀는 구원받고, 기름을 준비하지 못한 처녀는 구원받지 못한다면 구원의 근거가 은혜가 아니라 행위가 되는 것입니다. 기름을 준비했기 때문에 구원받고, 기름을 준비하지 않았기 때문에 구원받지 못하는 것이 됩니다. 그러면 구원이 하나님께 속한 것이 아니라 사람의 행위에 의해 결정되는 것이 됩니다. 이 경우, 구원은 은혜로 주어지는 것이 아니라 행위로 얻는 것이 되어, 결국 은혜 구원이 아니라 행위 구원이 됩니다. 이런 해석에 따르면, 구원의 완전함이 아닌 불완전한 구원이 되어버리며, 하나님의 책임이 아닌 사람의 책임으로 여겨질 수 있습니다. 그렇게 되면, '혹시 내 구원이 취소되는 건 아닌가?' 하는 불안과 의문이 생길 수 있습니다.

열 처녀의 비유는 구원에 관한 비유가 아닙니다

예수님이 다시 오실 때 구원받은 성도가 받을 상급에 대한 말씀입니다. 혼인 잔치에 들어가는 신부의 영광과 혼인 잔치에 들어가지 못하는 신부의 비참함처럼, 상을 받는 성도의 영광스러운 구원과 상을 받지 못하는 성도의 부끄러운 구원의 모습을 극명하게 표현한 것입니다. 많은 사람들이 천국에는 차등 상급이 없다고 주장하며, 천국에서 상 받는 것을 부인합니다. 공평하신 하나님께서 어찌 '차등 상을 주시겠냐?'라고 말합니다. 그러나 성경은 하나님 나라에 차등 상급이 있음을 분히 말씀합니다. 하나님께서 각 사람에게 그 행한 대로 갚아 주십니다(롬 2:6). 예수님은 "내가 속히 오리니 내가 줄 상이 내게 있어 각 사람에게 그가 행한 대로 갚아 주리라."(계 22:12)고 분명하게 말씀하셨습니다. 그리고 "누구든지 이 계명 중의 지극히 작은 것 하나라도 버리고 또 그같이 사람을 가르치는 자는 천국에서 지극히 작다 일컬음을 받을 것이요 누구든지 이를 행하며 가르치는 자는 천국에서 크다 일컬음을 받는다."라고 말씀하셨습니다(마 5:19). 바울 사도는 "해와 달의 영광이 다르고, 달과 별의 영광이 다르며, 별과 별의 영광이 다르듯 부활의 영광이 다르다."라고 말했습니다(고전 15장 참조).

구원은 예수 그리스도의 의를 힘입어 동일하게 받은 보배로운 믿음으로 받습니다(벧후 1:1). 열 처녀가 들고 있는 등은 하나님이 주신 것으로 믿음을 의미합니다. 성도는 예수님을 믿는 믿음으로 예수님을 기다려야 합니다. 그러므로 신랑을 기다리는 열 처녀는 모두 구원받은 성도를 의미합니다. 각자 기름을 준비하고 등을 들고 신랑을 기다려야 합니다. 기름을 준비하는 것은 성령의 인도를 받아 믿음으로 행한 삶을 의미합니다. 예수님의 사랑에 매여 그 사랑으로 행한 삶을 사는 것이 기름을 준비하는 것입니다. 성령의 인도를 받아 예수님을 본받는 삶을 살아가며, 예수 그리스도와 같은 인격자가 되는 것이 기름을 준비하는 것입니다. 또한 성령에 이끌림을 받아 예수님과 동행하는 삶을 사는 것이 기름을 준비하는 것입니다.

반면에 믿음으로 행하지 않는 삶은 기름을 준비하지 않은 것입니다. 예수님의 사랑에 매여서 살지 않는 삶은 기름을 준비하지 않은 것입니다. 비록 예수님을 믿으나 성령의 이끌림을 받지 않고 자기 마음대로 사는 것은 기름을 준비하지 않는 것입니다. 예수님을 믿지만 예수님을 닮은 모습이 없는 삶 역시 기름을 준비하지 않은 것입니다. 만일 기름을 준비하지 않고 등만 들고 있다가 신랑이 오면 부끄러운 일을 당할 수 있습니다. 이는 단순히 신앙을 가지고 있다는 것만으로는 충분하지 않으며, 믿음이 실제로 삶에 적용되어야 함을 경고하는 것입니다.

신랑을 기다리는 열 처녀는 모두 등을 들고 있습니다

'등'은 하나님이 선물로 주신 믿음을 의미합니다. 또한 등은 예수님을 상징하며, 예수님을 믿는 믿음을, 믿음으로 받은 구원을 나타냅니다. 등에 불이 켜져 있다는 것은 예수님이 우리의 삶에 비추는 빛이 되어 주심을 뜻합니다. '등불'도 예수님을 의미합니다. 어린 양이 등불 되십니다(계 21:23). 예수님은 세상에 와서 각 사람에게 비추는 생명의 빛이십니다. 그러므로 빛으로 나오는 사람은 진리를 따르는 사람입니다(요 3:18-21). 예수님을 믿는 사람은 생명의 빛을 얻습니다. 참 빛이신 예수님을 영접하는 자에게는 하나님의 자녀가 되는 권세를 주셨습니다. 예수님을 믿는 성도는 참 빛이 있는 사람이며 세상의 빛입니다(마 5:14).

미련한 처녀가 "우리 등에 불이 꺼져 간다."라고 말하는 것을 보면, 미련한 처녀들이 들고 있는 등에도 처음부터 불이 켜져 있었음을 알 수 있습니다. 신랑을 기다리는 열 처녀가 들고 있는 등은 모두 불이 켜져 있었습니다. 이렇게 '등에 불이 켜져 있다.'라는 말은 곧 '등에 기름이 있었다.'는 것을 의미합니다. 성경에서 기름은 성령을 상징합니다. 성령은 진리의 영이며, 우리를 진리이신 예수님에게로 인도하십니다. 성령을 힘입지 않고서는 아무도 예수님을 주시라 할 수 없습니다(고전 12:3). 누구든지 주의 이름을 부르는 사람은 구원을 받습니다(롬 10:13). 그런데 미련한 처녀들이 돌아와서 "주여, 주여, 우리에게 열어주소서."라고 부르짖습니다. 그렇다면 미련한 다섯 처녀도 구원받은 성도입니다. 더 중요한 것은 구원받은 성도만 신랑 되신 예수님을 맞이할 신부의 자격이 있다는 점입니다. 구원받지 못한 사람은 신부가 아니므로 신랑이신 예수님을 기다릴 수 없습니다(계 19:9). 그런데 미련한 처녀들도 등을 들고 신랑을 맞으러 나갔으니, 그들도 구원받은 성도로 예수님의 신부입니다. 그러므로 등을 들고 신랑을 맞으러 나간 열 명의 처녀는 모두 구원받은 성도를 의미합니다. 그렇다면 기름을 준비하지 않은 미련한 다섯 처녀가 구원받지 못했다는 것은 성경을 바로 이해하지 못한 것입니다.

우리의 구원은 여호와 하나님께 있습니다(렘 3:23). 하나님이 구원하시고, 하나님이 구원자이십니다. 구원은 오직 하나님께로부터 옵니다(시 37:39). 하나님이 우리에게 주신 구원은 보배롭고 지극히 큰 약속입니다(벧후 1:4). 하나님은 창세 전에 그리스도 안에서 우리를 택하셨고, 예수 그리스도로 말미암아 자기 아들들이 되게 하셨습니다(엡 1:4-5). 사람이 의롭게 되는 것은 율법의 행위로 말미암은 것이 아니라 오직 예수 그리스도를 믿음으로 말미암아 됩니다(갈 2:16). 오직 예수님을 믿음으로 구원을 받습니다. 예수님 외에 구원받을 만한 다른 이름을 주신 일이 없습니다.

우리는 하나님의 은혜에 의하여 믿음으로 말미암아 구원을 받았습니다. 우리를 구원하는 보배로운 믿음은 하나님이 주신 선물입니다(딛 3:5-7). 우리가 먼저 하나님을 믿은 것이 아니라 하나님이 먼저 택하시고 부르셨습니다. 하나님이 택하신 우리에게 보배로운 믿음을 주셨습니다(벧후 1:1). 하나님이 주신 보배로운 믿음으로 말미암아 우리에게 신기한 구원을 주셨습니다(벧후 1:3). 그러므로 성도의 믿음과 소망은 하나님께 있습니다(벧전 1:21). 구원은 여호와께 속하였습니다(욘 2:9). 우리의 구원은 하나님이 계획하셨고, 하나님이 은혜로 주셨으며, 하나님이 이루셨고, 하나님이 보호하시는 완전한 구원입니다. 성도의 구원은 하나님이 능력으로 보호하십니다. 그래서 하나님이 우리에게 주신 구원은 변경할 수 없고, 취소될 수 없는 완전한 구원입니다. 성도의 구원은 절대로 취소되지 않습니다.

우리를 구원하신 이유는 예수님을 닮게 하기 위함입니다

하나님이 독생자를 화목제물로 보내셔서 우리를 구원하심으로 하나님의 아들이 되었습니다. 우리는 그리스도 예수 안에서 하나님의 아들이 되었습니다(갈 3:26). 성령님이 친히 우리가 하나님의 자녀인 것을 증언하십니다. 하나님의 자녀는 그리스도와 함께한 하나님의 상속자입니다(롬 8:17).

하나님이 우리를 구원하신 것은 아들의 형상을 본받게 하기 위해서입니다(롬 8:29). 하나님이 신기한 구원을 주신 것은 세상에서 썩어질 것을 피하여 신성한 성품에 참여하는 자가 되게 하기 위해서입니다(벧후 1:4). 신성한 성품에 참여하는 것은 우리를 부르신 거룩하신 하나님처럼 우리도 모든 행실에 거룩한 사람이 되는 것입니다(벧전 1:15-16). 그러므로 우리의 지체를 불의의 무기로 죄에 내어주지 말고 의의 무기로 하나님께 드려야 합니다(롬 6:12-13). 왜냐하면 하나님의 자녀는 죄에 대하여 죽은 사람이기 때문입니다(롬 6:2). 우리 몸을 하나님이 기뻐하시는 거룩한 산 제물로 드려야 합니다. 그런데 여전히 죄에 속한 자가 되어 자기 마음대로 정욕이 이끌려 행동할 수 있습니다. 그러나 이제부터라도 하나님의 성품에 참여하는 삶을 살기 위해서 노력해야 합니다. 예수 그리스도의 형상을 본받아 예수님 같은 인격을 갖추기 위해 인격을 연마해야 합니다. 그리스도의 장성한 분량에 이르기까지 범사에 예수님을 본받아 자라야 합니다(엡 4:13).

예수님을 닮아가는 과정을 신학 용어로 '성화'라고 합니다. 성화는 성령의 은혜로운 활동에 인간의 책임 있는 참여가 수반되는 과정입니다. 성화는 그리스도와의 연합을 통해 이루어집니다(고전 1:30). 우리가 성화할 수 있는 길은 오직 그리스와 연합하는 것뿐입니다. 헤르만 바빙크는 "믿음은 성화의 두드러진 수단이다."라고 했습니다. 성화는 하나님을 닮는 과정입니다. 그리스도는 하나님의 완전한 형상이십니다(고후 4:4; 골 1:15). 따라서 성화는 예수 그리스도를 닮는 것이라고 할 수 있습니다. 성자는 성부를 완전히 반영하시기 때문에 아들을 닮는 것이 곧 하나님을 닮는 것입니다. 예수 그리스도의 형상을 닮는 것이 하나님께서 우리를 택하신 목적입니다(롬 8:29). 그러나 하나님의 성품을 닮아가는 성화는 단번에 이루어지는 것이 아닙니다. 그러므로 구원받은 성도가 예수님의 성품을 닮아가는 과정은 평생에 걸쳐 이루어야 할 과제입니다.

성화는 점진적인 성장의 과정으로 그리스도에게까지 자라가는 여정입니다. 이 과정은 성령의 인도를 받으며 일생 동안 계속 이루어야 하므로 "항상 복종하여 두렵고 떨림으로 너희 구원을 이루라."(빌 2:12)라고 말씀합니다. 여기서 사용된 '이루어 나가다.'라는 단어, '카테르가제스테'는 보통 농부가 땅을 경작하는 모습에 비유됩니다. 즉 이 말씀은 "하나님이 너희에게 주신 구원을 계속해서 경작해 가라'는 의미입니다. 따라서 성도는 이미 받은 구원을 단순히 마음에 두는 것으로 끝내지 않고, 그 구원을 삶의 모든 영역에 적용해야 합니다. 매일의 행위 속에서 구원의 은혜가 드러나도록 애쓰며 살아가야 합니다. 바꾸어 말하면, 성화는 바로 그렇게 이루어져야 하는 과정입니다.

우리가 일한다고 해서 하나님이 우리 안에서 일하시는 것이 중지되지 않습니다. 또한 하나님이 일하신다고 해서 우리가 일하는 것이 중지되지도 않습니다. 하나님이 일하시고 우리가 일하는 관계는 단순한 협력 관계가 아닙니다. 하나님이 일하시기 때문에 우리가 일하는 것입니다(존 머레이). 즉 성화는 하나님이 이루어 가시는 일이기 때문에, 우리가 참여한다고 해서 그 일이 중단되거나 의존되는 것이 아닙니다. 하나님은 우리 안에서 착한 일을 시작하시고, 그리스도 예수의 날까지 반드시 그것을 이루십니다. 신앙생활의 궁극적인 목표는 하나님 아버지처럼 거룩한 사람이 되는 것입니다. 예수 그리스도를 닮아, 그분과 같은 인격자가 되는 것입니다. 예수님을 얼마나 닮느냐가 인생에서 가장 중요한 일이며, 그것이 성공과 실패를 가를 수 있습니다. 예수 그리스도의 형상을 이루어 예수님과 같은 인격자가 되는 것이 바로 슬기로운 신부가 되어 등을 들고 기름을 준비하는 것과 같습니다.

우리는 천국을 소유한 사람들로, 천국을 향해 가고 있는 천국 백성입니다. 이 세상에서 우리가 살아가는 모든 순간은 천국을 누리며 살아가는 현장입니다. 우리의 일상은 단순히 세상의 일들이 아니라 하나님이 계심을 보여주고, 그분의 사랑을 느끼게 하는 장이 되어야 합니다. 그러나 우리는 종종 환경을 다스리시는 하나님을 보지 못하고, 눈 앞의 상황만 바라보며 살아가곤 합니다. 하나님을 보지 않으니, 그로 인한 기쁨을 알지 못합니다. 하지만 하나님의 사랑에 이끌림을 받는 성도는 환경에 집중하는 것이 아니라 그 환경 속에 계신 하나님을 봅니다. 그래서 외적인 상황에 원망하거나 낙심하지 않고, 그곳에 계신 하나님으로 인해 평안과 행복을 누리게 됩니다. 그곳에 계신 하나님과 함께 세상이 감당하지 못하는 기쁨을 누리며, 천국의 행복을 누립니다.

성도의 삶은 이 세상에 속한 삶을 청산하고, 천국에서 사는 삶의 방식을 익히는 기간입니다. 죄의 종으로 살던 옛 습관을 버리고, 하나님의 자녀로 사는 삶을 훈련하는 시간입니다. 자기 정욕대로 행하던 죄의 삶을 버리고, 예수 그리스도로 사는 훈련을 하는 기간입니다. 하나님이 준비하신 칭찬과 영광의 면류관을 받을 준비를 하는 과정입니다. 만약 믿음 생활을 바로 하지 않으면, 비록 성도인 것은 맞지만 성도다운 성도는 아닙니다. 믿음 생활을 바로 하지 못하면, 하나님이 주신 영광을 알지 못하고 영광을 누릴 수도 없습니다.

성도는 성령의 인도를 받아 예수님과 동행하며, 예수님이 가신 십자가의 길을 따르는 삶을 살아야 합니다. 그 길은 아주 좁고 협착하여 찾는 사람이 적지만, 생명으로 인도하는 유일한 길입니다. 생명으로 인도하는 십자가의 길은 죽음을 각오해야 갈 수 있는 길이기에 많이 사람들이 가려고 하지 않고 외면합니다. 그러나 성령의 이끌림을 받는 성도는 그 어떤 어려움과 죽음의 위협이 있더라도 십자가의 길을 피하지 않습니다. 십자가의 길을 가는 성도는 기름을 준비한 슬기로운 신부입니다. 반면 십자가의 길을 피하는 성도는 기름을 준비하지 않는 미련한 신부입니다. 그러므로 신랑을 맞이하려면 성령님의 인도를 받아야 합니다. 그렇지 않으면 신랑을 맞이하지 못할 수도 있습니다.

기름은 내가 사서 준비해야 합니다

'등'은 일생에 한 번 받는 성령, 즉 중생을 의미합니다. 기름은 계속해서 임하시는 성령을 나타냅니다. 기름을 준비하는 것은 성령의 충만함을 받는 것입니다. 성령의 충만함을 받고, 성령의 이끌림을 받아 성령의 열매를 맺는 삶이 기름을 준비하는 것입니다. 성령의 이끌림을 받아 사는 삶에는 수고와 헌신이 필요합니다. 믿음의 길은 우리의 땀과 피를 드리는 수고를 해야만 갈 수 있는 길입니다. 그래서 "기름을 사서 준비해야 한다."라고 말씀하시는 것입니다. 거듭 강조하지만, 믿음의 길은 대접받고 영광을 얻는 길이 아닙니다. 오히려 멸시받고 무시당할지라도 감사하며 가는 길입니다. 성도의 삶은 본질적으로 십자가의 길입니다. 그러므로 온전한 성도의 삶은 내 힘이나 의지로 이루어지는 것이 이닙니다. 성령이 내 안에 들어오셔서 나를 이끌고 가실 때, 비로소 그 길을 갈 수 있습니다. 십자가의 길도 마찬가지입니다. 내가 가는 것이 아니라 성령이 이끌어가시기 때문에 기쁨과 감사로 찬송하며 나아갑니다. 예수님이 가신 십자가의 길을 가고자 내 생명을 바치면, 하나님은 앞서가시면서 길을 열어 주시고 능력으로 인도하십니다. 그러니 우리는 주님이 인도하시는 대로 따라가기만 하면 됩니다.

우리에게 기름을 부으신 분은 하나님이십니다(고후 1:21). 하나님은 예수님에게 성령과 능력을 기름 붓듯 하셨습니다(행 10:38). 주님이 우리에게 기름을 부으시고 주님께 받은 기름 부음이 우리 안에 거합니다(요일 2:27). 주의 성령이 내게 임하셨습니다. 우리에게 주신 성령으로 말미암아 하나님의 사랑이 우리 마음에 부은 바 되었습니다(롬 5:5). 성령은 진리의 영입니다(요일 5:6). 우리를 진리 가운데로 인도하십니다. 성령은 우리를 길이요 진리요 생명이신 예수님께로 인도하십니다.

기름을 사서 준비하는 것은 성령의 충만함을 받으며 성령의 이끌림을 따라 사는 삶을 의미합니다. 성령의 충만함을 받는다는 것은 성령에 매여서 사는 것입니다. 성령으로 살면 자연스럽게 성령으로 행합니다. 성령으로 살면 성령의 열매를 맺게 됩니다. 성령의 열매는 예수 그리스도의 인격을 닮아가는 삶의 모습이며, 그렇게 살아갈 때 예수님께 칭찬을 받고 면류관을 받게 됩니다. 하지만 육체의 소욕은 성령을 거스리고, 성령을 따라 행하는 것을 방해합니다. 그러면 육체의 열매를 맺습니다. 육체의 열매를 맺으면 하나님 나라를 유업으로 받지 못합니다. 예수님을 믿고 있으면서 예수님을 닮은 모습이 없다면, 그것은 기름을 준비하지 않은 상태에 해당합니다. 믿음을 말하면서도 성령의 인도를 받지 않고 자기 마음대로 행동하는 삶은 죄가 됩니다. 예수님이 내 안에 사시는 것이 아니라, 내가 주인이 되어 살아가는 삶은 등만 들고 있고 기름을 준비하지 않은 삶입니다. 이렇게 기름을 준비하지 않고 등만 들고 있다면, 부끄러운 일을 당할 수 있습니다. 혼인 잔치에 참여하는 영광을 빼앗기고, 상을 받지 못하는 구원을 받게 될 수 있습니다.

　　기름을 준비하는데 드는 값은 없습니다. 만약 값을 치루어야 한다는 우리는 도저히 준비할 수 없습니다. 생명을 속량하는 값이 너무 엄청나서 영원히 마련하지 못합니다(시 49:8). 그러나 우리는 그리스도 예수 안에 있는 속량으로 말미암아 하나님의 은혜로 값없이 의롭다 하심을 얻은 성도입니다(롬 3:24). 값없이 속량 되었고(사 52:3), 일한 것도 없는데 하나님께 의로 여김받은 사람입니다(롬 4:6). 그러므로 기름을 준비하려고 마음으로 결단하면 얼마든지 준비할 수 있습니다. 하나님이 얼마든지 위에서부터 성령을 우리에게 부어주십니다(사 32:15). 하나님은 "너희 모든 목마른 자들아 물로 나아오라 돈 없는 자도 오라 너희는 와서 사 먹되 돈 없이 값없이 와서 포도주와 젖을 사라."(사 55:1)고 하셨습니다. 이렇게 하나님이 값없이 은혜로 주시는 것인데 '사서'라고 표현한 것은 우리가 할 일이 있기 때문입니다.

우리가 할 일은 예루살렘을 떠나지 말고 성령 충만을 간절히 구하고 기다리는 것입니다. 또한 하나님의 말씀을 듣고, 순종하는 수고의 값을 치러야 합니다.

　하나님이 요구하시는 것은 하나님을 경외하여 도를 행하고 하나님을 사랑하는 것입니다(신 10:12-13). 하나님은 이스라엘 백성을 애굽 땅에서 인도하여 낸 날에 번제나 희생을 요구하지 아니하고 "너희는 내 목소리를 들으라 그리하면 나는 너희 하나님이 되겠고 너희는 내 백성이 되리라 너희는 내가 명령한 모든 길로 걸어가라 그리하면 복을 받으리라."(렘 7:22-23)라고 명령하셨습니다. 그러므로 하나님을 경외하는 사람은 하나님의 말씀을 듣고 순종하는 삶을 삽니다. 하나님 말씀을 한마디로 요약하면, 하나님 사랑과 이웃 사랑입니다(마 22:37-40). 성령에게 이끌리어 하나님을 사랑하고, 이웃을 내 몸과 같이 사랑하는 것이 기름을 준비하는 것입니다. 준비하지 않았는데도 있는 줄로 아는 사람은 정말 어리석은 사람입니다. 이와 같은 사람들이 생각보다 많다는 것이 안타까운 현실입니다. 믿음으로 제대로 행하지 않았으면서, 마치 믿음의 열매가 있는 것처럼 착각하는 경우가 많습니다. 오히려 이런 사람들은 자신이 믿음으로 잘 살고 있다고 스스로 속일 때가 많습니다.

　천국은 있는 자는 받아 넉넉하게 됩니다. 하나님은 은혜 위에 은혜를 더하십니다(요 1:16). 믿음으로 믿음에 이르게 하십니다. 영광에서 영광에 이르는 은혜를 누리게 하십니다(고후 3:18). 천국은 믿음으로 행한 사람을 높여 영화롭게 하고, 그들에게 존귀를 누리게 하는 곳입니다. 그러나 없는 자는 그 있는 것도 빼앗깁니다(마 13:12). 여기서 '없는 자'는 단순히 조금 있거나 전혀 없는 사람을 의미하지 않습니다다. '없는 자'는 자신이 무엇인가를 가지고 있다고 착각하는 사람입니다. 즉 나쁜 열매를 맺으면서도 좋은 열매를 맺고 있다고 믿는 사람입니다. 마치 모래 위에 집을 짓고는, 그것이 반석 위에 지은 집인 줄 아는 사람과 같습니다.

예수님이 영광으로 오셔서 심판하실 때, 모든 민족을 그 앞에 모으시고 양은 오른편에 염소는 왼편에 세우십니다. 그리고 오른편에 있는 사람들에게는 "복 받을 자들이여, 나아와 너희를 위하여 예비된 나라를 상속받으라."고 하십니다. 그러나 왼편에 있는 자들에게는 "저주를 받은 자들아 나를 떠나 마귀와 그 사자들을 위하여 예비된 영원한 불에 들어가라."고 하십니다. 그런데 놀라운 것은 복 받은 자들이나, 저주받은 자들 모두 자기들이 한 일을 알지 못했다는 것입니다(마 25:31-46). 이 말은, 저주받을 삶을 살면서도 복 받을 줄 아는 사람이 있다는 뜻입니다. 바로 그런 사람이 기름을 준비하지 않은 미련한 처녀입니다. 복 받는 삶을 살지 않으면서 복 받을 줄 아는 사람은, 결국 '그 있는 것도 빼앗긴다.'는 결과를 맞이하게 됩니다. 내가 가진 것이 아무것도 없다는 사실을 깨닫게 되는 순간, 그것이 바로 '그 있는 것도 빼앗긴다.'는 의미입니다(눅 8:18). 따라서 자신이 '미련한 처녀'가 아닐까 하는 두려운 마음으로 자신을 살펴야 합니다. 등은 가졌지만 기름을 준비하지 못한 사람이 되지 않으려면 정신을 차리고 깨어 있어야 합니다.

기름은 문이 닫히기 전에 지금 준비해야 합니다

'문이 닫혔다.'는 말은 '천국 문이 닫혔다.'는 뜻이 아닙니다. 왜냐하면 천국 문은 절대 닫히지 않기 때문입니다(계 21:25). 천국은 밤이 없고, 해나 달의 비침이 필요 없는 곳입니다. 그곳은 하나님의 영광이 비치며, 어린 양이 그 등불이 되는 곳입니다(계 21:23). 그러므로 천국 문이 닫히는 일은 결코 없습니다. 그렇다면 '문이 닫혔다.'는 말은 사실 '기회의 문이 닫혔다.'는 의미로 해석해야 합니다. 이 세상에서 천국의 영광을 준비할 기회가 더 이상 주어지지 않는 것을 의미합니다. 우리 삶이 끝나는 순간, 혹은 예수님이 재림하시는 때가 바로 그 기회의 문이 닫히는 때입니다. 결국, '문이 닫혔다.'는 것은 기름을 준비할 시간이 다 끝났다는 경고의 메시지입니다.

기름을 준비할 시간은 바로 지금입니다. 지금 이 순간, 기름을 준비하지 않으면 다시 기회를 얻을 수 없습니다. 지금은 은혜받을 때요, 구원의 날입니다(고후 6:2). 빛이 있을 동안에 다녀 어둠에 붙잡히지 않게 해야 합니다(요 12:35). 어둠에 붙잡히지 않는 비결은 예수님 안에 거하는 것입니다. 예수님은 성도가 어둠에 거하지 않게 하려고 세상에 빛으로 오셨습니다. 예수님과 동행할 때, 우리는 어둠에 속하지 않으며 세상의 유혹과 죄에서 벗어날 수 있습니다. 노아는 사람들의 생각하는 모든 계획이 항상 악하고, 그 행위가 부패한 시대 속에서도 의로운 자로 하나님과 동행하였습니다. 우리도 마찬가지로 세상과 타협하지 않고, 믿음의 푯대를 향해 달음질해야 합니다. 문이 닫히기 전에 예수 그리스도의 형상을 이루어가는 삶을 살아가야 합니다.

신부는 일찍 신랑을 맞으러 나갔습니다. 그런데 신랑은 신부가 생각한 시간에 오지 않았습니다. 신랑이 오는 것은 분명한데, 언제 올지는 아무도 모릅니다. 그렇습니다. 예수님의 재림은 분명하고 확실합니다(벧후 3:3-5). 부활하신 후 하늘로 올려지신 예수님은, 하늘로 가심을 본 그대로 다시 오신다고 약속하셨습니다(행 1:11). 예수님이 다시 오실 때 각 사람의 눈이 보겠고, 예수님을 찌른 자들도 볼 것이며, 땅에 있는 모든 족속이 그로 말미암아 애곡할 것입니다(계 1:7).

예수님은 세상을 심판하시기 위해 반드시 다시 오십니다. 그때 예수님은 각 사람이 행한 대로 상을 주실 것입니다. 그러나 우리는 예수님이 오시는 그날과 시간을 정확히 알 수 없습니다(마 24:36). 어느 순간에 다시 오실지 알지 못합니다. 그러므로 깨어 있어야 합니다. 우리는 마음의 허리를 동이고, 정신을 차리고 근신하여 예수 그리스도께서 다시 오실 때, 그분이 우리에게 가져다주실 은혜를 온전히 바라며 살아야 합니다(벧전 1:13). 신실한 성도는 예수님의 재림을 기다리며, 그날을 바라보며 살았습니다.

초대교회 성도들은 '주님 다시 오십니다. 마라나타!'라고 외치며 예수님을 고대하며 살았습니다. 한국의 무디라고 부르는 이성봉 목사님은 '허사가'를 부르시면서 천국을 사모하며 사셨습니다. 허사가는 50년대와 60년대 성도들이 즐겨 부르던 찬송으로, 예수님의 재림을 소망하며 천국을 향해 가는 성도가 세상을 보는 눈으로 부른 찬송입니다. 사랑의 원자탄으로 불리는 손양원 목사님은 '주님 고대가'를 부르면서, 다시 오실 예수님을 기다리며 사시다 순교하셨습니다. 그러나 한국교회는 천국에 대한 소망보다 이 세상을 더 소망하기 시작했습니다. 천국에 대한 소망을 잃어버렸습니다. 예수님의 재림신앙을 상실했습니다. 이제라도 한국교회는 천국에 대한 소망을 회복하고, 예수님의 재림 신앙을 다시 되살려야 합니다. 천국을 사모하고 예수님의 재림을 기다리는 성도의 삶은 버림과 떠남의 삶입니다. 예수님이 재림하실 때를 기다리는 성도는, 예수님이 깨끗하신 것처럼 자신도 깨끗하게 하는 삶을 삽니다. 이렇게 예수님의 재림을 기다리는 성도가 바로 지혜로운 사람입니다. 예수님을 기다리며 자신을 깨끗하게 하는 삶을 사는 것이 기름을 준비하는 삶입니다.

더 이상 미루고 지체할 시간이 없습니다. 지금 당장 기름을 준비하는 일에 전심을 다해야야 합니다. 그동안 잘 준비해왔다면 더 이상 할 밀이 없고, 그 준비가 귀하고 아름다운 일입니다. 하지만 만약 준비하지 못했다고 해도 낙심할 필요는 없습니다. 이제라도 준비할 기회가 있으니 말입니다. 성령의 인도를 받아 순종하고 사랑하며, 십자가의 길을 새롭게 갈 기회가 바로 지금입니다. 지금이라도 "평안하다. 평안하다."라고 말하지 말고 준비합시다. "아직 시간이 있다. 아직 시간이 있다."라며 미루지 말고 당장 준비합시다. "조금만 더 있다 하자."고 미루지 말고 지금 당장 일어나 준비합시다.

신랑이 오시는 그때 "등이 꺼져 간다."며 당황하지 않도록 지금 당장 신앙의 어둠을 대비하는 민방위 훈련을 해야 합니다. 내일로 미루다 보면, 영영 준비할 기회를 놓치게 됩니다. 신랑이 오셨을 때, 후회하며 문을 열어달라고 애원해도 문은 결코 열리지 않습니다. 그러므로 지금 이 순간, 준비해야 합니다. 더 이상 미루지 말고, 지금 바로 기름을 준비하는 삶을 살아야 합니다.

14장

신부는 깨끗한 세마포 옷을 준비해야 합니다

The heavenly reward given by God

"우리가 즐거워하고 크게 기뻐하며 그에게 영광을 돌리세 어린 양의 혼인 기약이 이르렀고 그의 아내가 자신을 준비하였으므로 그에게 빛나고 깨끗한 세마포 옷을 입도록 허락하셨으니 이 세마포 옷은 성도들의 옳은 행실이로다 하더라"(요한계시록 19장 7-8절).

"하나님이 미리 아신 자들을 또한 그 아들의 형상을 본받게 하기 위하여 미리 정하셨으니 이는 그로 많은 형제 중에서 맏아들이 되게 하려 하심이니라"(로마서 8장 29절).

어린 양의 혼인 잔치에 청함을 받고 등을 들고 신랑을 기다리는 신부가 기름을 준비하는 것이 중요하듯, 혼인 잔치에 입을 예복을 준비하는 것도 매우 중요합니다. 만약 기름을 준비하지 않으면 신랑을 맞을 수 없고, 예복을 준비하지 않으면 혼인 잔치의 행복과 영광을 누릴 수 없습니다. 그러므로 신랑을 기다리는 신부는 등과 기름을 준비해야 하며, 혼인 잔치에 입을 예복도 자신이 준비해야 합니다. 기름은 신부 자신이 준비해야 하듯, 예복도 신부가 직접 준비해야 합니다.

어린 양의 혼인 잔치에서 신부가 입을 옷은 세마포 옷입니다

어린 양의 혼인 잔치에 청함을 받은 사람들은 복이 있습니다. 그러므로 그들은 즐거워하고 크게 기뻐하며, 혼인 잔치를 주관하신 하나님께 영광을 돌려야 합니다. 어린 양의 혼인 잔치에 청함을 받은 신부가 입을 예복은 빛나고 깨끗한 세마포 옷입니다(계 19:7-9). 만약 신부가 빛나고 깨끗한 세마포 예복을 입지 않았다면 혼인 예식에 참여할 수 없습니다. 또한 신부가 빛나고 깨끗한 세마포 예복이 아닌,

온전하게 짜지지 않은 세마포 옷을 입으면 부끄러움을 당하게 될 것입니다. 그러므로 신부는 정신을 차리고 예복을 준비해야 합니다. 신부가 준비할 깨끗한 세마포 옷은 자신이 행한 옳은 행실로 짠 옷입니다. 여기서 말하는 옳은 행실은 단순히 윤리적이고 도덕적인 의로움이 아닙니다. 그것은 하나님이 인정하는 선한 일을 행한 것입니다. 예수님이 '옳다.'라고 인정하는 행실이어야 합니다. 우리는 예수 그리스도 안에서 선한 일을 하여 열매를 맺어야 할 사람들입니다. 왜냐하면 우리는 예수님 안에서 선한 일을 위해 지음받았기 때문입니다(엡 2:10). 그러나 선한 열매는 우리가 스스로 맺는 것이 아닙니다. 하나님이 우리를 사용하셔서 선한 일을 이루어 가십니다. 그러므로 선한 열매를 맺으려면 내가 죽고, 내 안에 예수님이 사셔야 합니다. 하나님 자녀로서 선한 일을 드러내는 가치 있는 삶을 살아야 합니다. 그렇게 할 때 우리는 많은 선한 열매를 맺는 가치 있는 사람이 될 것입니다.

세마포 옷을 짜는 신부의 옳은 행실은 바로 믿음으로 행한 행실입니다. 믿음으로 행한 삶의 열매가 옳은 행실이며, 그 열매는 어린 양의 혼인 잔치에서 신부가 입을 아름다운 세마포 옷이 됩니다. 만약 빛나고 깨끗한 세마포 옷을 준비하지 않으면, 어린 양의 혼인 예식에서 부끄러움을 당하게 될 것입니다. 즉 예수님께서 준비하신 칭찬과 상급으로부터 제외될 수 있다는 의미입니다.

세마포는 매우 귀한 천입니다. 이 천은 성경에서 여러 중요한 용도로 사용되었습니다. 성막의 울타리와 문에, 성소의 지붕 가장 안쪽과 휘장에도 세마포가 사용되었습니다. 제사장 아론이 성소에 들어갈 때 입었던 거룩한 의복도 모두 세마포로 만들어졌습니다. 그는 세마포 속옷을 입고, 세마포 속바지를 입으며, 세마포 띠를 띠고, 세마포 관을 썼습니다(레 16:4). 또한 '하늘의 군대들이 희고 깨끗한 세마포를 입고 백마를 타고 예수님을 따랐다.'라고 기록되어 있습니다(계 19:14). 구원받은 십사만 사천 명의 성도들이 세마포를 입고 손에 종려 가지를 들고, 보좌와 어린 양 앞에서 큰소리로 찬양을 올렸습니다(계 7:9). 이처럼 세마포는 순결과 거룩함을 상징하며, 신앙의 의로움을 나타냅니다. 혼인 잔치에서 신랑 되시는 예수님을 만나는 신부도 이와 같이 빛나고 깨끗한 세마포로 만든 예복을 입었습니다.

어쩌면 여자의 평생 소원은 아름다운 신부 웨딩드레스를 입고, 가족과 많은 하객들의 축하를 받으며 결혼식을 올리는 것입니다. 웨딩드레스를 입은 신부의 모습이 가장 아름답다고 말합니다. 마찬가지로 성도의 평생 소원은, 빛나고 깨끗한 세마포 옷을 입고 어린 양의 혼인 잔치에 참여하는 것입니다. 깨끗한 세마포 옷을 입고, 예수님 앞에 선 성도의 모습이 가장 아름다울 것입니다. 그러므로 신부가 혼인날에 입을 예쁜 웨딩드레스를 정성스럽게 준비하듯, 성도는 어린 양의 혼인 잔치에 입을 깨끗한 세마포 옷을 일생동안 준비하고 짜야 합니다. 그 빛나고 깨끗한 세마포 옷을 입고 신랑 되시는 예수님을 맞이하는 것이 우리의 가장 큰 소망이며, 그 순간은 성도의 가장 아름다운 순간이 될 것입니다.

신부는 하나님의 의로 짠 세마포 속옷을 준비해야 합니다

제사장 아론이 성소에 들어갈 때 입었던 거룩한 세마포 속옷과 세마포 속바지는 중요한 의미를 지닙니다. 성경에서 언급된 속옷은 우리가 흔히 생각하는 팬티와 같은 의복이 아니라, 기본적인 옷의 개념입니다. 제사장이 입었던 세마포 속옷은 특별히 가는 베 실로 짰으며(출 28:39), 이 가는 베 실은 염색하지 않은 흰색을 의미합니다. 흰색은 성경에서 하나님의 의로움을 상징하며, 하나님께서 주시는 순결과 거룩함을 나타냅니다. 따라서 제사장이 입은 세마포 속옷은 하나님의 의로움과 은혜를 상징하는 옷으로, 이 옷은 하나님의 은혜로만 입을 수 있는 옷입니다.

하나님은 자기의 의로우심을 나타내시기 위해 그 아들을 화목제물로 보내셨습니다. 예수님이 십자가에서 못 박혀 죽으심으로, 그 피를 흘려 우리의 죄를 용서하시고 의롭다 하셨습니다. 우리는 이 은혜로 값없이 의롭다 하심을 얻었고, 하나님은 예수님을 믿는 우리를 의롭다고 선언하셨습니다(롬 3:24-26). 이처럼 속옷은 의의 옷으로, 예수 그리스도를 통한 구속의 은혜를 상징합니다. 따라서 성도가 입을 속옷은 예수 그리스도의 십자가 보혈로 주어진 옷입니다. 예수 그리스도의 십자가 공로가 바로 우리가 입을 속옷입니다. 구원받은 성도는 예수 그리스도의 보혈로 짠 의의 속옷을 입었습니다.

구원받은 성도는 예수 그리스도로 옷 입은 사람입니다(롬 13:14). 그러나 "가는 베 실로 반포 속옷을 짜라."고 하신 말씀은, 우리가 해야 할 일이 있다는 것을 의미합니다. 하나님은 우리를 사랑하셔서 독생자를 보내셨고, 우리가 해야 할 일은 그 독생자를 믿는 것입니다(요 3:16). 말씀이 육신이 되어 우리 가운데 거하시는 예수님을 영접하는 것입니다. 하나님의 아들을 믿는 자마다 멸망하지 않고 영생을 얻습니다. 따라서 속옷을 더럽히지 말고 잘 간직하고 입어야 합니다. 예수 그리스도의 십자가를 통해 주어진 구원의 은혜 안에서 강건해야 합니다. 만약 예수 그리스도를 믿지 않으면 구원을 받을 수 없습니다. 세마포 속옷을 짜는 것은 바로 예수님을 믿고, 그 은혜 안에서 의로운 삶을 살아가는 것입니다.

"믿음으로 구원을 받는다."는 말씀은 때때로 믿음의 행위가 구원의 조건으로 오해될 수 있습니다. 그러나 믿음은 구원의 조건이나 근거가 아닙니다. 믿음은 구원받는 방편(方便)에 불과합니다. 즉 믿음으로 말미암아 구원을 받는 것입니다. 이 믿음은 하나님께서 주신 선물입니다. 그러므로 구원의 근거는 하나님이 주신 은혜입니다. 하나님은 우리에게 믿음(faith)을 주셨고, 그 믿음을 통해 예수님을 믿음(believe)으로 구원을 받게 되었습니다. 성경은 "너희는 그 은혜에 의하여 믿음으로 말미암아 구원을 받았으니 이것은 너희에게서 난 것이 아니요 하나님의 선물이라."(엡 2:8)라고 분명하게 말합니다.

하나님은 은혜로 구원받는 방편으로 믿음을 주셨습니다. 하나님께서는 구원받을 사람들을 선택하시고, 그 구원의 은혜 계약을 이루기 위한 방편으로 믿음을 주셨습니다. 믿음은 하나님의 선물로, 하나님이 믿음의 근원이시며, 그것을 우리에게 주신 분이십니다. 믿음은 결코 나의 노력이나 의지에서 비롯된 것이 아니라, 전적으로 하나님의 은혜로 주어진 것입니다. 내가 믿음을 가지려고 애쓴 것이 아니라, 하나님께서 먼저 그 믿음을 내게 주셨습니다. 우리가 하나님을 사랑한 것이 아니라, 하나님이 먼저 우리를 사랑하셨습니다. 그렇기 때문에 하나님의 자녀가 되는 권세는 사람에게서 나는 것이 아니라, 하나님께로부터 나옵니다. 우리의 구원은 결코 우리에게서 비롯된 것이 아닙니다. 구원은 오직 하나님께 있고(렘 3:23), 하나님께 속한 것입니다(욘 2:9). 만약 하나님이 믿음을 선물로 주지 않으셨다면, 우리는 결코 믿음을 가질 수 없었을 것입니다. 또한 하나님이 은혜를 주지 않으셨다면, 우리는 구원을 받을 수 없었을 것입니다. 이처럼, 우리의 구원은 전적으로 하나님의 은혜로 이루어진 것입니다. 하나님이 주신 구원은 완전한 구원이며, 결코 취소되지 않습니다.

성경은 사람이 의롭다 하심을 얻는 것은 '믿음으로 말미암아'라고 분명히 선언합니다. 여기서 '말미암아'라는 단어는 '~때문에' 또는 '~로 인하여'라는 의미를 지니며, 즉 '믿음 때문', '믿음으로 인하여'라는 뜻입니다. 그러나 믿음과 은혜는 서로 깊은 연관이 있으며, 상호 보존적인 관계에 있기 때문에, '믿음으로'라는 표현은 '은혜로'라는 의미와도 통합니다. 다시 말해, '믿음으로 의롭다 하심을 받는다'는 것은 '은혜로 의롭다 하심을 받는다'와 동일한 의미를 가집니다. 타락한 인간은 은혜 계약이 아닌 다른 계약으로는 하나님의 사랑과 교제 안에 들어갈 수 없었습니다. 구약 성도들도 믿음으로 하나님의 은총을 입었습니다. 그리고 의로운 삶 역시 믿음으로 이루어진 것이며, 영원한 유업을 소망한 것도 믿음으로 이루어진 것입니다. 모든 것은 은혜 계약에 따른 것이었습니다(롬 3:21). 아브라함은 믿음으로 하나님을 섬겼고, 믿음으로 살았으며, 믿음으로 영생을 유업으로 받았습니다. 아브라함은 하나님의 약속을 믿고, 그 약속을 기다림으로써 하나님께서 약속을 받았습니다. 아브라함의 믿음은 은혜 계약으로 이루어진 것입니다(롬 4:16). 바울 사도는 로마서에서 아브라함의 믿음이 의로 여겨졌음을 '이신득의(以信得義)' 교리의 표본으로 제시합니다. 즉 아브라함이 가진 믿음은 신약 성도들이 가진 믿음과 동일하며, 신약의 은혜의 복음은 구약의 은혜와 같은 복음입니다. 이처럼, 오직 하나님의 은혜로만 의롭다 하심을 받고, 하나님의 은혜로만 구원을 받는다는 확실한 믿음으로 사는 것이 세마포 속옷을 준비하는 것과 같습니다.

속옷이 아름다워야 겉옷이 아름답습니다. 속옷을 아름답게 입지 않으면 겉옷을 아무리 잘 입어도 맵시가 나지 않습니다. 마찬가지로 예수 그리스도의 옷을 입지 않고는 온전한 삶을 살 수 없습니다. 쉽게 말해, 빛나고 깨끗한 세마포 옷을 만들 수 없습니다. 우리가 구원받은 것도, 성도다운 성도로 사는 것도 전적으로 하나님의 권한에 있으며, 예수님이 베풀어주신 은혜에 의한 것입니다. 예수 그리스도의 보혈이 없이는 깨끗한 세마포 예복을 만들 수 없으며, 입을 수도 없습니다. 그러므로 하나님이 우리에게 주신 속옷을 잘 입어야 합니다.

오직 예수님을 믿고, 예수님을 나의 주인으로 모시고, 예수님으로 살아야 합니다. 구원의 기쁨과 감격으로 날마다 예수님과 동행하는 성도다운 삶을 살아야 합니다. 성경은 "믿음의 주요 또 온전하게 하시는 이인 예수를 바라보자."라고 말합니다(히 12:2). **'믿음의 주'**라는 말은 믿음의 근원, 믿음의 시작, 믿음의 주권자가 예수님이라는 뜻입니다. 예수님은 우리에게 믿음을 주시는 분이시며, 동시에 믿음의 선구자(pioneer)이십니다. **'온전하게 하시는 이'**란 말은 '믿음의 완성자, 완전자'라는 뜻으로 예수님은 우리의 믿음을 완성시키는 분이시며, 동시에 예수님 자신이 완전한 믿음의 본이 되신다는 것입니다. **'예수를 바라보자.'**라는 말은 '믿음을 주시는 예수님께 집중하라. 믿음을 주시는 예수님에게 시선을 고정하라.'라는 의미입니다. 아시아 일곱 교회 중 사데 교회는 '온전한 행위를 찾아 볼 수 없다.'라고 하나님의 책망을 들었습니다. 그러나 그 옷을 더럽히지 아니한 몇 명은 예수님께 합당한 자라고 칭찬을 듣습니다(계 3:4). 어린 양과 함께 시온 산에 선 십사만 사천 명은 여자와 더불어 더럽히지 아니하고 순결한 성도입니다(계 14:4). 이렇게 옷을 더럽히지 않은 사데 교회의 몇 명의 성도나, 시온 산에 선 십사만 사천 명은 예수님의 십자가 보혈로 구원 받은 은혜를 감사하며 끝까지 믿음으로 산 사람입니다. 어린양이 인도하시는 대로 산 사람입니다. 예수님의 흔적을 가지고 예수님으로 산 사람입니다.

신부는 옳은 행실로 짠 세마포 옷을 준비해야 합니다

어린 양의 신부는 혼인 예식에서 빛나고 깨끗한 세마포 옷을 입습니다. 겉옷은 신부의 신분과 명예를 나타내는 신분증과 같은 의미입니다(삼상 28:14). 그러므로 세마포 옷은 어린 양의 신부라는 신분과 명예를 나타내는 옷입니다. 그런데 어린 양의 혼인 잔치에서 신부가 입어야 할 세마포 옷은 신부 자신이 만들어야 합니다. 즉 신부의 일생은 혼인 잔치에서 입을 세마포 옷을 준비하는 기간이 됩니다. 어린 양의 신부는 자신의 옳은 행실로 짠 빛나고 깨끗한 세마포 옷을 준비해야 합니다(계 19:7-9). 신부의 옳은 행실은 신부 자신이 만든 의로운 행실을 의미하지 않습니다. 신부는 스스로 선한 행위를 할 수 없습니다. 왜냐하면 율법의 행위로는 의롭다 하심을 얻을 사람이 없기 때문입니다. 오직 예수 그리스도를 믿음으로 의롭다 하심을 얻습니다. 그러므로 성도의 옳은 행실은 예수님을 믿음으로 행한 행실이며, 그 행실의 기준도 예수님이십니다.

예수님은 "너희 빛이 사람 앞에 비치게 하여 그들로 너희 착한 행실을 보고 하늘에 계신 너희 아버지께 영광을 돌리게 하라."(마 5:16)라고 말씀하셨습니다. 그런데 성도는 자체적으로 빛을 낼 수 없습니다. 즉 스스로 착한 행실을 행할 수 없다는 것입니다. 왜냐하면 성도는 "빛" 곧 발광체가 아니라 반사체이기 때문입니다. 성도의 빛은, 달이 해의 빛을 받아 반사하듯이 예수님의 빛을 받아 반사하는 빛입니다. 그러므로 성도의 옳은 행실이란, 예수 그리스도 안에서 행하는 착한 행실입니다. 예수님을 믿음으로 살아가는 삶을 말합니다. 그런데 성경은 "믿음을 따라 하지 아니하는 모든 것은 죄"(롬 14:23)라고 분명히 말합니다. 믿음으로 행하지 않으면, 깨끗한 세마포 옷은 짜이지 않습니다. 예수님 안에 거하지 않으면, 빛나고 깨끗한 옷은 만들 수 없습니다. 그런데 여기에 큰 함정이 있습니다. 믿음으로 행하지 않아도 사람이 보기에는 아름다워 보일 수 있다는 것입니다. 사람의 눈에 보기 좋다고 해서, 그것이 하늘의 의가 되는 것은 아닙니다. 어린 양의 혼인 잔치에서 입게 될 빛나고 깨끗한 세마포 옷은 오직 예수 그리스도를 믿음으로 말미암아 짤 수 있습니다. 그분 안에서 살아갈 때에만, 우리는 참된 의의 옷을 입을 수 있습니다.

성도의 옳은 행실은 선한 일을 행하는 것입니다. 그런데 내 육신 안에는 선한 것이 거하지 않고, 실제로 선을 행할 수도 없습니다(롬 7:18). 왜냐하면 모든 사람이 죄를 지었고, 그 결과 사망에 이르렀기 때문입니다. 부패한 사람은 가증한 악을 행하며 하나님이 보시기에 선을 행하는 자가 한 사람도 없습니다(시 53:3). 전혀 죄를 범하지 않는 의인은 세상에 없습니다(전 7:20). 오직 하나님만 선하십니다(막 10:18). 하나님만 선한 일을 행하실 수 있습니다. 하나님으로부터 나오는 것만이 참된 선한 일입니다(마 19:17). 그러므로 우리가 선한 일을 행하려면 하나님으로 살아야 합니다. 하나님이 내 삶의 근원이 되어 행하시는 일, 그것이 바로 선한 일입니다. 즉 내 안에 계신 하나님으로 말미암아 행하는 일이 진정한 선한 일입니다. 우리에게 소원을 두시고, 우리 안에서 역사하시는 하나님으로 살아갈 때 우리는 비로소 선한 삶을 살 수 있습니다.

선한 열매를 맺으려면, 먼저 하나님을 내 안에 모셔야 합니다. 그리고 하나님의 계명을 지켜야 합니다. 왜냐하면 하나님의 말씀은 하나님의 사람으로 온전하게 하며, 모든 선한 일을 행할 능력을 갖추게 하기 때문입니다(딤후 3:17). 사람들에게 선하다는 인정을 받는다 해도, 그 일이 하나님의 말씀을 따라 행한 것이 아니면 그것은 선한 일이 아닙니다. 선한 열매를 맺으려면, 반드시 십자가의 길을 가야 합니다(요 5:26-30). 주 안에서 행하고, 믿음 안에서 살아야 합니다. 선한 일은 믿음 안에서 행하는 일이며, 어떤 환난이나 고난이 닥쳐도 변함없이 오직 예수님을 따라가는 삶입니다. 우리가 선을 행하면, 우리를 비방하던 사람들이 심판 날에 하나님께 영광을 돌리게 될 것입니다(벧전 2:12). 선을 행하는 것, 그것이 바로 어린 양의 혼인 예식에서 입을 빛나고 깨끗한 세마포 옷을 짜는 일입니다. 그러므로 우리는 모든 사람 앞에서 선한 일을 도모해야 합니다(롬 12:17). 왜냐하면 선을 행할 줄 알고도 행하지 않으면 죄이기 때문입니다(약 4:17). 그렇게 되면 빛나고 깨끗한 세마포 옷을 짤 수 없습니다.

어린 양의 신부가 준비할 깨끗한 세마포 옷은 하루 이틀 만에 짤 수 있는 것이 아닙니다. 일생 동안 짜야 할 옷입니다. 그런 의미에서, 우리의 인생 전체는 어린 양의 혼인 잔치 때 입을 세마포 옷을 짜는 삶이라고 할 수도 있습니다. 세마포의 '날줄'은 우리의 일생입니다. 그리고 '씨줄'은 우리의 매일매일의 일상입니다. 하나님께서 오늘 우리에게 주신 하루, 그 하루의 일상이 바로 빛나고 깨끗한 세마포 옷을 짜는 시간입니다. 이렇게 삶의 시간을 통해, 우리가 빛나고 깨끗한 세마포 옷을 짜아 간다면 그것이야말로 성공한 삶입니다. 하지만 깨끗한 세마포 옷을 짓지 못하면, 그것은 곧 실패한 인생이 되는 것입니다. 만일 우리가 빛나고 깨끗한 세마포 옷을 짜지 못한다면, 주인에게 책망을 듣게 될 것입니다. 불 가운데 받는 것 같은 구원을 받을 수밖에 없습니다. 그것은 허공을 치고, 향방 없는 달음질을 한 것과 같습니다. 등은 들고 있지만 기름을 준비하지 못한 다섯 처녀처럼, 결국 혼인 예식에 참여하지 못하고 쫓겨날 수 있습니다. 부끄러움을 당할 수도 있습니다. 그러므로 정신을 차리고 깨어 있어야 합니다. 그리고 빛나고 깨끗한 세마포 옷을 잘 짜야 합니다. 구약 성막에서 세마포 옷은 청색, 자색, 홍색 실과 가는 베 실(가늘게 꼰 베 실)로 짰습니다. 이것은 곧, 세마포를 짜는 실은 우리 삶 자체임을 보여줍니다.

청색 실은 "생명"을 의미합니다

청색은 인간을 향한 하나님의 놀라우신 은혜를 선포하는 색이며, 생명 되시는 그리스도를 상징합니다. 즉 청색은 "생명"을 상징하는 색입니다. 청색 실은 하나님의 은혜로 의를 얻은 성도가 예수 그리스도의 생명을 힘입어 사는 삶을 의미합니다. 성도는 그리스도의 생명이 안에 있는 사람입니다. 그리고 다른 이에게 생명을 전하는 사람입니다. 그러므로 성도는 이 땅 위에 생명의 역사를 만들어 내는 사람입니다. 생명이란, 예수 그리스도의 생명으로 사는 것이며, 예수 그리스도 안에서 사는 것입니다. 생명으로 산다는 것은 진리와 성령의 감동(영감)에 피동되어 사는 삶이며, 옛 사람을 벗고 새 사람으로 살아가는 삶입니다. 이렇게 오직 예수 그리스도에 의해 사는 삶이 바로 세마포 옷을 짜는 청색 실입니다. 그리고 성령의 소욕을 따라 살아가는 삶 또한 청색 실로 세마포 옷을 짜는 삶입니다.

구원받지 못한 사람은 내가 '하나'입니다. 그래서 구원받지 못한 사람은 육의 생각, 육체의 욕심뿐입니다. 온통 육의 생각뿐이니 생각하는 모든 계획이 항상 악할 뿐입니다. 옛사람으로 살고, 육체의 소욕에 따라 행할 뿐입니다. 육체의 욕심을 따라 지내며, 육체와 타락한 마음의 원하는 것을 그대로 행합니다. 한마디로 "자기 본성(本性)"으로 삽니다. 자기 중심으로 행합니다. 모든 기준이 자기 자신입니다. 이러한 삶은 죄인의 길에 서는 삶이며, 악인의 꾀를 따르는 삶입니다. 설령 하나님의 이름을 부른다 해도 하나님을 영화롭게 하지도 않고 감사하지도 않습니다. 썩지 아니하는 하나님의 영광을 썩어질 사람과 새와 기어 다니는 동물 모양의 우상으로 바꿔버립니다. 예수님의 이름을 불러도 예수님을 마음에 모시어 들이지 않고, 문밖에 세워둡니다. 순종하려고 하지도 않고, 자기 마음대로 합니다. 결국 자기 자신이 하나님으로 살아가는 삶입니다. 이러한 삶은 망하는 삶입니다.

구원받은 성도는 내가 '둘'입니다. 사실 성도는 옛사람과 그 행위를 벗어 버리고 새사람을 입은 사람입니다. 그런데도 구원받은 성도 안에는 영의 생각과 육의 생각(롬 8:5-7), 옛사람과 새사람(엡 4:22-24), 육체의 소욕과 성령의 소욕(갈 5:16-17)이 함께 있습니다. 그리고 이 둘이 내 속에서 서로 싸웁니다. 즉 옛사람과 새사람이 서로 싸우고, 육체의 소욕과 성령의 소욕이 서로 싸웁니다. 하지만 새사람은 영의 생각을 하고, 영의 생각은 생명과 평안입니다.

영의 생각을 하고, 새사람으로 사는 것이 생명입니다. 하나님을 따라 의와 진리의 거룩함으로 지으심을 받은 새사람은 성령을 따라 행해야 합니다. 성령을 따라 행하는 사람은 위의 것을 찾는 삶을 살아야 합니다. 그리스도와 함께 다시 살리심을 받은 성도라면, 위의 것을 생각하고 땅의 것을 생각하지 않아야 합니다. 비록 세상에 살고 있으나 세상의 지배를 받는 것이 아니라 세상을 다스리고 정복해야 합니다. 즉 환경에 매이지 않고 환경을 다스려야 합니다. 죄가 가득한 환경 속에서도 천국을 소망하며, 의롭고 온전하게 살아야 합니다. 이렇게 위의 것을 생각하고 위의 것을 찾는 삶이 생명입니다. 그래서 위의 것을 찾는 사람은 빛나고 깨끗한 세마포 옷을 짓게 됩니다.

옛사람은 육신의 생각을 하고, 육신의 생각은 사망입니다. 육신의 생각은 하나님과 원수가 됩니다. 옛사람은 새사람으로 살지 못하게 방해합니다. 옛사람은 땅의 것을 생각하고, 땅의 것을 찾습니다. 유혹의 욕심을 따라, 썩어져 가는 구습을 따라 행합니다. 육체의 소욕은 하나님의 법에 굴복하지 않습니다. 육체의 소욕은 성령을 거스립니다. 육신에 있는 자들은 하나님을 기쁘시게 할 수 없습니다(롬 8:5-8). 즉 육체의 소욕으로 사는 것은 하나님을 대적하는 삶입니다. 옛사람으로 사는 것은 모두 죽은 삶입니다. 그 안에 생명이 없습니다. 그 삶에는 세마포 옷을 짜는 청색 실이 빠져버립니다. 땅의 것을 생각하고 사는 사람은, 빛나고 깨끗한 세마포 옷을 지을 수 없습니다. 그러면 혼인 예식에 입을 세마포 옷이 올이 나가고 보기 흉한 불량품이 됩니다. 그러므로 옛사람으로 살지 말고, 새사람으로 살아야 합니다.

자색 실은 "영광"을 의미합니다

자색은 예수 그리스도의 왕 되심과 중보자 되심을 상징하는 색입니다. 이 청색은, 곧 "영광"을 상징합니다. 세마포 옷을 짜는 자색 실은 "나는 이런 일을 했다."라고 자랑하는 업적이 아닙니다. 자색 실은, 타인에게 구원의 덕을 끼치는 삶을 통해 그 사람으로 인해 돌아오는 칭찬과 영광을 의미합니다. 즉 내가 누군가에게 선한 영향력을 주었고 그로 인해 하나님께 영광이 돌아가는 삶, 그것이 바로 세마포 옷을 짜는 자색 실입니다.

대부분의 사람은 자기 기준으로 세상의 성공과 화려함으로 하나님을 기쁘시게 하려고 합니다. 그래서 "내가 큰일을 많이 했고, 사람들에게도 인정받았으니 하나님도 기뻐하실 것이다."라고 생각합니다. 그런데 이렇게 생각하는 것은 자기 자신을 속이는 것입니다(갈 6:3). 우리는 가끔 하나님의 일을 많이 했고, 영광받는 자리에 있던 사람이 마지막 순간에 추락하는 것을 봅니다. 그 이유는 하나님이 진정으로 원하시는 것이 무엇인지 알지 못한 채, 자기 열정으로 일했기 때문입니다. 무엇을 위해서, 왜 열심히 하는지 생각하지 않고 살았기 때문입니다. 바꾸어 말하면, 하나님이 원하시는 예수 그리스도의 형상을 닮기 위해 열심히 한 것이 아니었기 때문입니다. 그리고 예수님의 형상을 끝까지 유지하지 못했기 때문입니다. 그렇다면 하나님 자녀에 대한 참된 평가는 우리가 이 땅에서 얼마나 많은 일을 했느냐가 아니라 예수 그리스도의 형상을 닮기 위해 얼마나 노력했는지, 그리고 예수님이 가신 길을 얼마나 끝까지 따랐는지, 혹은 따르지 않았는지에 따라 결정됩니다.

성도의 영광은 내가 이룬 업적에 대한 칭찬이나 높임을 말하는 것이 아닙니다. 예수님이 인정하시고 칭찬하시는 것, 그것이 진정한 영광입니다. 만일에 자기가 자기를 칭찬하는 일을 했다고 칭찬을 받는 것이라면 그것은 아무 의미가 없습니다. 오직 예수님이 칭찬하실 때, 비로소 "잘했다."는 인정함을 받습니다(고후 10:18). 예수님께 칭찬을 듣는다는 것은 다른 사람이 나의 삶에서 예수님의 향기를 맡고, 믿음의 유익을 얻은 결과로 나를 칭찬하는 것입니다. 그러므로 자색 실은 내가 다른 사람에게 선한 영향력을 끼쳤고, 그로 인해 변화된 사람이 나에게 하는 칭찬입니다. 그렇다면 우리는 다른 사람에게 믿음의 선한 영향력을 끼치는 삶을 살아야 합니다.

나에게서 믿음의 선한 영향을 받은 사람은 예수님께 칭찬 들을 삶을 살 것입니다. 그러니 예수님에게 칭찬을 들을 것입니다. 그때 그는 '내가 칭찬들을 삶을 산 것은 아무개가 나에게 믿음의 유익을 주었기 때문입니다. 그러니 그분이 칭찬을 듣는 것이 합당합니다.'라며 자기가 들은 칭찬을 믿음의 유익을 준 사람에게로 돌릴 것입니다. 바로 그 칭찬이 영광이고 면류관이며, 세마포 옷을 짜는 자색 실입니다. 그러므로 나는 하나님의 말씀을 바르게 가르치고, 믿음의 본을 보여주는 삶을 살아야 합니다. 나로 인해 믿음 생활을 바르게 하고 예수님께 면류관을 받은 그 사람의 영광이, 곧 나의 영광이 되고 나의 면류관이 됩니다. 그 사람이 예수님께 들은 칭찬이 내가 입을 빛나고 깨끗한 세마포 옷을 짜는 자색 실이 되는 것입니다. 이렇게 다른 사람이 성도답게 살 수 있도록 도와주는 삶, 그것이 하나님을 미소짓게 하는 삶입니다. 그것이 하나님을 기쁘시게 하는 삶이며, 예수님을 닮아가는 삶입니다. 이런 삶이 영광이고, 세마포 옷을 짜는 자색 실입니다.

반대로 믿음의 유익을 주지 않고 해를 끼쳤다면 그 사람은 책망들을 삶을 살게 됩니다. 그러므로 예수님께 책망을 듣는 것은 당연한 일입니다. 그때 그 사람은 "내가 책망들을 삶을 산 것은 아무개가 나에게 믿음의 유익을 주지 않고 방해했기 때문입니다. 저는 억울합니다."라고 하소연할 것입니다. 그 사람의 하소연은 곧 나의 수치와 부끄러움이 됩니다. 즉 내가 하나님 말씀을 바르게 가르치지 못하고, 믿음의 본을 제대로 보여주지 못함으로 인해, 나 때문에 믿음 생활을 바로 하지 못하여 책망을 듣는 그 사람의 책망이 곧 나의 수치이고 부끄러움이 되는 것입니다. 그 사람이 받은 책망은 내가 입을 빛나고 깨끗한 세마포 옷을 짜는 자색 실을 빼는 것과 같습니다. 그래서 목사는 성도들에게 대접과 인정을 받으려 하기보다, 오직 성도들의 믿음에 유익을 주는 일에 전심전력을 다해야 합니다. 그래야만 예수님이 오실 때 내가 입을 빛나고 깨끗한 세마포 옷을 잘 짤 수 있습니다.

바울 사도는 성도들을 향해 "나의 사랑하고 사모하는 형제들 나의 기쁨이요 면류관인 사랑하는 자들아."(빌 4:1)이라고 부르고, "우리의 소망이나 기쁨이나 자랑의 면류관이 무엇이냐 그가 강림하실 때 우리 주 예수 앞에 너희가 아니냐 너희는 우리의 영광이요 기쁨이니라."(살전 2:19-20)라고 말합니다. 그리고 "우리 주 예수의 날에는 너희가 우리의 자랑이 되고 우리가 너희의 자랑이 되는 그것이라."(고후 1:14)라고 말했습니다. 그러므로 우리도 바울 사도처럼 다른 사람의 구원에 유익을 주는 사람으로 살아야 합니다. 예수님의 심판대 앞에 설 때, 각자 행한 대로 상을 받을 때, 서로에게 기쁨이 되고 자랑이 되며 면류관이 되는 사람이 되기를 소망합니다. 혹시라도 바리새인처럼 다른 사람에게 믿음의 방해자가 되어서는 안 됩니다. 만에 하나라도 구원의 방해자가 되어 부끄러움이 되고 수치가 되어 깨끗한 세마포 옷을 짜지 못하는 어리석은 사람이 되지 않기를 바랍니다.

우리가 서로 기쁨이 되고, 자랑의 면류관이 되며, 영광의 면류관이 되는 비결은 바로 십자가에 있습니다. 그러므로 오직 십자가 복음만을 전해야 합니다. 예수님의 십자가를 지고 주님을 따르는 삶을 보여 주어야 합니다. 내가 십자가의 길을 걷는 모습을 보고 다른 이들도 십자가를 질 용기를 얻도록 해야 합니다. 성도답게 살고, 하나님 자녀답게 사는 삶을 보여 주어야 합니다. 하나님 아버지 집에서 누리는 행복한 삶을, 삶으로 나타내야 합니다. 하나님을 경외하는 마음으로 선한 영향력을 끼쳐야 합니다. 바울 사도처럼 "너희는 나를 본 받으라."라고 자신 있게 말할 수 있는 삶을 살아야 합니다. 믿음의 바른 길을 보여 주고, 천국을 소망하며, 예수님의 재림을 기다리는 온전한 성도의 삶을 살아야 합니다. 신앙은 말이나 지식이 아니라 '삶'입니다. 성도는 예수 그리스도를 머리로 한 한 몸이며, 한 지체입니다. 온몸이 각 마디를 통해 서로 도움을 주고받아 몸이 자라나듯, 성도들도 서로 협력하여 예수님의 형상을 이루어야 합니다. 이것이 나의 영광이며, 내가 입을 빛나고 깨끗한 세마포 옷을 짜는 자색 실입니다.

홍색 실은 "충성"을 의미합니다

홍색은 그리스도의 낮아지심과 십자가의 수난, 그리고 보혈을 상징하는 색입니다. 이 홍색은 곧 "충성"을 상징합니다. 충성은 희생을 요구합니다. 충성은 주인을 위해 나의 모든 것을 버리고, 완전히 쏟아붓고 죽기까지 복종하는 것입니다. 즉 주인을 위해 기쁘게 죽기로 작정하고 목숨을 내놓는 것입니다. 충성은 나를 불러주신 하나님의 은혜에 감사해서 내 생명을 드리는 것입니다. 성도의 충성은 나를 구원하신 예수 그리스도에게 내 생명을 드리는 것입니다. 주를 위하여 당하는 환난과 죽음을 설레는 마음으로 감사하며 맞이하는 것입니다. 예수님을 위하여 능욕받는 일에 합당한 자로 여기심을 기뻐하며 사는 것입니다. 예수님을 위해서 죽는 것을 최고의 영광으로 여기는 삶, 그것이 바로 충성입니다. 그렇게 산다고 해서 어떤 보상을 기대하는 것도 아닙니다. 예수님의 능력을 바라는 것도 아닙니다. 예수님이 받으신 영광을 나도 받기를 기대하는 것도 아닙니다. 오직 예수님만 원하고, 예수님만 나의 전부가 되는 것, 오직 예수님으로 기뻐하고, 예수님으로 행복하게 사는 것, 그것이 참된 충성입니다.

충성은 고난을 두려워하지 않고 시종일관 변함이 없는 것입니다(계 2:10). 끝까지 변함없이 예수님을 사랑하고 예수님과 동행하는 사람이 충성된 사람입니다. 하나님은 우리에게 "얼마나 큰일을 했느냐?"라고 묻지 않으십니다. 오히려 "변함없이 주님을 사랑했느냐?"라고 물으십니다. 그런 까닭에 성도의 일상에서 중요한 것이 인내입니다. 인내는 곧 기다림입니다. 하지만 성도의 인내는 무조건 기다리는 것이 아닙니다. 하나님의 약속을 믿고, 그 약속을 바라보며 기다리는 것입니다. 비록 더딜지라도 하나님이 정하신 약속의 때를 기다리는 것입니다. 성도의 인내는 하나님의 계명과 예수에 대한 믿음을 지키는 것입니다(계 14:12). 기다림 없이는 충성할 수 없고, 충성 없이는 약속을 얻을 수 없습니다. 어린 양의 신부는 예수님의 이름 때문에 모든 사람에게 미움을 받을 것입니다. 세상의 끝이 가까워질수록 불법이 성하므로 사랑이 식을 것입니다. 그러나 끝까지 견디는 자는 구원을 얻습니다(마 10:22).

하나님의 말씀은 반드시 이루어집니다. 그러나 하나님께서 정하신 때가 있습니다. 하나님의 공의는 반드시 이루어지고, 진리는 반드시 승리합니다. 그렇기 때문에 하나님이 정하신 때까지 기다려야 합니다. 그러나 그 정하신 때까지 인내하는 동안 많은 고난을 당하게 됩니다. 때로는 그 고난이 생명의 위협으로 다가올 때도 있습니다. 그래서 변함없이 믿음의 길을 걷는 것이 결코 쉽지 않습니다. 쉽지 않기에, 인내가 필요하고, 충성이 요구되는 것입니다.

하나님의 뜻을 행한 후에 약속하신 것을 받기 위해서는 인내가 필요합니다(히 10:36). 우리는 무거운 것과 얽매이기 쉬운 죄를 벗어버리고 인내로써 믿음의 경주를 끝까지 감당해야 합니다. 그런데 이렇게 인내하는 삶은 사람의 힘으로는 결코 이룰 수 없습니다. 내 결심이나 의지만으로는 끝까지 갈 수 없습니다. 예수 그리스도의 사랑에 강권되어야만 가능한 삶입니다(고후 5:14). 성령에 매여야만 가능한 삶입니다(행 20:22). 성령의 이끌림을 받아 예수 그리스도를 믿는 믿음 안에서 사는 삶입니다. 오직 성령님의 이끄심을 따라, 자기 십자가를 지고 예수님이 걸어가신 십자가의 길을 걷는 삶, 그것이 진짜 충성입니다. 그리스도의 형상이 내 삶에서 드러나기까지 기다리며 끝까지 달려가기를 힘써야 합니다. 이런 삶이 참된 충성이며, 이런 삶이 우리 인생의 최고의 가치입니다.

에녹은 삼백 년을 하나님과 동행했습니다. 에녹은 변함없이 하나님을 사랑했고, 하나님의 말씀을 전심으로 순종했습니다. 하나님은 믿음으로 동행한 에녹을 데려가셨습니다(창 5:21-24). 에녹은 죽음을 보지 않고 옮겨지기 전에 '하나님을 기쁘시게 하는 자'라는 증거를 받았습니다(히 11:5).

사람이 땅 위에 번성하기 시작할 때, 온 땅이 하나님 앞에 부패하여 포악함이 땅에 가득했습니다. 사람의 죄악이 세상에 가득하고,

사람의 마음으로 생각하는 모든 계획이 항상 악할 뿐임을 여호와 하나님께서 보셨습니다. 하나님은 땅 위에 사람 지으셨음을 한탄하시고 마음에 근심하셨습니다. 그리고 마침내 창조한 사람을 지면에서 쓸어 버리기로 하셨습니다. 이렇게 사람의 죄악이 세상에 가득한 그때, 노아는 의인이요 당대에 완전한 자로 살았습니다(창 6:5-9). 하나님과 동행하였습니다. 노아는 변함없이 하나님을 사랑했고, 하나님과 동행했습니다. 노아는 세상의 죄악을 따라간 것이 아니라, 믿음의 길을 걸었습니다. 하나님의 권위를 인정하고, 하나님과 동행하는 길을 걸었습니다. 오직 하나님을 하나님으로 인정하고, 영화롭게 하는 길을 걸었습니다. 자기의 인격을 다 기울여 하나님을 경외하고 섬겼습니다. 노아는 여호와 하나님께 은혜를 입었습니다.

　노아처럼 자기의 인격을 다 기울여 변함없이 예수님을 사랑하는 것이 충성입니다. 이는 곧 주님을 위해 '내 생명을 바친다.'는 의미도 됩니다. 늘 울어도 눈물로써 못 갚을 줄 알아 몸밖에 드릴 것이 없어 내 몸을 드리는 삶, 그것이 충성입니다. 내 인격을 다 기울이면, 세상과 나는 간 곳이 없고 오직 예수님만 보입니다. 예수님만 사랑하고, 예수님을 위해 내 생명을 드리고도 부족함을 느낍니다. 예수님을 위해서 내 인격을 다 기울이는 충성하는 삶을 살면 예수님을 닮게 됩니다. 충성하는 삶이 깨끗한 세마포 옷을 짓는 홍색 실입니다. 그러므로 내 인격을 다 기울여서 충성할 때, 빛나고 깨끗한 세마포 옷은 짜집니다.

가는 베 실은 '세밀한 것'과 '의'를 의미합니다

가늘게 꼰 베 실은 흰색입니다. 흰색은 인간의 죄를 용서하시는 하나님의 은혜를 나타내는 것으로 '거룩, 의, 성결, 진실'을 상징합니다. 흰색은 하나님의 '의'를 말합니다. 곧 의의 옷, 예수 그리스도의 옷을 의미합니다. 가는 베 실은 하나님의 의가 나에게 전가되는 것을 뜻합니다. 성도는 흰 옷을 입어야 합니다. 흰 옷은 예수님을 믿음으로 입는 의의 옷이며, 곧 예수 그리스도의 보혈의 옷입니다. 예수님은 "보라 내가 도둑 같이 오리니 누구든지 깨어 자기 옷을 지켜 벌거벗고 다니지 아니하며 자기의 부끄러움을 보이지 아니하는 자는 복이 있도다."(계 16:15)라고 말씀하셨습니다. 그러므로 성도는 흰 옷을 사서 입어 벌거벗은 수치를 보이지 않게 해야 합니다(계 3:18). 세상에 죄악이 가득해도 예수 그리스도의 옷을 입고, 어린 양이 어디로 인도하든지 따라가는 성도가 벌거벗고 다니지 않는 자입니다. 부패함이 땅에 가득해도 죄와 타협하지 않고, 순결한 삶의 길을 걷는 것이 흰 옷을 입고 사는 것입니다. 사람이 마음으로 생각하는 계획이 항상 악한 이 세상에서 어린 양에게 속한 삶을 사는 것, 그것이 곧 가는 베 실로 세마포 옷을 짜는 삶입니다. 사람의 죄악이 세상에 가득할지라도 세상의 죄악을 따라가지 않고, 예레미야 선지자처럼 자기의 길, 오직 여호와 하나님의 길을 가야 합니다. 오직 하나님만을 섬기며, 하나님과 동행하는 삶을 살아야 합니다. 오직 하나님을 하나님으로 인정하고 영화롭게 해야 합니다. 이렇게 하나님의 의를 내 의로 삼고, 그 의로 사는 삶이 빛나고 깨끗한 세마포 옷을 짜는 가는 베 실입니다.

가는 베 실은 신앙생활은 세밀하게 하는 것을 의미합니다. 신앙생활에 '적당히'는 없습니다. 지극히 작은 것에 충성 된 사람이 큰 것에도 충성합니다. 반면에 지극히 작은 것에 불의한 사람은 큰 것에도 불의합니다(눅 16:10). 만일 우리의 믿음 생활이 미지근하여 차지도 아니하고 뜨겁지도 아니하면 예수님께 책망을 받습니다. 그러므로 열심히 내야 합니다. 아주 작은 것 하나도 철저히 해야 합니다. 세밀한 신앙생활을 하려면 선한 양심의 소리를 들어야 합니다. 즉 세미한 하나님의 음성, 성령의 소리에 귀를 기울여야 합니다. 우리는 사람 앞에서 사는 것이 아닙니다. 불꽃 같은 눈으로 보시고 계신 하나님 앞에서 행하는 삶입니다. 하나님 앞에서 사는 성도는 하나님의 음성을 듣고 모든 일을 세밀하게 처리해야 합니다. 하나님 아버지는 우리 마음의 생각과 뜻을 판단하시는 분이십니다(히 4:12). 멀리서도 우리의 생각을 밝히 아시며, 우리의 모든 행위를 익히 아십니다. 우리 혀의 말도 알지 못하시는 것이 하나도 없으십니다(시 139:2-6). 하나님은 정확하신 분이십니다. 그러므로 하나님을 속이려는 생각을 접어야 합니다. 눈가림으로 하지 말고 철저히 해야 합니다. 만약 신앙생활을 세밀하게 하지 않으면, 빛나고 깨끗한 세마포 옷을 준비할 수 없습니다.

　　혼인 잔치에 입고 들어갈 세마포 예복을 지금 준비해야 합니다. 만일 방심하거나, 내일로 미루고 안일하게 지내다 세마포 예복을 준비하지 못하면 혼인 잔치에서 부끄러움을 당하게 됩니다. 어린 양의 혼인 잔치에 입을 빛나고 깨끗한 세마포 예복을 준비하지 못하면, 신랑을 맞아 누리는 행복과 영광을 누리지 못할 수 있습니다. 그러므로 미루지 말고, 지금 준비해야 합니다. 지금이 바로 세마포 예복을 준비할 시간입니다. 세월은 우리를 마냥 기다려주지 않습니다. 아주 신속히 지나갑니다. 그러니 세월을 아껴야 합니다. 속히 오실 우리의 신랑이신 예수님 앞에 설 때 입을 깨끗한 세마포 옷을 준비해야 합니다. 나는 예수님을 맞이할 때, 입을 빛나고 깨끗한 세마포 예복을 잘 준비하고 있나요?

참고문헌

⟨성경⟩

⟨저서⟩

- 박형용, 「교의 신학」, 서울: 한국기독교교육연구원, 1977.
- 이상근, 「기독론 강의」, 총신대학
- 이상근, 「그리스도의 직무」, 총신대학
- 권성수, 「천국 상급」, 서울: 도서출판 나비, 1989.
- 정훈택, 「열매로 알리라」, 서울: 총신대학출판부, 1993.
- 손양원, 「성경대로 살자」, 이광일 엮음, 전남: 손양원 목사 순교기념사업회, 1991.
- 손양원, 「옥중서신」, 이광일 엮음, 전남: 손양원 목사 순교기념사업회, 1993.
- 최홍석, 「사람이 무엇이 관대(인간론)」, 서울: 총신대학출판부, 1991.
- 최홍석, 「당신의 말씀은 진리니이다」, 서울: 총신대학출판부, 1991.
- 정훈택 외, 「오늘의 기독교 어떻게 거듭나야 하는가」, 서울: 도서출판 대장간, 1992.
- 임재웅, 「목사 사용설명서」, 부산: 하늘책, 2020.
- 임재웅, 「거룩한 하나님의 집」, 부산: 하늘책, 2012.
- 임재웅, 「온전한 예배 실패한 예배」, 부산: 하늘책, 2022.
- 이중표, 「별세의 행복」, 서울: 쿰란출판사, 1993.
- 이동원, 「이렇게 행하라」, 서울 : 나침반, 1983.
- 김기철, 「가슴 찢는 회개」, 서울: 두란노, 2018.
- 이종선, 「멀리 가려면 함께 가라」, 서울: 웅진씽크빅, 2009.
- 강문호, 「성막」, 서울: 한국가능성계발원, 1991.

⟨역서⟩

- 존 칼빈, 「기독교 강요」, 김문제 역, 서울: 세종문화사, 1980.
- 뻘콥, 「조직신학」, 서울: 기독교문사, 1980.
- 윌리엄 핸드릭스, 「은혜 계약」, 오창윤 역, 서울: 기독교문서선교회, 1984.
- 해롤드 린셀, 「교회와 성경의 무오성」, 김덕연 역, 서울: 기독교문서선교회, 1987.
- 데오도로 H. 에프, 「신자의 헌신과 보상」, 홍관옥 역, 서울: 바울서신사, 1991.
- 멜빈 디이터 외, 「성화에 대한 다섯가지 견해」, 김원주 역, 서울: 한국기독한생회 출판부, 1991.

- A. B. 심슨, 「생명이신 그리스도」, 이상분 역, 룻 선교회, 2007.
- 앤드류 머레이, 「순종」, 김문학 역, 서울: 기독교문서선교회, 1981.
- 앤드류 머레이, 「겸손」, 김희보 역, 서울: 총신대학출판부, 1979.
- 앤드류 머레이, 「나를 버려야 예수가 산다」, 이용복 역, 서울: 규장, 2009.
- 쟈크엘룰, 「뒤틀려진 기독교」, 쟈크엘룰 번역위원회 역, 서울: 도서출판 대장간, 1990.
- 후안 까롤로스 오르띠즈, 「그리스도인은 누구나 제사장입니다」, 김귀탁 역, 서울: 도서출판 만나, 1992.
- 후안 까롤로스 오르띠즈, 「말씀을 듣고도 행치 않는 것은 모래 위에 집을 짓는 일과 마찬가지입니다」, 김광윤 옮김, 서울: 도서출판 만나, 1993.
- 후안 까롤로스 오르띠즈, 「만물이 주에게서 나오고 주로 말미암고 주에게로 돌아감이라」, 유정숙 옮김, 서울: 도서출판 만나, 1994.
- 프릿츠 리데나워, 「종교에 매이지 않는 그리스도인」, 정창영 옮김, 서울: 생명의 말씀사, 1992.
- 필립 얀시, 「내가 고통당할 때 하나님은 어디 계십니까?」, 이영희 옮김, 서울: 생명의 말씀사, 2001.
- 필립 얀시, 「하나님 나는 당신께 누구입니까?」, 전의우 옮김, 서울: 요단, 2001.
- 존 비비어, 「순종」, 윤종석 옮김, 서울: 두란노, 2002.
- 존 비비어, 「열정」, 윤종석 옮김, 서울: 두란노, 2003.
- 존 비비어, 「은혜」, 윤종석 옮김, 서울: 두란노, 2010.
- 우찌무라 간조, 「후세에의 최대 유물」, 이성호 역, 서울: 성지사, 1977.
- 우찌무라 간조, 「구안록(1893년)」, 전호윤 역, 서울: 설우사, 1980.
- C. W. 슬레밍, 「제사장 의복」, 김병희 · 장세학 옮김, 서울: 전도출판사, 1992.
- 죠오지 C. 니드햄, 「성막에 나타난 예표와 실제」, 박영호 옮김, 서울: 기독교문서선교회, 1990.
- 강용원, 「인성교육 목표는 그리스도 닮는 것」, 기독신문, 2015.06.05.
- 조봉근, 「잘못된 구원론 이중적 신앙생활 불러」, 기독신문, 2015.06.05.
- 김한수, 조선닷컴, 2016.09.28.
- 로뎀 알리미, 2022. 11. 20. 20:10
- 조용기 목사의 간증, 지옥, 2008.